职业教育"十三五"规划教材

应用文写作
YINGYONGWENXIEZUO

孙　晓　郎红玲　主　编
李康民　蓝慧敏　副主编

化学工业出版社
·北京·

《应用文写作》主要是针对职业院校药品、食品及相关专业学生应掌握的写作基础知识和基本技能而编写的实用型应用文写作教材。全书包括应用写作与文学写作的比较、公文文体的写作规则、应用文写作等内容。应用文写作部分详述了公文、事务文书、信息文体、会议讲话类文体、财经文体、法律事务文书、礼仪文书、求职竞聘类文书、药品说明书等近50种常见应用文文体的概念、特点、作用、分类和写法，并附有例文供读者参考。为方便教学，本书配有电子课件。

本书可作为高职高专与中职药品、食品及相关专业学生学习应用文写作的教材，也可作为从事文字工作人员的重要参考书。

图书在版编目（CIP）数据

应用文写作 / 孙晓，郎红玲主编 .-- 北京：化学工业出版社，2019.8（2023.9重印）
ISBN 978-7-122-34633-9

Ⅰ.①应… Ⅱ.①孙… ②郎… Ⅲ.①汉语-应用文-写作-高等职业教育-教材 Ⅳ.①H152.3

中国版本图书馆CIP数据核字（2019）第107075号

责任编辑：旷英姿　李　瑾　　　　　美术编辑：王晓宇
责任校对：张雨彤　　　　　　　　　装帧设计：芊晨文化

出版发行：化学工业出版社（北京市东城区青年湖南街13号 邮政编码100011）
印　　装：天津盛通数码科技有限公司
787mm×1092mm　1/16　印张13½　字数277千字　2023年9月北京第1版第3次印刷

购书咨询：010-64518888　　　　　　售后服务：010-64518899
网　　址：http://www.cip.com.cn

凡购买本书，如有缺损质量问题，本社销售中心负责调换。

定　　价：38.00元　　　　　　　　　　　　　　　版权所有　违者必究

编写人员名单

主　编　孙　晓　郎红玲

副主编　李康民　蓝慧敏

编写人员（按姓氏笔画排序）

王　颖　孙　晓　李康民　郎红玲

郭敬同　蓝慧敏

前言

近年来，随着我国经济的快速发展，社会对高素质技能型人才一直保持着非常旺盛的需求，对技能型人才的人际交流能力、市场拓展能力、业务管理能力等均提出了非常高的要求，而成长为一名具备上述能力的人才，较强的应用写作水平是必备的要素之一。

本书的几位主要编者具有长期企业文秘和行政管理、高校文秘和行政管理工作经验，其他编者也有丰富教学与实践经验。编者针对以往应用文教材中存在的与企业及岗位写作需求差距较大的问题进行了认真编写，介绍尤其，有药品说明书写作内容。可以满足当前高等职业院校和中等职业院校药品、食品及相关专业应用文写作课程教学之需。本书编写分工为：孙晓编写第一至四、第九、第十三、第十四章，郎红玲编写第五、第七章，李康民编写第六、第八章，郭敬同编写第十章，蓝慧敏编写第十一章，王颖编写第十二章。

本教材着重介绍了计划、个人总结、述职报告、调查报告、消息、简报、会议讲话类文体、财经文体、法律文书、礼仪演讲文书、求职竞聘文书、日常应用文书、学术论文等学生现在常用、毕业后马上就会用到的文体的写作知识，希望在学生职业成长方面能发挥更积极的促进作用。

编者

2019 年 4 月

目录

绪 论 写作的基本知识
- 一、写作的基本概念 001
- 二、写作的本质与特点 001
- 三、写作活动的主要作用 002
- 四、写作的两种表现形式 003
- 五、如何写好文章 003

第一章 应用写作与文学写作的比较
- 一、文学类文章的文体特点 005
- 二、应用类文章的文体特点 010
- 三、应用写作的性质及发展历程 013
- 四、应用写作的特点 018
- 五、应用写作手法 020

第二章 公文文体的写作规则
- 一、公文的概念 021
- 二、公文的作用 021
- 三、公文的分类 023
- 四、公文的格式 025
- 五、公文中的常用句式 028
- 六、公文中的修辞手法运用 028
- 七、公文的行文方式和规则 028
- 八、单位公文的一般形成过程 029

第三章　报请性公文的写作

　　一、报告 030

　　二、请示 036

　　三、请示与报告之异同 039

第四章　知照性公文的写作

　　一、通知 041

　　二、通报 046

　　三、公告 049

　　四、通告 054

第五章　批复、函及纪要的写作

　　一、批复 057

　　二、函 063

　　三、纪要 067

第六章　事务文书的写作

　　一、计划 074

　　二、总结 081

　　三、公私兼顾的个人总结与述职报告 087

　　四、调查报告 091

第七章　信息文体的写作

　　一、消息 097

　　二、简报 099

第八章　会议讲话类文体的写作

　　一、大会工作报告 104

　　二、开幕词 108

三、闭幕词 112

第九章 财经文体的写作

一、经济合同 115

二、医药招投标书 121

第十章 法律事务文书的写作

一、法律文书的定义 126

二、法律文书的用途 126

三、法律文书的基本特点 126

四、法律文书的固定结构 127

五、法律文书的种类 127

六、法律文书的写作要求 128

七、民事诉状的写作 129

八、其他广义的法律文书的写作 131

第十一章 礼仪演讲文书的写作

一、贺信（贺电） 135

二、欢迎词、欢送词、答谢词 137

三、邀请函和请柬 138

四、主持词 141

五、演讲词 143

第十二章 求职竞聘类文书的写作

一、求职书信 146

二、辞职信 148

三、个人简历 150

四、竞聘词 153

第十三章　其他常用应用文书

　　一、海报 157

　　二、启事 159

　　三、证明信、介绍信 162

　　四、请假条、便条、借条 163

第十四章　药品说明书的写作

　　一、药品说明书的概念与内容 166

　　二、药品说明书的基本作用 166

　　三、药品说明书的具体格式和内容 166

附录1《党政机关公文处理工作条例》 172

附录2《党政机关公文格式》 180

附录3《校对符号及其用法》 202

参考文献 207

绪 论 写作的基本知识

学习应用文写作，首先必须了解什么是写作。

一、写作的基本概念

写作是运用语言文字反映客观事物、表达思想感情、传递知识信息的创造性脑力劳动。写作是人们在工作、学习和生活中与他人沟通、交流、分享信息的一种重要方式。

写作以语言文字为媒介，是人类的一种信息记录与传播方式。写作可以表达思想、传递情感，可以加工信息和传递知识。写作是人类精神生活与实践活动的重要组成部分。

二、写作的本质与特点

（一）写作的本质

（1）写作是人类的一种特殊的、有目的的社会实践活动，是为了满足人类社会实践活动和学习社会知识的需要而产生的。

（2）写作是客观事物作用于作者的主观意识而产生的，是一种有目的的文字表现形式，是人类运用书面语言来表达思想和情感体验的活动。

（3）写作是一种反映主客观世界的创造性思维。写作是运用以文字为主的推理符号，来传播信息、交流思想的社会活动，与动物之间的简单信息交流不同，也具有不同于人类其他交流方式的特点。

（二）写作的特点

从浅层次看，写作是一种表情达意、交流信息的行为；从深层次看，写作实质上是一种生命生存的形式和途径，是以文字的形式展现人类对客观世界、对社会以及个体自身的认识和体悟的一种载体和方式。写作活动具有如下特点：

1. 鲜明的目的性

写作是对人类社会生活、主观思想以及客观事物和现象的有选择、有取舍的反映。写作的具体产物——文章，其反映的内容必须经过作者的筛选和改造，因而带有了鲜明的主观色彩。即使是纯文学性的文章，也具有表情达意，抒发对人生和社会的领悟、观点、看法，或单纯表达对大自然的热爱等目的。

2. 明显的综合性

文章不仅仅是作者写作技巧的产物，更是作者思想水平、生活阅历、胸襟人品、知识储备、才情禀赋、文字技巧等各方面水平的综合反映；文章所产生的效果也具有复杂多样性。

3. 密切的信息相关性

写作的全过程与信息的处理密切相关，它包含了收集、加工、输出等信息处理的整个流程和所有环节。写作活动具有阶段性，大体包括信息采集—立意构思—文字表述三个阶段，具体又分为采集、立意、谋篇、用语、修改五个环节。写作的每个阶段和环节都有自身的特点、规律和要求，符合写作规律和要求的文章才是好文章，反之则是差文章。

4. 持续的创新性

写作作为一种复杂的脑力劳动过程，充分体现了人类的持续创新等鲜明特点。写作的创新性不仅体现在文学创作领域，也广泛存在于应用写作领域，而且这种创新是持续不断的，伴随着人类的发展与进步而呈现出多样性的特点。面对同样的场景、类似的写作目的，不同的作家所写出的文章，往往会呈现为不同的文章类别，而正是这种不同，又反过来推动了写作活动的进步。

 三、写作活动的主要作用

1. 表达感情

人类属于感情动物，当面对丰富多彩的客观世界时，往往会产生诸多新奇或疑惑的情感；当面对社会的急剧变迁和巨大冲击时，往往会有所触动；当面对人世间的纷纭复杂和坎坷磨砺时，常会有感而发。这时，文章便会应运而生，成为人们表情达意的一种重要工具。

2. 交流思想

人们在现实生活中经常会遇到一些思想和认识上的差异和冲突，从而影响到工作的进展和人际关系的和谐。针对工作与生活中出现的这些问题，人们可以利用写作活动，将自己的观点和认识付诸于文字表达出来，以相应种类的文章来表明自己的态度，加强相互之间的沟通，以便最终达成谅解、形成共识、解决争端。

3. 传递信息

人际交往及公共管理的实质是一种信息的传递与交流。通过写作活动，使需要传递的信息附着于文章之上，在单位与单位之间、单位与个人之间、个人与个人之间架起沟通与联系的桥梁、纽带，以便于安排工作、加强管理、提升效率、营造和谐的社会环境。

4. 处理问题

人类社会是在不断解决困难和问题的过程中前进的。人类在探索自然规律、研究和总结社会本质、分析人类自身存在的问题时，必须借助于一定的媒介来实现。

在当前社会各领域变化日趋复杂、人际交往日趋紧密、人们面临的挑战日益增加的情况下，每位即将步入社会的青年都应具备较高的写作能力，才能从容应对日常工作和生活中的诸多问题。

四、写作的两种表现形式

写作，作为一种富有创造性的脑力劳动过程，不仅仅存在于文学创作领域，还广泛存在于应用写作领域（包括公文写作、经济写作、广告写作、军事写作、法律写作、科技写作等）。

就当下而言，学科意义上的"写作"概念已越来越多地指向应用写作这一遍及社会生活各个角落的实践活动。如美国未来学家约翰·奈斯比特在其著作《大趋势》中曾断言："在这个文字愈来愈密集的社会，我们比以往任何时候都更需要读写技巧。"这里的"写"主要是指应用写作而非文学创作。

无论是应用写作还是文学创作，都要以某种载体形式表现出来，而且应用写作和文学创作按照不同的标准分别表现为不同的种类。

1. 写作的表现形式——文章

文章是人类应用书面语言反映客观事物，表达思想、观念和感情，传递各种信息（或描绘各种现象），并按照一定的标准或规范所形成的文字作品。

（1）文章的内容特点主要体现在：文章是社会生活、客观事物及人的思想、观念及感情的反映。

（2）文章的形式特点主要体现在：文章反映生活的手段是书面语言，它遵循一定规范和体式，不同于口头表达。

2. 文章的类别

按照不同的标准，文章可以划分为特点鲜明的类别：

如按照实用性及艺术性、审美性的强弱，文章可以分为文学类和应用类两种。其中应用性比较强的文章属于应用类，艺术性、审美性更强的则是文学类。

而文学类文章主要包括诗歌、散文、小说、戏剧及一些交叉类文体，如报告文学等。应用类文章主要包括国家机关公文、事务文书、新闻通讯、司法文书、财经文书、科技论文、日常交往及礼仪类文书等。

五、如何写好文章

要写好文章，首先必须明确学习写作的意义。

（一）学习写作的重要意义

1. 文章是人们参加社会活动和拓展社会生活领域必不可少的工具

文章除了具有满足人们社会生活交往的作用外，还具有重要的认识作用、教育作用、审美作用。只有学好写作，才能充分发挥文章的上述作用。

2. 写作是个人能力的一种重要体现

写作，能使个人能力得到充分的发挥和体现。写作在某种意义上好比是个人能力发挥的"催化剂",它会使个人在工作、生活、学习中像"万金油"一般挥洒自如。对职业院校学生来讲,写作能力尤其重要,它是技能人才在思想、知识、技能、干劲、智力、体质之外获得竞争优势的重要着力点。

(二)开设写作课的主要目的

1. 传授写作理论和知识

包括写作主体的素养,如思想素养、文化素养、情感素养、审美素养等的相关要求及获得。

2. 培养写作能力

包括写作主体的能力,如观察能力、感受能力、审美能力、思维能力、想象和联想能力等的培养与训练;具体写作中的构思能力、立意能力、选材剪裁能力、谋篇能力、表达能力、修改能力及文体写作的理论及训练等。

3. 明确提高写作水平的阶段及重点

以技能人才学习应用写作为例,可以划分为三个阶段,具体的文种如下:

"学校学习及锻炼期",要熟练掌握校园新闻通讯、大学生假期社会调查报告、求职应聘书信、毕业论文等的写作要求;

"企业实践及磨砺期",要熟练掌握常用公文、工作总结及计划、个人述职报告、竞聘书、贺词、开幕词、史志年鉴类文书等的写作要求;

"创新创业及能力拓展期", 要熟练掌握启事、便条、请柬、介绍信、经济合同、招投标文书、法律文书等的写作要求。

(三)提高写作水平的方法

可以概括为"四多":

1. 要勤奋读书,即"多读"

提高写作水平,最有效的方法是向古今中外的名篇佳作学习。要先在"模仿"的过程中掌握相关写作理论与知识,提高写作能力;待具备一定写作能力和水平后,再进行积极的探索与创新,达到"青出于蓝而胜于蓝"的目标和效果。

2. 要善于观察,即"多看"

写作的目标,无论是描绘客观事物,表达主观思想和情感,还是传递信息或反映现象,都离不开敏锐的观察,写文章离不开"多看"。

3. 注重思考、分析,即"多思"

善于学习和观察是学好写作的前提和基础,要使写作水平达到一定的高度,写作者还必须具备对自然、社会、人生有全面的认识、深刻的理解和独特的体验。好文章体现了作者高于一般人的思考和分析。

4. 坚持练笔,即"多写"

写作是一门实践性很强的课程,要写好文章,必须做到"笔耕不辍"。只有长期坚持不懈地"练笔",才能更快地掌握有关写作的理论和规范,才能认清自己与写作"大家"之间的差距,才能体验到写作探索、创新的成功与喜悦。

第一章　应用写作与文学写作的比较

按照实用性及艺术性、审美性的差异，写作可以划分为文学写作和应用写作两大类。其中应用性比较强的文章属于应用类文章，艺术性、审美性更强的则是文学类文章，与之相联系的写作行为则区分为应用写作与文学写作。

掌握应用写作的特点及规范，一个比较有效的学习方法是与文学写作特点与规范进行全面的对比。

应用类文章和文学类文章最大的区别在于二者之间在文体特点上的差异。而每一位写作爱好者自接触文章以来，了解更全面、细致的是有关文学类文章的文体特点。

一、文学类文章的文体特点

文学类文章主要包括诗歌、散文、小说、戏剧四类文体，这四类文体各自的特点都非常鲜明。

（一）诗歌的文体特点

以杜甫的《登高》为例：

登高

唐　杜甫

风急天高猿啸哀，渚清沙白鸟飞回。

无边落木萧萧下，不尽长江滚滚来。

万里悲秋常作客，百年多病独登台。

艰难苦恨繁霜鬓，潦倒新停浊酒杯。

分析这首诗歌的文体特点，可从七个方面的视角入手：

1. 诗歌的时代背景

本诗作于唐代宗大历二年（767年）秋天，时年五十六岁的杜甫当时在夔州，生活极端困窘。当时安史之乱已经结束四年，但地方军阀乘时而起，相互争夺地盘。杜甫在严武幕府任职，严武病逝后，杜甫失去依靠，只好离开成都。因病魔缠身，杜甫在夔州一住就是三个年头，生活依然很困苦，身体也非常不好。一天他独自登上夔州白帝城外的高台，登高远眺，百感交集，写下了这首被誉为"七律之冠"的诗篇。

2. 诗歌的情感体验

夔州白帝城外萧瑟的秋江景色，引发了杜甫的身世飘零感慨，渗入了他老病孤愁的悲哀。这首诗通过杜甫的登高所见，通过写秋江景色，倾诉了诗人长年漂泊、老病孤愁的复杂感情。

3. 诗歌的动作色调

诗歌中有急风、高天、清渚、白沙、落木、长江等景物，色调绚烂、富有层次；有猿啸、鸟飞、萧萧下、滚滚来等动作表现，极富动感；有悲秋、有登台、有苦恨、有潦倒，情感复杂。

4. 诗歌的意境形象

诗歌通过沉郁悲凉的场景，透露出"建瓴走坂""百川东注"的磅礴气势，传达出韶光易逝、壮志难酬的感怆，塑造出一个身世飘零、生活窘迫但仍心怀国家、心系黎民的人物形象。

5. 诗歌的修辞运用

对偶、夸张、通感等修辞手法的运用，使诗歌的想象更合理，语言更生动，情感更易表达。

6. 诗歌的语言风格

杜甫诗歌语言特色的典型代表——沉郁顿挫。所谓"沉郁"，主要指杜甫诗歌的内容深广，意境雄浑，感情深沉；所谓"顿挫"，主要指诗歌表情达意抑扬跌宕，音调声情起伏迭变。这些都与杜甫诗歌的语言特色紧密相关。

7. 诗歌的格式规范

这首诗为一首七言律诗，七律在句数、字数、押韵、平仄、对仗等各方面都有严格规定，这种具有严格规范的形式美决定了七律独特的艺术表现力。从声律形式之美来看，本诗韵律和谐不单调、对仗工整不滞板；从表现手法之巧来看，本诗意象运用巧妙独特、锤词炼字精炼传神、言简意丰、情景交融，构思精巧。

（二）散文的文体特点

以欧阳修的《醉翁亭记》为例：

醉翁亭记（节选）

至于负者歌于途，行者休于树，前者呼，后者应，伛偻提携，往来而不绝者，滁人游也。临溪而渔，溪深而鱼肥。酿泉为酒，泉香而酒洌；山肴野蔌，杂然而前陈者，太守宴也。宴酣之乐，非丝非竹，射者中，弈者胜，觥筹交错，起坐而喧哗者，众宾欢也。苍颜白发，颓然乎其间者，太守醉也。

分析这篇散文的文体特点，也可从七个方面的视角入手：

1. 散文的写作背景

宋仁宗庆历五年（1045年），范仲淹等人因积极改革而遭谗离职，欧阳修上书替他们分辩，也被贬官到滁州做了两年知州。到任以后，欧阳修虽然内心抑郁，但还能发挥"宽简而不扰"的作风，取得了一些政绩。《醉翁亭记》就写在这个时期。

2. 散文的情感寄托

《醉翁亭记》一方面展示了北宋时期一个封建地方长官能"与民同乐"的情怀，另一方面则在寄情山水背后隐藏了难言的苦衷。当时，欧阳修正当盛年（四十岁）却自号"醉翁"，他经常出游，加之"饮少辄醉""颓然乎其间"的种种表现，都表明了他是借山水之乐来排遣谪居生活的苦闷。

3. 散文的意趣追求

"庆历新政"的失败，使欧阳修感到苦闷；但贬官外放可以摆脱朝廷党争，对欧阳修而言又是一种安慰。文章以一个"乐"字贯穿全篇，并坦言"醉翁之意不在酒，在乎山水之间也"。把政治失意、仕途坎坷的内心抑郁和苦闷寄情于山水之间，消融于与民同乐之间，在描绘出一幅幅变化多姿、秀丽妩媚的优美图画的同时，体现了儒家"德惟善政，政在养民"（《尚书》）的追求，同时也表现出欧阳修随遇而安、与民同乐的旷达情怀。

4. 散文的意境格调

意境包含着"意"和"境"两个方面，是浸润着作者主观感情的艺术画面。优秀的散文应该有风光绮丽的图画美，给读者独特的审美感受，以悦目而致赏心。《醉翁亭记》的思想意脉是一个"乐"字，"醉"中之"乐"像一根彩线连缀各幅画面。"醉翁之意不在酒，在乎山水之间也"，放情林木、醉意山水是作者的真意。作者根据这样的"意"写了秀丽的"境"，从而达到了情与景的交融、意与境的相谐。作者特别从山水相映之美、朝暮变化之美、四季变换之美、动静对比之美几方面营造了散文境界。

5. 散文的逻辑条理

全文共四段，条理清楚，构思极为精巧。第一段写醉翁亭之所在，并分五步突出醉翁亭，引出人和事，给人完整的"山水之乐"印象。第二段分述山间朝暮四季的不同景色，是上一段总写"山水之乐"的具体化。第三段写滁人的游乐和太守的宴饮，由景物转移到人事上，体现太守与下属关系融洽，"政通人和"才能有这样的乐。第四段写宴会散、众人归的情景。巧妙地用禽鸟之乐衬托游人之乐，又以游人之乐衬托太守之乐。

6. 散文的语言风格

《醉翁亭记》的语言格调清丽，遣词凝练，音节铿锵，既有图画美，又有音乐美。《醉翁亭记》的语言高度概括，含义丰富。如作者在本文中首创的"醉翁之意不在酒""水落石出"，被同时代和后来的作家所引用（苏轼在《后赤壁赋》中写秋冬之交的江上景色，直接借用了"水落石出"一词）。又由于作者用词精当，词句的概括内容很广，许多已演变成稳定性强、规范性高的成语。《醉翁亭记》语言凝练精粹，晶莹润畅。如写晨昏景象之异，只用两句就概括殆尽："日出而林霏开，云归而岩穴暝。"片言能明百意，只字足敌万语，达到妙造精工的地步。《醉翁亭记》语言抑扬抗坠，铿锵悦耳。虽是散文，但借用了诗的语言表现形式，散中有整，参差多变。作者还安排了不少对句，使句式整饬工稳。虽受骈文影响，但自然大成，不做作，不矫饰。

7. 散文的构思布局

《醉翁亭记》的结构如金线串珠。全文因景生乐，因乐而抒情，行文围绕"乐"而展开，如穿千颗珠玉缀在金线之中，收万道阳光凝于聚光镜上。因为有聚光点，有主骨架，文笔的散反而转化成一种特色，显得运笔从容，左右逢源，增添了散文的生机，增强了散文的内容。

《醉翁亭记》善于曲径通幽。作者写四时晨昏的不同景物，五光十色的琅琊风貌，匠心默运，苦意经营。用笔逐渐圈小区域，不仅让人们了解到醉翁亭之所在，而且通过层层烘托，更突出了它的美。特别是太守之乐在众人之乐的烘托下被推到峰巅，显示出主观感受和体验的高人一等。

《醉翁亭记》讲究呼应有方。前有伏笔，后必照应；藏墨于首，显豁于尾，"醉能同其乐，醒能述以文者，太守也"。与醉翁亭的名称、"醉翁之意不在酒，在乎山水之间也"前后呼应，与"滁人游""太守宴""众宾欢""太守醉"联成一条抒情的线索，曲折地表达了作者内心复杂的思想感情。

（三）小说的文体特点

以吴敬梓的《儒林外史》（节选）为例：

儒林外史（节选）

来到集上，见范进正在一个庙门口站着，散着头发，满脸污泥，鞋都跑掉了一只，兀自拍着掌，口里叫道："中了！中了！"胡屠户凶神似的走到跟前，说道："该死的畜生！你中了甚么？"一个嘴巴打将去。众人和邻居见这模样，忍不住的笑。不想胡屠户虽然大着胆子打了一下，心里到底还是怕的，那手早颤起来，不敢打到第二下。范进因这一个嘴巴，却也打晕了，昏倒于地。众邻居一齐上前，替他抹胸口，捶背心，舞了半日，渐渐喘息过来，眼睛明亮，不疯了。众人扶起，借庙门口一个外科郎中的板凳上坐着。胡屠户站在一边，不觉那只手隐隐的疼将起来；自己看时，把个巴掌仰着，再也弯不过来。自己心里懊恼道："果然天上'文曲星'是打不得的，而今菩萨计较起来了。"想一想，更疼的狠了，连忙问郎中讨了个膏药贴着。

分析小说的文体特点，也可从七个方面的视角入手：

1. 小说的时代背景

《儒林外史》，清代吴敬梓作。吴敬梓所生活的清朝康熙帝、雍正帝、乾隆帝三代已经出现了资本主义生产关系的萌芽，但社会表面的繁荣掩盖不了封建社会的腐朽，统治者在镇压武装起义的同时，采用大兴文字狱，考八股、开科举，提倡理学以统治思想等方法以牢笼士人。《儒林外史》以写实主义描绘各类人士对于"功名富贵"的不同表现，真实地揭示了人性被腐蚀的过程和原因，对当时吏治的腐败、科举的弊端、礼教的虚伪等进行了深刻的批判和嘲讽。

2. 小说的理想寄托

在讽刺、批判的同时，《儒林外史》热情地歌颂了少数人物以坚持自我的方式所作的对于人性的守护，从而寄寓了作者的理想。

3. 小说的教育意义

吴敬梓反对八股文、科举制，憎恶士子们醉心制艺、热衷功名利禄的习尚，他把这些观点反映在《儒林外史》里，以讽刺的手法，对丑恶的事物进行深刻的揭露。这种暴露具有重要的教育意义。

4. 小说的文体特点

《儒林外史》这部作品，白话的运用已趋纯熟自如，人物性格的刻画也颇为深入细腻，尤其是其高超的讽刺手法，使之成为中国古代讽刺小说的高峰，开创了以小说直接评价现实生活的范例。

5. 小说的人物形象

《儒林外史》描写了一些深受八股科举制度毒害的儒生形象，反映了当时世俗风气的败坏。也树立了一批作者心目中的理想人物形象，寄托了作者的社会理想。

6. 小说的线索结构

《儒林外史》以人物来进行串联，由一人引出一个人物群体，然后由这个群体中的另一人引出另一群体。从整体来看，小说分为几部分，每部分各写了一个人物群，不同人物群之间也有关联，但并不紧密。鲁迅说它"虽云长篇，颇同短制"，就是说它虽说是长篇小说，但看起来很像是短篇小说（集）。整部书中有一个贯穿始终的精神内涵作为主线，就是对形形色色的儒林中人众生相的描写，对沉迷于科举、执着于名利的伪君子们的讽刺和斥责。

7. 小说的语言特点

《儒林外史》的语言特点是准确、洗练而富于形象性，常三言两语便能使人物"穷形尽相"。吴敬梓重视学习、运用来自人民群众的口语，对话中有时引用谚语、歇后语，做到了恰切自然。

（四）戏剧的文体特点

以曹禺的戏剧《雷雨》（节选）为例：

雷雨（节选）

鲁　哦，你以为我会哭哭啼啼地叫他认母亲么？我不会那么傻的。我难道不知道这样的母亲只给自己的儿子丢人么？我明白他的地位，他的教育，不容他承认这样的母亲。这些年我也学乖了，我只想看看他，他究竟是我生的孩子。你不要怕，我就是告诉他，白白地增加他的烦恼，他自己也不愿意认我的。

朴　那么，我们就这样解决了。我叫他下来，你看一看他，以后鲁家的人永远不许再到周家来。

鲁　好，希望这一生不至于再见你。

朴　（由衣内取出皮夹的支票签好）很好，这一张五千块钱的支票，你可以先拿去用。算是弥补我一点罪过。

鲁　（接过支票）谢谢你。（慢慢撕碎支票）

朴　侍萍。

鲁　我这些年的苦不是你那钱就算得清的。

分析戏剧的文体特点，也可从七个方面的视角入手：

1. 戏剧背景

《雷雨》的作者曹禺出生于一个没落的封建家庭，他青少年时代就目睹了半封建半殖民地中国社会的黑暗现实，并产生了强烈的反抗情绪，《雷雨》是作者被压抑愤懑的发泄，是对当时中国家庭和社会的揭露、批判。

2. 戏剧情节

《雷雨》的情节曲折，故事性强，富有传奇色彩。剧作所讲述的两个家庭的悲剧、两个荒唐的乱伦故事都与周公馆相联系；三十年前的旧事和三十年后的现实都与周朴园有关，而周、鲁两家复杂的矛盾冲突和人事纠葛又互相交叉叠映在一起，使剧本充满戏剧性和传奇色彩，悬念迭起，扣人心弦。

3. 戏剧人物

《雷雨》通过周、鲁两个家庭，八个人物，前后30年间复杂的纠葛，写出旧家庭的悲剧和罪恶。当时作者虽还不能从理论上清楚认识他的人物的阶级属性和特性，但具体描写上，已经接触到了现实阶级关系的某些本质方面。作者对旧家庭的生活非常熟悉，对所塑造的人物有着深切的了解，对人物性格的把握相当准确。作者善于把众多的人物纳入统一的情节结构之中，制造出一个又一个紧张的场面和强烈的戏剧冲突。

4. 戏剧结构

《雷雨》的结构严密，集中紧张。剧作从事件的危机开幕，在后果的猝然爆发中交代复杂的前因，将正在进行的事件和过去发生的事件巧妙地交织在一起，并以前部分的戏来推动后面的戏，而所有的矛盾冲突，都浓缩在早晨至半夜的24小时之内，集中在周公馆的客厅和鲁贵的家中发生。

5. 戏剧冲突

《雷雨》中周朴园与蘩漪矛盾冲突的主干线索十分突出，由此牵连出的其他线索，将全剧八个人都卷入紧张的矛盾冲突之中，牵一发而动全身。明暗双线，纵横交错，引人入胜。剧作中周朴园和蘩漪的冲突是明线，周朴园和侍萍的关系则是暗线。两条线索同时并存，彼此交织，互为影响，交相钳制，使剧情紧张曲折，引人入胜。

6. 戏剧语言

戏剧语言有两种：一是舞台说明；二是人物语言。《雷雨》人物语言高度个性化；语言背后有丰富的潜台词，言中有言、意中有意、弦外有音；富于动作性，暗示了情节的发展，带有作者很强的主观动机。

7. 戏剧主题

《雷雨》表现了封建资本家与下层劳动人民在阶级思想与思想意识上的对立，暴露了半殖民地半封建社会的罪恶。雷雨象征着在半殖民地半封建社会沉闷的气氛里，一场暴风骤雨似的斗争即将到来。

二、应用类文章的文体特点

应用类文章包括国家机关公文、事务文书、新闻通讯、司法文书、财经文书、科技论文、日常交往及礼仪类文书等。

以大家经常会接触的应用类文章为例，我们会发现其文体特点与文学类文章有着鲜明的区别。

（一）事务类文书——个人总结

2017～2018 学年第一学期个人总结

李文

2017～2018 学年第一学期，我在思想、学习、班级管理、社团工作、人际交往及社会实践能力等各方面都有较大的进步。

思想上，我认真学习党的理论，努力提升道德观念，思想道德素养有较大提高。

学习中，我努力学习专业知识，认真提高专业技能，取得了学习成绩班内第三名的好成绩，在学院组织的药物制剂检测技能大赛中获得了三等奖，被评为学院"三好"学生。

我担任了班级宣传委员，在班级参加的学院重要活动中积极发挥宣传引导作用，所负责编辑的班级板报在学院评选中取得第二名的好成绩。我加入了院学生会，积极参加了学院记者团、广播站组织的各类活动，提升了个人综合素质。

生活中，我坚持做到艰苦朴素，自觉帮助有困难的同学，与大家建立起深厚的友谊，得到了同学们的认可；假期中，我积极参加社会调查和打工实践活动，加深了对社会及企业的了解，为今后的顺利就业奠定了坚实基础。

下学期，我将继续从思想、学习、班级管理、社团工作、人际交往及社会实践能力等各方面努力提升，争取取得更大的进步。

个人总结是一种典型的应用文体，它的文体特点与文学类文体侧重分析时代背景、理想寄托、教育意义、语言特点、人物形象刻画、写作手法、文章结构等不同，分析其文体特点主要从以下视角入手：

1. 个人总结的文体性质

个人总结属于事务文书，具有不同于公文、经济文书、司法文书等其他应用文体的特点，与文学类文体区别更大。

2. 个人总结的写作目标

主要是对个人一段时期思想、工作、学习等各方面所取得的进步及存在的问题、不足，自己的收获和感想等进行比较全面的审视，以总结经验、吸取教训，在未来取得更大的进步、更丰硕的成绩。

在这一方面，个人总结没有明显的时代背景等方面的表现。

3. 个人总结的结构组成

一篇规范的个人总结，包括标题、正文（导言、主体、结尾）、时间和落款等几部分，往往缺一不可，不像文学类文体那样可以省略一些组成部分。

4. 个人总结的表达方式

以叙述为主，适当使用议论和说明。与一些文学类文体可以进行单纯的说理、抒情等有着显著的区别。

5. 个人总结的语言特点

简洁、准确、朴实、得体。与文学类文体多渲染、曲折、华丽、夸饰有着显著的区别。

6. 个人总结的内容侧重

个人总结的内容要重点突出，要符合作者的身份，其针对的对象即阅读者也是特定的。而文学类文体的内容和形式就更多样，其面对的读者也更宽泛。

7. 个人总结的格式规范

个人总结的标题、正文（导言、主体、结尾）、时间和落款等都要遵循比较规范的格式要求，各部分的位置也是固定的，不像文学类文体那样自由、多样。

（二）公务类文书——报告

××市人民政府关于治理××河水质污染问题的报告

××省人民政府：

省政府转来××××××委员会提出的关于××河水质污染状况的报告，经市政府调查研究，对报告中提出的有关问题及解决方案报告如下：

一、解决××河水质污染问题的关键是尽快建成污水处理厂

现在××河的污染主要是×区排放的污水所致。×区的排放量为25万吨，污水比较集中，因污水处理厂未能及时建立，致使污水直接排入××河，造成了××河的污染。

为解决××河的污染，市政府已抓紧×区污水处理厂建设，争取在20××年建成。×区污水处理厂原设计概算为8316万元，按现行价格估算约为11000万元，已于20××年×月开工，建成了8项附属设施，累计完成投资200万元。市政府今年安排的300万元投资已全部落实，×区环保局正在组织实施。

根据××河河道以南人口密集区的地下水污染和环境问题，在污水处理厂未建成之前，利用现有污水管道，把污水引到某区污水处理厂以西，污水直接排入污水处理厂的出口，这就避开了污染区。

二、电热厂的粉煤灰也是污染源之一

对于电热厂储灰厂的选址，必须考虑到对地下水和环境的污染。选址已责成×区电热厂抓紧做工作，争取尽快报市政府有关部门审批。而南储灰厂渗漏对地下水的污染，主要采取截流集中排放的措施，以减少对地下水的污染。

××市人民政府
20××年×月×日

报告是经常使用的一种公务文书，属于典型的应用文体，它的文体特点除与文学类文体不同外，与其他应用文体的不同点也很多，分析其文体特点主要从以下视角入手：

1. 报告的格式要求

报告必须严格遵循公文的版式要求，其格式要分眉首、主体、版记三大部分，各部分的组成及格式都有严格的规定，不容许有任何差错，否则会影响其规范性和公信力。报告正文各组成部分也有严格的格式规定和内容要求。

2. 报告的结构组成

报告主体的结构，一般包括标题、主送机关、正文（导言、主体、结尾）、附件、

成文时间和盖章、落款、附注等，与文学类文体差异较大，如报告的标题一般包括发文机关、事由和文种三部分，报告的正文则由导言引入、由正文的主体详细说明和汇报情况、最后由结尾收束全篇并交代工作落实结果，报告可以加附件以补充说明情况等，报告还须盖章并明确落款以交代发文机关，这些都是文学类文体所不具有的特点。

3. 报告的写作主体

作为一种公文，报告虽也由个人起草，但它反映的是机关的集体意志。报告一旦形成，它与起草者个人就不再有直接的联系，不像文学类文体更强调写作意图的个人性。

4. 报告的行文对象

报告的行文对象是要求行文机关就有关事项情况进行汇报的上级机关，针对性非常强；行文对象对行文机关一般也有较明确的汇报时限要求，时效性强。

5. 报告的表达方式

报告的表达方式以叙述为主，间夹议论，附带说明，其写作目标达到清楚明确地说明情况即可。与文学类文体综合运用各种表达方式，以达到写景、说理、表情、达意的目标有明显的区别。

6. 报告的语言特点

报告的语言，推崇简洁、准确、朴实、得体，与文学类文体不排除通过复杂的表达方式，曲折隐晦地传达一种热烈甚至是夸张的情感有较大的不同。

7. 报告的内容及主题体现

报告讲究主题明确、集中，而文学类文体往往将主题掩盖在复杂的文本样式之下，主题与内容之间的关系更具间接性。

三、应用写作的性质及发展历程

1. 应用写作的定义及性质

应用写作是机关及企事业单位、人民团体等为实施管理、传递信息、改进工作等，运用书面语言和图表符号所进行的一种不同于文学写作的写作活动。这是从其功能效用角度所作出的判断。

2. 应用写作的发展历程

应用写作的历史非常久远，可以说，自从人类进入文明社会，产生了文字之后，应用写作就逐渐产生了。

（1）殷商时期，人们把占卜吉凶的结果、祭祀祖先的活动经过等用符号刻记在龟甲和兽骨上，这种甲骨卜辞可以说是最早的应用文。这些甲骨卜辞可以视为殷商王室的档案资料，有的可称为公务文书。

产生于奴隶主管理国家的活动以及奴隶制国家各阶层及社会成员之间的交流之中的应用文，如商、周时期"誓""诰""命"等的出现，标志着我国古代应用文正在逐步走向规范；《尚书》是我国最早的应用专集，孔子曾把《尚书》称为我国公文写作的先河。

《尚书》中记载的商王讨伐夏桀、周武王讨伐殷纣王的具有动员令性质的檄文，都是应用文。

尚书·商书·汤誓

王曰："格尔众庶，悉听朕言，非台小子，敢行称乱！有夏多罪，天命殛之。今尔有众，汝曰：'我后不恤我众，舍我穑事而割正夏？'予惟闻汝众言，夏氏有罪，予畏上帝，不敢不正。今汝其曰：'夏罪其如台？'夏王率遏众力，率割夏邑。有众率怠弗协，曰：'时日曷丧？予及汝皆亡。'夏德若兹，今朕必往。"

尚书·周书·牧誓

王曰："嗟！我友邦冢君御事，司徒、司邓、司空，亚旅、师氏，千夫长、百夫长，及庸。蜀、羌、髳、微、卢、彭、濮人。称尔戈，比尔干，立尔矛，予其誓。"

王曰："古人有言曰：'牝鸡无晨；牝鸡之晨，惟家之索。'今商王受惟妇言是用，昏弃厥肆祀弗答，昏弃厥遗王父母弟不迪，乃惟四方之多罪逋逃，是崇是长，是信是使，是以为大夫卿士。俾暴虐于百姓，以奸宄于商邑。今予发惟恭行天之罚。今日之事，不愆于六步、七步，乃止齐焉。勖哉夫子！不愆于四伐、五伐、六伐、七伐，乃止齐焉。勖哉夫子！尚桓桓，如虎如貔，如熊如罴，于商郊。弗迓克奔以役西土，勖哉夫子！尔所弗勖，其于尔躬有戮！"

先秦时期，在用于处理国事的公务文书产生的同时，私人应用文也因人们实际生活的需要应运而生，最早出现的是契约和书信。这在西周中期的铭文和《左传》中均有记载。李斯的《谏逐客书》是秦统一以前私人应用文中的精品，达到了务实性与文学性的完美结合。

谏逐客书

先秦　李斯

臣闻吏议逐客，窃以为过矣。昔穆公求士，西取由余于戎，东得百里奚于宛，迎蹇叔于宋，来邳豹、公孙支于晋。此五子者，不产于秦，而穆公用之，并国二十，遂霸西戎。孝公用商鞅之法，移风易俗，民以殷盛，国以富强，百姓乐用，诸侯亲服，获楚、魏之师，举地千里，至今治强。惠王用张仪之计，拔三川之地，西并巴、蜀，北收上郡，南取汉中，包九夷，制鄢、郢，东据成皋之险，割膏腴之壤，遂散六国之众，使之西面事秦，功施到今。昭王得范雎，废穰侯，逐华阳，强公室，杜私门，蚕食诸侯，使秦成帝业。此四君者，皆以客之功。由此观之，客何负于秦哉！向使四君却客而不内，疏士而不用，是使国无富利之实，而秦无强大之名也。

今陛下致昆山之玉，有随和之宝，垂明月之珠，服太阿之剑，乘纤离之马，建翠凤之旗，树灵鼍之鼓。此数宝者，秦不生一焉，而陛下说之，何也？必秦国之所生然后可，则是夜光之璧，不饰朝廷；犀象之器，不为玩好；郑、卫之女不充后宫，而骏良駃騠不实外厩，江南金锡不为用，西蜀丹青不为采。所以饰后宫，充下陈，娱心意，说耳目者，必出于秦然后可，则是宛珠之簪，傅玑之珥，阿缟之衣，锦绣之饰不进于前，而随俗雅化，佳冶窈窕，赵女不立于侧也。夫击瓮叩缶弹筝搏髀，而歌呼呜呜快耳者，真秦之声也；《郑》

《卫》《桑间》，《韶》《虞》《武》《象》者，异国之乐也。今弃击瓮叩缶而就《郑》《卫》，退弹筝而取《昭》《虞》，若是者何也？快意当前，适观而已矣。今取人则不然。不问可否，不论曲直，非秦者去，为客者逐。然则是所重者在乎色乐珠玉，而所轻者在乎人民也。此非所以跨海内、制诸侯之术也。

臣闻地广者粟多，国大者人众，兵强则士勇。是以太山不让土壤，故能成其大；河海不择细流，故能就其深；王者不却众庶，故能明其德。是以地无四方，民无异国，四时充美，鬼神降福，此五帝三王之所以无敌也。今乃弃黔首以资敌国，却宾客以业诸侯，使天下之士退而不敢西向，裹足不入秦，此所谓"借寇兵而赍盗粮"者也。夫物不产于秦，可宝者多；士不产于秦，而愿忠者众。今逐客以资敌国，损民以益雠，内自虚而外树怨于诸侯，求国无危，不可得也。

（2）秦汉时期，我国的应用文体不断增多并有了上行文、下行文的区分。

先秦时期的应用文，文辞简约，形式简单，尚未形成固定的格式和完整的体系，秦始皇建立了统一的封建专制主义中央集权国家后，统一了文字，有力地推动了应用文的发展。从1975年在湖北云梦出土的1100余枚秦时竹简中可以看到，秦时的法律文书和公文的体制趋于统一，内容丰富，条理清楚，结构完整，并有了比较严格的分类和明确的行文关系。汉承秦制，应用文体趋于繁富，文辞漂亮缜密，如晁错的《论贵粟疏》，贾谊的《论积贮疏》《谏除盗铸钱令疏》，司马迁的《报任安书》等。

秦汉时期的公文包括下行文，即各类皇命文书，如秦代的制、诏，汉代的策、制、诏、戒；各级政府的下行文如告、令、教、敕。上行文，即臣下上呈皇帝的奏、章、表、疏、议、状、书等文书。

但这个时期的文体还存在一个明显的特点，即应用文体和文学文体还没有明确的界限。

（3）三国魏晋南北朝时期，伴随文学的自觉和文学理论研究的出现，文体问题被正式提出。其标志为曹丕所写的《典论·论文》

经过前一阶段的发展，到南北朝时期，我国应用文取得了长足发展，日趋成熟。这一时期的应用文，无论是写作实践还是理论研究，都有了明显的进步与发展。我国第一篇文学批评专论，曹丕的《典论·论文》；我国第一部完整系统的文学理论著作，刘勰的《文心雕龙》，其中都有对应用文写作理论的阐述。《文心雕龙》所列的33类文章中，属于应用文的有21类，可见当时应用文使用的广泛与地位之重要。曹操的《让县自明本志令》，诸葛亮的《出师表》，陶渊明《与子俨等疏》《自祭文》，李密的《陈情表》，王羲之的《与桓温笺》，沈约的《答陆厥书》等，都是脍炙人口的应用文佳作。

典论·论文

文人相轻，自古而然。傅毅之于班固，伯仲之间耳，而固小之，与弟超书曰："武仲以能属文为兰台令史，下笔不能自休。"夫人善于自见，而文非一体，鲜能备善，是以各以所长，相轻所短。里语曰："家有敝帚，享之千金。"斯不自见之患也。

今之文人：鲁国孔融文举、广陵陈琳孔璋、山阳王粲仲宣、北海徐干伟长、陈留阮瑀元瑜、汝南应玚德琏、东平刘桢公干，斯七子者，于学无所遗，于辞无所假，咸以自骋骥騄于千里，仰齐足而并驰。以此相服，亦良难矣！盖君子审己以度人，故能免于斯累，而作论文。

王粲长于辞赋，徐干时有齐气，然粲之匹也。如粲之初征、登楼、槐赋、征思，干之玄猿、漏卮、圆扇、橘赋，虽张、蔡不过也，然于他文未能称是。琳、瑀之章表书记，今之隽也。应玚和而不壮；刘桢壮而不密。孔融体气高妙，有过人者；然不能持论，理不胜辞；至于杂以嘲戏；及其所善，扬、班俦也。

常人贵远贱近，向声背实，又患暗于自见，谓己为贤。夫文本同而末异，盖奏议宜雅，书论宜理，铭诔尚实，诗赋欲丽。此四科不同，故能之者偏也；唯通才能备其体。

文以气为主，气之清浊有体，不可力强而致。譬诸音乐，曲度虽均，节奏同检，至于引气不齐，巧拙有素，虽在父兄，不能以移子弟。

盖文章，经国之大业，不朽之盛事。年寿有时而尽，荣乐止乎其身，二者必至之常期，未若文章之无穷。是以古之作者，寄身于翰墨，见意于篇籍，不假良史之辞，不托飞驰之势，而声名自传于后。故西伯幽而演易，周旦显而制礼，不以隐约而弗务，不以康乐而加思。夫然则，古人贱尺璧而重寸阴，惧乎时之过已。而人多不强力；贫贱则慑于饥寒，富贵则流于逸乐，遂营目前之务，而遗千载之功。日月逝于上，体貌衰于下，忽然与万物迁化，斯志士之大痛也！

融等已逝，唯干著论，成一家言。

曹丕《典论》一书失传，《论文》这一篇因被选入《昭明文选》而得以保存下来。曹丕是汉魏时期重要的文学理论批评家。《典论·论文》是一篇非常重要的文论著作，在中国文学理论批评史上具有划时代的意义，因为在它之前还没有精心撰写的严格意义上的文学理论专著。它的产生是中国古代文论开始步入自觉期的一个标志。《典论·论文》从批评"文人相轻"入手，强调"审己度人"，对建安七子的创作个性及其风格给予了分析，并在此基础上提出了"四科八体"的文体说，"经国之大业，不朽之盛事"的文学价值观及"文以气为主"的作家论。他的《典论·论文》虽短，却提出了下列有关文学批评的四个主要问题：

①文学作品的功用。
②作家修养和作品风格。
③指出文学批评应有正确态度。
④不同文体的特点和标准。

在《典论·论文》里，曹丕第一次正式提出了文体分类及其各自特点的思想。在分析作家才能个性各有所偏的同时，曹丕提出了"四科八体说"的文体论。

《典论·论文》里所说的"本"，指的是文章的本质特征，即用语言文字来表现一定的思想感情；"末"指的是文章的具体表现形态，即文体特征或文章在内容和形式方面的特点。无论哪一种文体，都是用语言文字来表达思想情感，其"本"是相同的，不同的是各种文体在表现形态、语言形式、体貌风格等方面各有不同。

曹丕提出文体共有"四科"八种体裁的文章，并且认为文体各有不同，风格也随之各异。四科共计八种，其中奏议与书论属于无韵之笔，铭诔诗赋属于有韵之文。其本质相同，都是用语言文字来表现一定的情感。但其"末异"，也就是说，在其文体特征上，奏议要文雅，书论重说明，铭诔尚事实，诗赋则应该华美。雅、理、实、美，就是"末异"，它们都是关于文体的不同风格体貌。所以，曹丕的"文本同而末异"，说的就是文体和风格的关系，不同的文体应该有不同的风格特征。

"文本同而末异"当是最早提出的比较细致的文体论，也是最早的文体不同而风格亦异的文体风格论。

（4）唐代至清代，是古代应用文发展的成熟、完善期。特别是到明清时期，我国形成了比较完备的应用文体系。

唐代经济文化的繁荣和由韩愈等人兴起的"古文运动"，对应用文的内容、形式及文风的转变，产生了巨大的影响。宋代文坛盟主欧阳修提出了"信事言文"的主张，并以自己的写作实践倡导人们把应用文写得真实、平易、自然而有文采。散文大家王安石、苏轼等，都有文质兼优的应用文传世。唐宋应用文无论是数量还是质量，都达到了历史最高峰，锦章佳作大量涌现，如魏征的《谏太宗十思疏》，骆宾王的《为徐敬业讨武曌檄》，韩愈的《柳子厚墓志铭》《论佛骨表》，白居易的《请赎魏征宅奏》，欧阳修的《与高司谏书》，王安石的《答司马谏议书》，苏轼的《乞校正陆贽奏议进御札子》等。元明清时期的应用文，体制更加完备，写作理论也得到了进一步发展和完善。明代徐师曾的《文体明辨》、清代姚鼐的《古文辞类纂》、刘熙载的《艺概·文概》等，对应用文的各种体式有了更深入细致的研究。

到宋代，已提出了"应用文"的概念，如欧阳修在《免进五代史状》（1060年）中说："自忝窃于科名，不忍忘其素习，时有妄作，皆应用文字。"这里的"应用文字"指科举应试文章，可获取功名，含有"应用"之意。苏轼的《答刘巨济书》继承了欧阳修的思想："仆老拙百无堪，向在科场时，不得已作应用文。"从此，应用文的文体概念诞生。由于应用文这一名称能够反映这类文章体裁的本质特征，又顺口入耳、通晓明白、雅俗共赏，所以人们不仅接受了而且还根据社会实践的需要不断丰富其内涵和外延（指称对象）。清代刘熙载在他的《艺概·文概》中说："辞命体，推之即可为一切应用之文。应用文有上行、有平行、有下行。重其辞乃所以重其实也。"刘熙载在这里说的"应用文"很明显是专指封建衙门的文书。

但在应用文体制发展逐渐完备的同时，也出现了一些问题，如文体繁芜、浮词套语较多，八股味较浓等。

（5）清末以来，特别是"五四"新文化运动为应用文的发展和变化注入了新的内容和活力。

太平天国时期，对应用文的体制和语言进行了重大改革。辛亥革命后，废除了几千年封建王朝所使用的一些传统旧式公文，建立了使用白话文和新式标点符号的现代公文。"五四"时期，陈独秀提出"文之大别有二，一曰应用之文，一曰文学之文"，在赞同刘半农把文章分为"文学"与"文字"的主张同时，对其分类作了界定。

（6）新中国成立后特别是改革开放以来，我国的应用文体系和写作规范要求等更加完善。

中华人民共和国成立后，对公文进行了多次改革，其他体式的应用文也在语言上推陈出新，文风上尚实从简，文体上去僵化、增新品，使应用文更贴近生活，更适应现代社会经济文化发展的需要。改革开放以来，随着经济的迅速发展和全球化的推进，与之相适应的经济应用文文种将更为丰富；现代应用文的体制更加完备，并趋于国际化、标准化；电脑的普及和网络技术的发展，也使应用文的写作和传递更为便捷。

四、应用写作的特点

与文学创作的特点相比较，更有助于了解、学习应用写作的特点：

1. 应用写作具有明确的实用性

实用性是应用写作最显著的特点。

（1）相对于应用文的实用性特点，文学作品侧重于帮助人们了解社会、认识生活、把握世界、陶冶情操，更侧重使读者阅读后获得一种美的享受，即审美愉悦感。

（2）应用文侧重于解决人们在现实生活中遇到的一些实际问题，如会议通知要让参会者知晓会议的召开时间和地点、参会人员的范围、会议的议题、参会时需要准备的材料，做到会议准备充分，解决实际问题的目的性强、效率高。

（3）实用性特点又决定了应用文语言朴实无华、简洁明快的风格。

而文学作品中的诗歌，其写作的主要目的是：以优美的语言、独特的意境和神韵吸引读者，使读者阅读诗歌后产生思想上的认同、感情上的共鸣；诗歌讲究形式，注重语言表达的新颖独特，为了让读者更好地理解和把握作者的创作目的，有时还需要借助读者的"再读"和"重构"，而不像应用文主要是向读者明确表达某一观点、传达某一信息。

2. 应用写作内容的真实性

应用写作与文学创作在内容方面要求不同，具体见以下。

（1）文学创作可以虚构，作品中的人和事与现实生活中的真人真事不能对号入座。如鲁迅的许多作品，往往一问世就会招致许多人的攻击和谩骂，因为这些人往往"对号入座"地认为，鲁迅在这些作品中塑造的人物是在影射和批驳他们，其实这从另一个角度印证了鲁迅文学创作的水平之高。而这些人的无端指责，正反映了他们不懂文学创作的规律，不了解虚构和再创造正是文学创作的重要特点。

（2）应用写作必须写真人和真事，来不得半点渲染和虚构。违反真实性原则，往往会起到相反的效果，降低应用文体在读者心目中的地位，与写作目标产生背离。

3. 应用写作作者与读者对象的特定性

（1）文学作品因作者的个性、生活经历、艺术素养不同，其作品的艺术风格会截然不同。如李白与杜甫，两人生活的年代不同、生活阅历不同，性格也存在巨大的差异，其诗歌的艺术风格也迥然不同，李白成为唐代浪漫主义诗歌的代表人物，而杜甫则成为唐代现实主义诗歌的代表人物。

文学作品的读者对象非常广泛，文学作品发表后，任何人都可以成为潜在的读者，都可以对文学作品进行自己的解读和欣赏。如每个人都可以成为小说的读者，这也是小说作者所希望的。只有得到读者的认可，作家的成就才能得到认可。诗歌、戏剧也是如此。

（2）应用写作的作者不是个人，而是单位或集体，它代表了单位的集体意志，是集体创作、集体劳动的成果。如学校中常见的处分学生的决定，它代表的不是学校学生管理部门、学生管理部门某一个人的意志和愿望，而体现了作为师生共同体的学校的集体意志；它不是学校学生管理部门文件起草者个人的劳动成果，而是体现了文件形成过程中所涉及的学校学生管理部门所有工作人员、学校办公室、学校领导及学校相关部门所有人员的集体意志。

应用写作的读者对象具有限定性，尤其是涉密性应用文，其读者对象的限定性更加明显；即使是非涉密性应用文，其读者对象也仅限定于与应用文主题有关的读者。如学校处分学生的决定，它的读者对象是本校所有师生特别是学生；它主要对本校的学生发挥教育和警示作用，其他高校的学生、本校以外的其他单位人员都不是它的读者对象，这些单位的人员阅读后，文件起不到应有的教育警示作用。涉密性应用文读者对象的限定性，指的是国家下发的有些机要文件仅限于县处级或省部级以上干部阅读，其他人不得阅读这些文件。

4. 应用写作具有较强的时效性

（1）文学作品对时效性的要求不高，有些文学作品很可能随着时间的流逝而日益得到重视，正如好酒保藏时间越长就越香。如《诗经》《荷马史诗》这些文学作品，至今已历经两年余年，一直深受读者的喜爱，并成为有世界影响的文学作品。

（2）应用写作对时效的要求非常严格，超出时效办理相关事务会贻误工作。如会议通知，要给参加人员留出一定的准备时间，并使他们明确会议的议题、举行时间、召开的地点，这样才能提高工作效率，实现会议目标。另如，在四川汶川大地震、云南昭通市鲁甸地震发生后，国家有关学习抗震救灾先进人物的通知，如在事情发生后很长时间再发文，其作用与当时就行文是截然不同的。

5. 应用写作格式的规范性

（1）应用文的实用性、内容的真实性决定了其写作格式的规范性。因为要解决实际问题，要让文化程度、社会阅历不同的众多受众即受文对象明确应用写作的目的，规范的格式必不可少。应用文应该做到通行全国、人皆能懂。应用写作格式的规范性，有利于提高管理工作的信息化水平和效率。应用文格式的规范性，还便于使受文对象按图索骥，有的放矢地去寻找文章的重要信息点。

（2）文学作品的格式千差万别、千姿百态，而这也是其生命力所在。民族的才是世界的，个人的方是独特的。有自己特色的作品更能吸引人，这一点在一些现代派作家的作品中，如魔幻现实主义、意识流小说等，有充分的体现。

6. 应用写作语言的高效性

（1）应用文要求做到言简意赅、短小精悍。

如会议通知只要说清时间、地点、会议要求，批复只要明确是否同意，请示只要表达出行文者的意图即可。

（2）文学作品则不排斥大部头作品和详尽的描写、叙述。

如小说动辄有上万甚至几十万、几百万字，其表达方式和修辞手法也是多种多样，而这些是应用文特别是公文写作所不提倡的。

五、应用写作手法

写作手法包括表达方式、写作方法、修辞手法等。

表达方式，是指写文章时所采用的反映社会生活、表达思想感情、介绍事物事理的方式手段。常用的表达方式有5种，即：记叙（叙述）、议论、抒情、描写和说明。应用写作的表达方式以记叙（叙述）为主，辅以议论和说明，较少用到抒情和描写。

写作方法，也叫表现手法，一般指在文学创作中塑造形象、反映生活所运用的各种具体方法和技巧。包括：托物言志（托物喻人）、欲扬先抑、衬托（烘托）、夸张讽刺、借景抒情、前后照应、对比等。像《白杨礼赞》一文借赞美白杨树挺拔向上、不屈不挠的精神来赞美北方的农民，采用的是象征的写作方法。而应用写作中几乎不使用这么复杂的表现手法。

修辞手法，也叫修辞方法，是指在写作过程中，对所使用的语言进行修饰、加工、润色，以提高语言表达效果的方法。包括：比喻、排比、拟人、夸张、借代、反问、设问、对偶、反复等。文学写作经常会运用各种修辞手法，而应用写作较少运用。但应用写作也不完全排除修辞手法的运用，如一些应用文在表达"不得损害群众利益"时，往往表述为"不拿群众一针一线"，就是一种典型的借代修辞手法。

第二章　公文文体的写作规则

一、公文的概念

（一）公文

1. 狭义的公文

指法定的公文，即国家行政机关公文，是国家行政机关在行政管理过程中形成的有法定效力和规范体式的文书，是依法行政、进行公务活动的重要工具。

这里的"规范体式"与"应用写作格式的规范性"是一致的。

2. 广义的公文

指公务文书的简称。

广义的公文，除了狭义公文之外，还包括许多类型。如以单位性质为划分标准，广义的公文可分为：

（1）党政机关公文；
（2）企事业单位公文；
（3）社会团体公文。

（二）文书、文件

1. 文书

包括公务文书和私务文书；私务文书指个人在从事政治、经济等各种活动过程中，与他人来往联系过程中形成的各种文书。

2. 文件

狭义的文件指印有固定版头、有法规性、知照性的公文，即俗称的红头公文；广义的文件还包括人们在工作、政治学习中形成的可以用作依据、凭证和参考的各种书面的材料，如身份、户籍、房地产等的证明材料都可作为广义的文件。

二、公文的作用

公文的作用，大体可以概括为以下四个方面。

（一）领导和指导作用

1. 领导作用

指公文具有记录、传达领导机关意图、工作安排，使下级机关按上级机关的文件认真贯彻执行的作用。

如《××省市场监督管理局关于在全系统开展文明礼仪宣传教育实践活动的通知》对省局下属的各地、市局以及直属事业单位所发挥的作用。

2. 指导作用

上级机关通过公文向请示问题的下级机关表示看法、态度，提出指导性意见、措施，批复给下级时发挥的作用。

如《××省财政厅教育厅关于进一步规范教育收费有关事项的通知》对该省各地市教育局、大中专学校所起的作用。

领导作用强调的是强制性，指导作用强调的是参照性。

（二）传达、教育作用

1. 传达作用

国家权力机关、行政机关制定的法律、法规、制度规定，往往以公文的形式下发。

如《国家教育部办公厅＜关于印发网络高等学历教育招生与统考数据管理暂行办法＞的通知》。

2. 教育作用

（1）公文中的通报（表扬、批评）、决定（如学生处理）、通知，在表彰先进、鞭策惩处落后的过程中起到教育作用。

如《关于向杨善洲同志学习的通知》所起的作用。

（2）有些公文既起到传达国家方针政策，同时又起到提高干部群众认识和统一思想的教育作用。

如《国家税务总局关于印发〈特别纳税调整实施办法（试行）〉的通知》所起的作用。

（三）桥梁、纽带作用

如国家权力机关、行政机关、社会团体进行工作时，公文具有如下作用：

（1）传达上级决定、指示给下级；

（2）下级用报告、请示向上级汇报情况、请示问题；

（3）平级、不相隶属机关商洽、委托代办工作。

桥梁、纽带作用可概括为"上传下达"，指公文可以协调相关单位之间的合作、提高工作效率，使工作有序开展。

（四）凭证、依据作用

公文能发挥凭证、依据作用的前提是，公文有法定作者、特定格式和极大的权威性。

此外，公文记载有大量的相关政治、经济、文化、教育、科学、技术信息，经整理、立卷、归档后，除可以发挥领导和指导作用、传达教育作用、桥梁纽带作用外，还可为各级机关工作人员研究解决工作中遇到的问题提供参考，为后代研究人员提供历史凭证。

三、公文的分类

（一）十五种党政机关公文

2012年4月16日，中共中央办公厅、国务院办公厅以中办发〔2012〕14号印发《党政机关公文处理工作条例》，规定了15种党政机关公文。

1. 决议

如2017年10月24日中国共产党第十九次全国代表大会通过的《中国共产党第十九次全国代表大会关于十八届中央委员会报告的决议》。

2. 决定

如2018年2月28日中国共产党第十九届中央委员会第三次全体会议通过的《中共中央关于深化党和国家机构改革的决定》。

3. 意见

如2018年11月18日下发的《中共中央国务院关于建立更加有效的区域协调发展新机制的意见》。

4. 通知

如2016年10月中共中央印发的《关于党的十九大代表选举工作的通知》。

5. 通报

如2018年下半年，中共中央办公厅下发的《关于陕西省委、西安市委在秦岭北麓西安境内违建别墅问题上严重违反政治纪律以及开展违建别墅专项整治情况的通报》。

6. 公报

2017年10月25日，中国共产党第十九届中央委员会第一次全体会议通过的《中国共产党第十九届中央委员会第一次全体会议公报》。

7. 报告

如《中共山东药品食品职业学院党委关于开展"两学一做"活动的报告》。

8. 请示

如《中国共产党××镇委员会关于召开第×届党代会的请示》。

9. 批复

如中共×县委《关于同意召开××镇第×届党代会的批复》。

10. 函

如2016年1月15日国务院办公厅发给发展改革委的《关于同意建立服务业发展部际联席会议制度的函》。

11. 纪要

如2012年10月25日，中国民用航空局与山东省政府签署的《关于加快推进山东民航发展的会谈纪要》。

12. 命令

如2017年3月31日，任命林郑月娥为中华人民共和国香港特别行政区第五任行政长官的第 678 号中华人民共和国国务院令。

13. 公告

中华人民共和国海关总署 国家市场监督管理总局公告
2018 年第 142 号

为进一步优化口岸营商环境，提升跨境贸易便利化水平，海关总署、国家市场监督管理总局决定对《特殊医学用途配方食品注册证书》等 5 种监管证件实施电子数据联网核查。现将有关事项公告如下：

一、自公告发布之日起，在全国范围内实施《特殊医学用途配方食品注册证书》《保健食品注册证书或保健食品备案凭证》《婴幼儿配方乳粉产品配方注册证书》（以下简称证件）电子数据与进出口货物报关单电子数据的联网核查。

二、自 2018 年 11 月 1 日起，在全国范围内实施《强制性产品认证证书或证明性文件》《特种设备制造许可证及型式试验证书》电子数据与进出口货物报关单电子数据的联网核查。

三、市场监督管理部门根据相关法律法规签发证件，将证件电子数据传输至海关，海关在通关环节进行比对核查，并按规定办理进出口手续。联网核查实施前已签发的证件，企业可凭纸质证件在有效期内向海关办理进出口手续。

四、报关企业按照海关通关作业无纸化改革的规定，可采用无纸方式向海关申报。因海关和市场监督管理部门审核需要或计算机管理系统、通信网络故障等原因，可以转为有纸报关作业或补充提交纸质证件。

五、企业可登录中国国际贸易"单一窗口"查询证件电子数据传输状态。

六、中国电子口岸数据中心为联网核查的技术支持部门。

中国电子口岸数据中心联系方式：010-95198。

特此公告。

中华人民共和国海关总署 国家市场监督管理总局
2018 年 10 月 17 日

14. 通告

山东省市场监督管理局
关于公布 2018 年抽检食用植物油合格生产企业的通告
鲁市监通告〔2019〕第 8 号

2018 年，山东省市场监管局在食品生产环节抽取食用植物油 2183 批，其中全部合格的 2166 批，共涉及我省生产企业 411 家，现通告如下（按抽检合格批次数由多到少排序）。

莘县马北油棉有限公司

山东鲁花浓香花生油有限公司

……

淄博万和香食品有限公司

本通告仅针对上述企业被我局抽检的相应批次产品。

山东省市场监督管理局
2019 年 1 月 11 日

15. 议案

如 2018 年 3 月 9 日，《国务院关于提请审议国务院机构改革方案的议案》。

（二）公文的分类方法及标准

1. 按行文方向分

（1）上行文：下级机关向上级机关报送的公文，如请示、报告。

（2）下行文：上级机关向下级机关下达的公文，如命令、决定、通知、通报、批复等。

（3）平行文：同级机关或不相隶属机关之间来往联系的公文，如函、议案，部分通知、通报、纪要。

2. 根据公文的机密情况

（1）秘密公文，分机密、绝密、秘密三种。

（2）非秘密公文。

3. 根据公文的内容

（1）指令性公文，如命令（令）、决定、批复等。

（2）知照性公文，如公告、通知、函等。

（3）报请性公文，如请示、报告等。

四、公文的格式

（一）公文的格式要求

公文的格式分眉首、主体、版记三大部分。

1. 眉首部分

（1）公文份数序号。用于机密、绝密公文，普通公文和一般秘密公文不用。是将同一文稿印制若干份时每份公文的顺序编号。作用在于为公文的分发、清退、查找提供依据，便于对公文进行统计管理。要求左顶格，印于版心左上角第一行，使用阿拉伯数字编号，从 000001 开始，最多为十万份级，即 999999 份。

（2）秘密等级和保密期限。只有涉密公文需要。"秘密等级"简称"密级"，即对于文件内容机密程度的区分。一般分为绝密、机密、秘密，并用印章、注记方法在文件上标明。其目的在于根据规定的工作制度，按照秘密等级，保存和使用文件。

密级标识用 3 号黑体，一般左顶格，两字间空 1 字；如需同时标识保密期限，秘密等级和保密期限间用"五星"隔开。

（3）紧急程度。分"特急""急件"两种情况。用 3 号黑体，右顶格，印制于版心右上角第一行。如需与秘密等级和保密期限同时标识，则下移到第二行。

（4）发文机关标识。是公文制发机关的标记，由发文机关全称或规范化简称后加"文件"组成。如"中国共产党山东药品食品职业学院委员会"的规范化简称为"山东药品食品职业学院党委"。

发文机关标识的作用在于表明公文的作者归属，显示正式公文的权威性与庄重性，表明公文性质或行文方向。

联合行文时，主办机关名称要放在前面，"文件"二字放在发文机关右侧，上下居中排列。

（5）发文字号。发文机关标识之下空2行，是发文字号的位置。发文字号由发文机关代字、年份和序号组成，使用3号仿宋体字，居中排布；其中年份、序号使用阿拉伯数字标识；年份使用全称，用六角括号"〔〕"括入；序号不编虚位（即1不编为001），不加"第"字。

发文字号的作用是为检索和引用公文提供专指性代号，以便于对公文进行统计和管理。联合行文时只标明主办机关发文字号。

（6）签发人。用于上报的公文须标明签发人，其作用在于表明机关发文的具体责任者，以督导各级领导认真履行职责，并为直接联系工作、迅速查询有关问题提供方便。其位置印于发文字号右侧。

2. 主体部分

（1）公文标题。于红色反线下空2行，一般用2号小标宋字体，居中排布，宽度不超过版心；2行以上的标题，回行时要做到词意完整，排列对称，间距恰当。

公文标题要做到准确简要地概括公文的主要内容并标明文种。除法规、规章名称加书名号外，一般不用标点符号。

（2）主送机关。指公文的主要受理机关，应当用全称或规范化简称或统称，如各单位、各班级等。

主送机关位置在公文标题下空1行，左侧顶格，使用3号仿宋体字标识，回行时仍顶格。

（3）公文正文。在主送机关名称的下一行，使用3号仿宋体字，注意每自然段开头要左空2字，回行要顶格。数字、年份不能回行。

公文正文中一级标题使用3号黑体字，一级标题序号使用小写汉字数字（一、二），序号后使用逗号（、），一级标题后不加标点符号；一级标题后正文另起一段，每自然段左空2字。

二级标题使用3号楷体字，二级标题序号使用带括号的小写汉字数字[（一）、（二）]，序号后不使用标点。若二级标题后正文不另起一段，则二级标题后需使用标点（。）；若另起一段，则二级标题后不使用标点。

三级标题一般与正文不分段，字体、字号与正文一致，三级标题序号使用阿拉伯数字（1、2），阿拉伯数字后使用英文半角句点符号（.），如："1.""2."。

（4）附件。公文如有附件，则在正文下空一行，左空2字，用3号仿宋体字标识"附件"，后标全角冒号和名称。

附件如有序号，则使用阿拉伯数字，阿拉伯数字后使用英文半角句点符号（.）；附件标题后不加标点符号。

附件应当与公文正文一起装订，并在附件左上角第1行顶格标识"附件"，有序号时标识序号；附件序号与附件标题前后标识应当一致。

（5）成文时间及印章。用阿拉伯数字将年、月、日标全；公文落款处不署发文机关名称，只标识成文时间即领导签发时间。加盖印章应上距正文2～4毫米，端正、居中下压成文时间，印章用红色。上不压正文、下不压版记。

（6）附注。公文如有附注，用3号仿宋体字，左空2字，加圆括号标识在成文时间的下一行。

3. 版记部分

（1）抄送机关。抄送机关是指除主送机关外，需要执行或知晓公文的其他机关。如有抄送机关，一般用4号仿宋体字，在印发机关和印发日期之上一行、左右各空一字编排。"抄送"二字后加全角冒号和抄送机关名称，回行时与冒号后的首字对齐，最后一个抄送机关名称后标句号。

（2）印发机关和印发日期。印发机关指具体主办、印发公文的部门。位于抄送机关之下占1行位置；用4号仿宋体字。印发机关要左空1字，印发时间要右空1字。印发时间以公文付印的日期为准，用阿拉伯数字标识。

（二）公文格式的一些其他要求

（1）文字要从左至右，横写横排。

（2）少数民族地区可使用通用少数民族文字并按其习惯书写、排版。

（3）公文用纸的规格是210毫米×297毫米。

（4）页码。使用4号半角宋体阿拉伯数字标识，置于版心下边缘，单页码居右空一字，双页码居左空一字。空白页和空白页以后的页不标识页码。

公文如有附表，表格长宽比例与版心比例同，阿拉伯数字要对齐数位；横排表格，应当将页码置于表格左侧，单页码置于表格左下角，双页码置于表格左上角；单页码表头在订口一边，双页码表头在切口一边。

（三）公文的规范用语与常用句式

1. 公文的规范用语

（1）规范的书面语，不用口语词、方言词、土俗俚语。

（2）以双音节词为主。

2. 常用公文专用词语

（1）称谓用语：我局、你单位等。

（2）经办用语：经（查）等。

（3）引叙用语：近接、（收）悉等。

（4）期请用语：请、希、拟等。

（5）表态用语：同意、禁止等。

（6）征询用语：当否、妥否等。

（7）期复用语：请批示、请批准等。

（8）综述过渡用语：为此、故等。
（9）结尾用语：特此通知、特此通告等。

五、公文中的常用句式

（1）以陈述句为最多，其次是祈使句。
（2）公文中常用的介词结构
①表目的、原因的：为、为了、由于等。
②表对象、范围的：对、对于、关于、将、除了等。
③表根据、方式的：根据、依据、遵照、通过、在、随着等。
④将字结构：现将、拟将等。

六、公文中的修辞手法运用

公文的行文目的不求生动，而求明确、通顺、简洁、平允，因此不刻意追求辞藻的华丽和修辞手法的繁复。但公文不完全排除修辞手法的使用，公文中使用较多的修辞手法主要有引用、借代、排比和反复。

七、公文的行文方式和规则

1. 公文的行文方式

（1）逐级行文。这是上行文的最基本方式，除是上级部门明确要求外，不得越过自己的上级部门行文。

（2）多级行文。发文机关可以同时向自己的直接上级部门、下属部门行文。

（3）直达行文。上级领导机关可以直接将文件下发到基层，让广大群众知晓，如通过报刊、电视、广播等方式传达的各种文件等。

2. 公文的行文规则

（1）确有必要方才行文。只有在办理重要事项且确有必要时，才可以以发布公文的方式处理。

（2）根据隶属关系、职权范围行文，不得越级请示、报告。

（3）政府各部门依职权可相互行文，可向下一级政府相关业务部门行文。如山东省财政厅可以向威海市政府的各相关业务部门行文。除函外，政府各部门一般不得向下一级政府行文，如山东省财政厅不可向威海市政府行文，只能由山东省人民政府发文。

（4）部门内设机构一般不得行文。部门内设机构不具备法人资格，没有独立的法人意志，一般不得以本机构的名义行文，必须由设立该机构的部门代为行文。

（5）多个部门可以联合行文。

（6）联合行文应明确工作主办部门。

文件所涉及工作由哪个部门主办，文件就由哪个部门行文并编号，如山东省的财政、人力资源和社会保障部门联合行文，依职权范围应由财政部门主办的，文件一般编鲁财字〔200×〕×号，由人力资源和社会保障部门主办的，一般编鲁人社字〔200×〕×号。

（7）须经政府审批的事项，经政府同意也可由政府组成部门行文，但在正文中应注明经政府同意或授权。

（8）属两部门共同管辖的事务，部门之间未经协商一致，不得各自向下行文，以防止政出多门、相互矛盾。这也是为什么联合行文以最后一部门同意签发并盖章的时间为文件生效时间的原因。

（9）向下级机关的重要行文，应同时抄送直接上级机关及下级机关的直接上级机关。如山东省市场监督管理局批准学院发展规划的文件要同时抄送国家市场监督管理总局，山东省财政厅下发给高校的有关规范学生收费管理工作的文件要同时抄送高校的主管部门山东省教育厅。不得向下级机关抄送文件。

（10）请示"应"一文一事，只写一个主送机关。

（11）请示、报告不得混用，报告中不得同时有请示事项。

（12）除上级机关负责人直接交办的事项外，不得以机关名义向上级机关的负责人个人报送"请示""意见"和"报告"。

（13）受双重领导的机关向上级机关行文，"应"同时写明抄送机关。

八、单位公文的一般形成过程

（1）由单位主办该项工作的部门根据领导授意或工作需要起草公文，具体由工作人员负责起草，部门领导进行审核。

（2）该项工作涉及的部门会签。

（3）由单位办公综合部门文秘人员审稿、办公综合部门领导核稿。

（4）由单位分管主办该项工作的部门的副职会签，必要时涉及该项工作所有部门的单位分管副职均需会签。

（5）由单位主管领导签发。

（6）由单位办公综合部门付印、校对、用印、分发、存档等。

第三章 报请性公文的写作

报请性公文主要包括报告和请示两类。

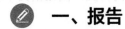一、报告

（一）报告的概念、特点

报告是机关单位向上级机关汇报工作，反映情况，提出意见或者建议，以及答复上级机关询问的陈述性公文。

报告属于上行公文，应用相当广泛：

（1）它可以用以定期或不定期地向上级机关汇报工作，反映本部门、本单位贯彻执行各项方针、政策、指示的情况，反映实际工作中遇到的问题，为上级机关制定方针、政策，或者作决策、发指示提供依据；

（2）也可以用来向上级机关陈述意见，提出建议，如针对本地区、本单位、本部门带有普遍意义或倾向性的问题，提出解决的途径，为上级机关当好参谋；

（3）还可以用于答复上级机关的询问，使上级机关在全面掌握情况的基础上，准确、有效地指导工作。

但是，在日常公务活动中，经常出现"报告"与"请示"混用的情况。如某大学计划增设一个新专业，按行政工作程序应该向上级教育主管部门"请示"，却使用了"报告"来请求批准；某单位事业经费不足，要求主管部门予以增拨，也给上级机关打"报告"请求解决，这些都显属错用文种。

产生上述"报告"与"请示"混用的情况，主要有两方面的原因：

一方面是新中国成立后，报告工作和请示问题曾经作为"报告"一种文种使用过，当时尚无"请示"这种文种，"报告"的适用范围就包括工作中的"报告"和"请示"两项内容。直到国务院办公厅1987年2月18日发布、1993年11月21日修订的《国家行政机关公文处理办法》，在总结历史经验的基础上，才决定将"报告"和"请示"分列为两类两种公文。这就从历史的原因上给人们造成一种误解，以为这两种公文文种的区别不是很严格。

另一方面，由于同属上行文，结构形态相似，而有关人员对"报告""请示"的概念、特点、性质、适用范围等基本知识不够清楚，常常不是仔细辨别究竟该用什么文种，而是想当然，觉得无非是要让上级知道情况作决定，所以该用"请示"的用了"报告"。

鉴于上述情况，有必要将"报告"和"请示"作认真的区分与比较。报告有如下特点：

1. 行文的单向性

报告是下级机关向上级机关行文，旨在为上级机关提供情况，一般不需要受文机关"批复"，属于单向行文。

2. 表达的陈述性

报告是用于汇报工作、反映情况的，上级机关能否比较全面地了解下级机关的情况，并综合各下属单位的情况对全局工作作出决策，在很大程度上取决于下级机关能否适时地汇报工作，真实、全面、具体地陈述本部门、本单位贯彻执行各项方针、政策的情况。譬如某一阶段做了哪些工作，每项工作是怎样开展的，取得了哪些成绩，存在什么问题等。

即使是提出意见、建议，或者在答复上级的询问时会有一些议论文字，也是在大量陈述情况的基础上所作的适当分析，其基本表达手法仍是叙述和说明。

（二）报告的分类

根据性质的不同，报告可以分为综合报告和专题报告两种；根据时间期限的不同，可以分为定期报告和不定期报告两种；根据内容的不同，可以分为工作报告、情况报告、建议报告、答复报告和递送报告等。

需要说明的是，有些专业部门使用的报告文书，例如"调查报告""审计报告""咨询报告""立案报告""评估报告"等，虽然标题中也有"报告"二字，但其概念、性质和写作要求与行政公文中的报告不同，不属于行政公文范畴，不应与之混淆。

1. 工作报告

主要是指向上级机关或重要会议汇报工作情况的报告，用以总结工作，反映某一阶段、某个方面贯彻落实政策、法令、指示的情况。

如国务院总理李克强于 2018 年 3 月 5 日在第十三届全国人民代表大会第一次会议上所作的《政府工作报告》。

2. 情况报告

主要用于向上级反映工作中的重大情况、特殊情况和新动态等，以便上级机关根据情况，及时采取措施，指导工作。如 2017 年 2 月 6 日，受山东省人民政府委托，山东省财政厅在山东省第十二届人民代表大会第六次会议上所作的《关于山东省 2016 年预算执行情况和 2017 年预算草案的报告》。

3. 建议报告

是指机关单位根据工作中的情况动向和存在问题向上级机关提出具体建议、办法、方案的报告。如 1981 年 9 月 18 日国家标准总局上报给国务院的《关于进一步加强产品质量监督检验工作的报告》。

4. 答复报告

是针对上级机关向下级机关提出询问或要求，经过调查研究后所作的陈述或说明性回答。如××市人民政府答复省政府的《关于治理××河水质污染的问题的报告》。

5. 递送报告

是以报告的形式，向上级呈报其他文件、物件的说明性文件。如 2018 年 11 月 24 日拉萨市城乡规划局党组《关于报送 2018 年工作总结暨 2019 年工作要点的报告》。

（三）报告的结构、内容和写法

报告由首部、正文和尾部三部分组成。

1. 首部

主要包括标题和主送机关两项内容。

报告的标题常见的形式有两种：一种是由发文机关、事由和文种构成，如《××部关于××抗灾救灾工作情况的报告》；另一种是由事由和文种构成，如《政府工作报告》等。

报告的主送机关可以是一个，也可以是几个。

2. 正文

报告正文的结构主要由开头、主体和结语三部分组成：

（1）开头。主要是交代报告的缘由，要概括地说明"报告"的目的、意义或根据，然后用"现将××情况报告如下："一语过渡到下文。

如《关于二〇一五年纠正部门和行业不正之风工作要点的报告》，缘由部分讲了两层意思：一是关于坚决纠正不正之风的重要意义；二是说明总结过去一年来这方面工作的目的，是为了在新的一年里作出更大成绩。

再如《关于进一步加强森林防火工作的报告》，由于这篇报告是建议报告，所以在缘由部分着重阐明"建议"的原因和目的，"原因"是"在新的形势下，森林防火工作出现了一些新情况和问题，必须认真加以解决"。"目的"是进一步"共同做好森林防火工作"。

（2）主体。用来陈述、说明报告事项。一般包括两层内容：一是工作情况及问题；二是进一步开展工作的意见。

如××市市长×××2016年1月31日在××市第××届人民代表大会第二次会议上所作的《政府工作报告》，其主体部分谈了三个问题：

一、2016年我市各项工作取得明显成效，改革开放和经济建设进入了一个新的发展阶段。

二、努力做好2016年工作，进一步加快我市经济建设和社会发展的步伐。

三、积极推进改革，扩大对外开放，促进建立社会主义市场经济新体制。

其中，第一个问题是总结全市2016年在改革开放中的工作情况，所取得的成就和存在的问题，第二、第三个问题分别提出下一年进一步加快该市经济建设和社会发展的具体安排意见。

在不同类型的报告中，正文报告事项的内容可以有所侧重：

工作报告在总结情况的基础上，重点提出下一步工作安排意见，大多采用序号、小标题区分层次，如前文所举的例子；情况报告的重点应放在情况的介绍上，通过概括的陈述及恰当的分析，揭示工作中存在的主要问题，然后提出意见或建议；建议报告的重点应放在建议的内容上，也可以采用标序列述的方法，如《关于进一步加强森林防火工作的报告》，其报告事项列了六条建议；答复报告则是根据真实、全面的情况，按照上级机关的询问和要求回答问题，陈述理由；至于递送报告，只需要写清楚报送的材料（文件、物件）的名称、数目即可。

（3）结语。根据报告种类的不同一般都有不同的程式化用语，应另起段来写。工作报告和情况报告的结束语常用"特此报告"；建议报告常用"以上报告，如无不妥，请批转各地执行"。答复报告多用"专此报告"；递送报告则用"请审阅""请收阅"等。

3. 尾部

尾部为成文时间。写明年、月、日期，然后加盖单位公章。

（四）撰写报告应注意的问题

1. 材料要真实

向上级机关汇报工作应该本着实事求是的态度，如实汇报。无论是成绩还是失误，都应该全面、真实的反映，不能报喜不报忧，也不能夸大和虚构。上报的公文应该在调查研究，全面掌握本单位情况的基础上撰写。

2. 主旨鲜明

报告的内容，一般涉及的面宽而且复杂，很容易写得篇幅较长而又重点不够突出，流于泛泛而谈。这就要求在撰写时，力求写得观点鲜明、简洁、深刻。

如中共首钢总公司委员会上报市委的《关于首钢××××年取得新成绩的报告》，就是短小精悍的年终工作报告的范例。这份报告，全文不到1700字，从四个方面总结了过去一年首钢取得的新成绩，简洁地阐明了概述中对工作的总评价。"总评价"也就是这份报告的主旨，即"四个方面的工作有新的突破性进展"。一个"新"字，概括了一年来工作的突出特点，进一步强化了主旨。另外，这篇报告善于用事实说话、用数据说话，加上适当的分析评论，更增加了它的立意深度，很有说服力。

3. 严格使用文种，尤其应当注意不要与请示混用

报告事项不得夹带请示事项，否则会因"报告"不需批复而影响请求事项的处理和解决。

例文 （工作报告）

关于首钢××年取得新成绩的报告

北京市委：

××年元月初，首钢向市委常委扩大会汇报了改革情况，春节，××同志和××同志来首钢给职工拜年；3月初××和××同志又亲自主持会议详细听取了首钢汇报，都充分肯定了首钢的改革，使全体职工受到巨大的鼓舞，决心在首钢改革的第××年作出新的更大的成绩。

××年，虽然遇到燃料、电力、运输涨价等诸多外部因素的影响，年中出现了利润负增长的不利趋势，但是经过全体职工团结奋战，全年生铁产量、钢产量、钢材总量全面增产，产钢量跃居全国第二位。实现利润达23.6亿元，比上年增长11%（加上消

化掉的减利因素,同口径比上年增长35.88%）。上缴利税费18.15亿元,比上年增长21.1%。

××年,首钢取得的新成绩,主要是由于以下四个方面的工作有新的突破性进展。

一是生产科研一体化,加速了科学技术转化为生产力。……

二是深化企业管理体制改革,增强了企业应变能力。……

三是实行国际化经营的发展战略,出口创汇实现历史性飞跃。……

四是充分发挥党委的政治领导作用和党员的先锋模范作用。……

（中共首钢总公司委员会章）

××年1月20日

例文（情况报告）

全国人大代表团出席"亚太议员论坛"成立大会情况的书面报告

各位代表：

今年1月13日至15日,以××副委员长为团长,××委员为团员的全国人大代表团出席了在日本东京召开的"亚太议员论坛"成立大会。

"亚太议员论坛"的倡议者和推动者是日本众议员、前首相中曾根康弘。在"论坛"成立大会之前,"论坛"已分别于××年8月和12月在新加坡和澳大利亚堪培拉召开了两次筹备会议。在堪培拉筹备会议前,全国人大收到了会议组织者希望我派代表出席那次会议的邀请,全国人大派××委员出席了堪培拉筹备会议。那次到会的包括中国在内的与会国家将自然得到邀请出席拟定于××年底在日本或韩国召开的"论坛"成立大会。

去年10月,××致信××委员,称"论坛"拟于今年1月在东京召开,会议将讨论包括吸收新成员在内的议题,他并随后向我发出了与会的正式邀请。我们认为,××重视中日友好关系,尊重我"一个中国"的原则立场,为使我能派团出席"论坛"成立大会做了积极的努力。鉴于以上情况,为扩大我在亚太地区的影响,促进我与亚太国家的友好合作关系,表示我对中日关系和对"论坛"的重视,我决定由××副委员长率团出席"论坛"成立大会。

出席这次"论坛"成立大会的国家议会代表来自澳大利亚、文莱、加拿大、密克罗尼西亚、印度尼西亚、日本、墨西哥、新西兰、巴布亚新几内亚、中国、菲律宾、韩国、新加坡、泰国和美国等15个国家,共58名议员代表,其中有澳大利亚参议长西贝拉和众议长麦克利、巴布亚新几内亚议长斯格特、菲律宾众议长德维尼西亚和泰国下院议长兼国会主席汶纳。

这次"论坛"成立大会主要有以下议题：……

在大会发言中,各国代表主要强调希望亚太地区国家增加对话、加强合作,促进本地区的和平、稳定与繁荣,并表示希望"论坛"的成立能为上述目标的实现作出积极的贡献。……

经过与会代表修改并通过的"亚太议员论坛东京宣言"的其他主要内容是：

在这次大会前，××副委员长还礼节性拜会了……

我代表团在会议期间利用宴会、招待会等各种会外场合，广泛接触了各国与会议会代表，向他们宣传了我改革开放所取得的成就，介绍了我国内形势、对外政策以及我在台湾和香港问题上的原则立场，讨论了中国全国人大与对方议会的双边交流等问题，增进了相互了解和友谊，取得了良好的效益。各国与会代表纷纷赞扬我取得的成就，表示希望增加与我的往来和合作。……

此外，日本的华侨和台胞在得知××副委员长率中国全国人大代表团前往东京出席"论坛"会议，感到十分高兴，东京和横滨的华侨组织和台胞社团分别在"论坛"会前和会后设宴款待代表团。他们纷纷与代表团表示，他们虽然人在海外，但心系祖国，关心祖国的建设，并期望祖国能早日完成统一大业。

（全国人大出席"亚太议员论坛"成立大会代表团章）
××年2月7日

例文 （建议报告）

关于进一步加强森林防火工作的报告

国务院：

我国的森林防火工作，以××年××森林火灾为转机，进入了一个新阶段。全国森林防火综合能力明显提高，森林火灾损失大幅度下降，对保护国家森林资源、促进国民经济发展、维护生态环境、保障林区安定发挥了重要作用。在新的形势下，森林防火工作出现了一些新的情况和问题，必须认真加以解决。森林防火任务日益繁重，森林防火工作只能加强、不能削弱。国家森林防火总指挥部撤销后，地方各级人民政府要进一步负起责任，切实做好森林火灾的预防和扑救工作，林业部将做好对各地森林防火的检查、监督和协调，各有关部门要积极支持，共同做好森林防火工作。现将进一步加强森林防火工作的意见报告如下：

一、进一步认识森林防火工作的重要性、长期性、艰巨性……

二、继续坚持实行森林防火工作行政领导负责制，强化森林消防监督职能……

三、依靠社会的力量，积极做好森林火灾的各项预防工作……

四、进一步加强森林消防队伍建设，逐步提高专业化水平……

五、不断增加投入，切实加强森林防火基础设施建设……

六、进一步完善全国森林防火工作体系，做到从上到下有专人管……

当前正值北方森林防火的最紧要时期，以上报告，如无不妥，请批转各地执行。

（林业部章）
2015年5月13日

二、请示

（一）请示的概念和特点

请示是向上级机关请求决断、指示、批示或批准事项所使用的呈批性公文。

请示属于上行公文，其应用范围比较广泛。如下级机关遇有涉及方针政策等方面的重大问题，必须报请上级机关审核批准时；下级机关在工作中遇到新情况、新问题，无章可循，需要上级机关给予明确指示时；下级机关遇到了无法解决的具体困难，包括人力、物力、财力等方面的问题，需要上级给予帮助解决时；下级机关对现行政策、方针、法规等有疑问，需要上级予以解答说明时；或者下级机关因重大问题有意见分歧，需要上级机关裁决时，都可以使用。

请示有以下特点。

1. 针对性

不是任何事项都可以向领导机关行文请示。凡属本机关职权范围内应该解决和有能力解决的问题，就不应该再去请示上级领导机关。只有本机关单位权限范围内无法决定的重大事项，如机构设置、人事安排、重要决定、重大决策、项目安排等问题；以及在工作中遇到新问题、新情况或克服不了的困难，才可以使用请示。

2. 单一性

一文一事；一般只写一个主送机关，即使需要同时送其他机关，也只能用抄送形式。

3. 时效性

请示是针对本单位当前工作中出现的情况和问题，要求得到上级机关指示、批准，如能及时发出，就会使问题得到及时解决。而如果延误时机，问题的性质有可能发生变化，即使上级机关作了批复，也会因失去了针对性而变得毫无意义。

4. 呈批性

上级机关对呈报的请示事项，无论同意与否，都必须给予明确的"批复"回文。它不像"报告"只需要上级机关知道、了解即可，而是要求上级表态。只有上级机关对"请示"批复了，下级机关才能根据"批复"意见展开工作。

需要强调的是，无论是党的机关还是行政机关，一般均不得越级请示。确因特殊情况必须越级请示时（比如说上级机关要求），必须抄送被越过的上级机关。

（二）请示的分类

根据内容、性质的不同分为三类。

1. 请求指示性请示

下级机关在工作中遇到新情况、新问题，无章可循，或下级机关对现行方针政策、法规等有疑问，或下级机关因重大问题有意见分歧，需要得到上级机关指示的请示，都属于请求性指示。

2. 请求批准性请示

是下级机关就有关重大问题的决定、决策，或者工作中遇到具体困难，自己无法或无权解决，请求上级机关批准、解决所用的请示。如《关于建立中国工程院有关问题的请示》。

3. 请求帮助性请示

是下级机关在工作中遇到难以依靠自身解决的问题，请求上级机关给予资金、设备、人员等方面的支持和帮助时所用的请示。如《关于临时调配药品检验设备的请示》。

（三）请示的结构、内容和写法

由首部、正文和尾部三部分组成。

1. 首部

（1）标题。一种是发文机关加事由加文种，如"××乡人民政府关于××××的请示"；一种是事由加文种，如"关于开展春节拥军优属工作的请示"。

（2）主送机关。请示需主送负责受理和有权答复该文件的机关，每件请示只能写一个主送机关，不能多头请示，如需同时送其他机关，应当用抄送形式送达。除上级领导直接交办的事项外，不得直接呈送领导者个人。

2. 正文

主要包括请示缘由、请示事项和结语等。

（1）请示缘由。是请求事项能否成立的前提条件，也是上级机关批复的根据。原因讲得客观、具体，理由讲得充分、合理，上级机关才好及时决断，予以有针对性的答复；缘由写得含糊笼统或者套话满篇，上级就无法掌握你的具体难处，从而影响问题的及时处理。

特别是下级机关遇到的具体困难，请求上级机关给予帮助解决的请示，理由写得是否充分、恰当、具体，一般来说是决定上级机关"批复"态度的关键。

如果属于请求核准、审批一类的请示，主要是为了履行规定程序，请求上级把关，缘由可以写得概括一些。

（2）请示事项。它是向上级机关的具体请求，也是陈述缘由的目的所在。这部分内容要单一，只宜请求一件事。若一件事涉及几个方面，实质上还是一件事，还是允许的。另外，请求事项要写得具体、明确、条项清楚，以便上级机关给予明确批复。

有的请示，其事项本身涉及的方面比较多，一般都采用序号或小标题形式来分项表述。如《关于建立中国工程院有关问题的请示》事项部分分列了三个问题："一、关于建立中国工程院的必要性。二、关于组建中国工程院的一些原则。三、关于中国工程院的筹建工作及进度安排。"

（3）结语。应另起段。习惯用语一般有"当否，请批示""妥否，请批复""以上请示，请予审批"或"以上请示如无不妥，请批转各地区、各部门研究执行"等。

3. 尾部

包括署名和成文时间。

例文 （请求批转性请示）

关于审批第三批国家历史文化名城和加强保护管理的请示

国务院：

××年和××年，国务院先后批准了两批共62个城市为国家历史文化名城，这对促进文物古迹的保护抢救，制止"建设性破坏"，保护城市传统风貌等起了重要作用。

我国地域辽阔，历史悠久，除已批准的国家历史文化名城外，还有些城市文物古迹十分丰富，具有重要历史文化价值及革命纪念意义。为进一步保护好这些城市的历史文化遗产，我们从××年起即请各省、自治区、直辖市人民政府在认真调查研究的基础上，慎重提出第三批国家历史文化名城推荐名单。对各地区提出的推荐名单，经有关城市规划、建筑、文物、考古、地理等专家，按照《国务院经转建设部、文化部关于请公布第二批国家历史文化名城名单报告的通知》（国发〔××〕104号）文件关于审定国家历史文化名城的原则，进行反复酝酿，讨论审议，提出37个城市，建设作为第三批国家历史文化名城（名单附后），报请国务院审核批准并予以发布。

为了加强历史文化名城的保护管理，要认真做好以下工作：

一、提高对保护文化名城重要性的认识。

二、认真贯彻"保护为主、抢救第一"的方针，切实做好历史文化名城的保护、建设工程。要加强文物古迹的管理，搞好修缮。

三、抓紧制定历史文化名城的保护管理办法，使保护工作走上规范化、法制化的轨道。

保护历史文化名城需要一定的资金，各有关地方人民政府和城市规划、文物保护等有关部门给予积极支持。各地要根据实际情况，制定有关政策，动员社会力量，促进历史文化名城的保护工作。

以上请示如无不妥，请批转各地区、各部门研究执行。

附件：第三批国家历史文化名城名单

建设部　国家文物局
××年×月×日

附件：（略）

例文 （请求批准性请示）

关于建立国家工程院有关问题的请示

国务院：

近年来，我国科学家、工程技术专家和有关人士，曾多次提出建立国家工程院问题。

全国政协七届五次会议和中国科学院第六次学部委员大会期间，不少政协委员、学部委员和工程技术专家，又先后提出提案和建议。党中央和国务院领导同志十分重视这一建议。曾就建立中国工程院问题，多次作过批示。根据中央和国务院领导同志的批示精神，组成了专家研究小组，经过广泛调查研究，听取各方面人士和有关产业部门的意见，进行反复酝酿和讨论，形成工程院的初步组建方案。现就建立中国工程院的有关问题请示如下。

一、关于建立中国工程院的必要性……

二、关于组建中国工程院的一些原则……

三、关于中国工程院的筹建工作及进度安排（略）……

为使工程院的筹建及建院后的工作正常进行，在国家科委设立筹备领导小组办公室，待工程院建立后，请中央机构编制委员会单独核准该院编制40人。请国家财政拨专款150万元，作为工程院筹备工作及召开第一届院士大会的专项经费，建院后的经常费用届时将由中国工程院向财政部提出计划，列入国家年度财政预算。

当否，请批示。

附件：中国工程院筹备领导小组名单。

中国科委　中国科学院
××年××月××日

附件：（略）

三、请示与报告之异同

请示与报告是两类发文方向相同、文种名称无相似点的不同文种：两类公文在发文机关、主送机关、针对事项、文种性质以及文章结构等方面存在着许多相似之处，这是长期以来人们难以正确区分和使用两种公文的根本原因。两种公文有很明显的差异点：

1. 性质不同

报告是陈述性公文；请示则是呈批性公文。

2. 行文时间不同

报告是在工作结束后或工作正在进行中行文；而请示则必须要在事前行文。

3. 行文目的不同

"报告"的目的在于汇报工作，反映情况，提出意见或建议，回答上级机关询问，以便上级机关了解本单位情况，能够有针对性地予以指导；而"请示"的目的，是为解决某一问题，请求上级机关作出指示或予以批准。

4. 主送机关不同

报告的宗旨在于为上级机关提供信息，不是为了让其批复，因而允许多头主送，即可以向一个、两个或两个以上的上级机关发文；而请示是为向上级请求指示或批准的，要求只能写一个主送机关，不允许多头请示，以免因主送机关之间的推诿，耽误所请示问题的及时解决，如确需同时呈送其他上级机关，应当用抄送形式发出。

5. 事项的多少不同

报告的事项可以是一件，如专题报告；也可以是多件，如综合报告，其容量比请示大一些。而请示的内容，必须遵循"一文一事"的原则，以免因事项较多，需要多个主送机关拍板，致使公文陷入长途旅行的困境，贻误工作。

6. 答复的形式不同

"报告"不要求上级机关回复。当上级机关看到"报告"后，他们可以根据报告的内容，采用不同的形式予以处置，如可以修订、完善方针、政策、规章、制度，可以发指示、作批示，可以批转下发，还可以到基层单位调查研究，总结经验教训等。而"请示"则要求上级机关及时批复回文，给予明确答复，下级机关只有得到上级机关的批复认可才能执行，不得先斩后奏。

第四章　知照性公文的写作

知照性公文主要包括通知与通报、公告与通告等。

一、通知

（一）通知的概念

通知是上级机关用来批转下级机关的文件、转发上级机关和不相隶属机关的公文，发布规章，向下级机关和有关单位传达需要办理周知或者共同执行的事项，以及用来任免和聘用干部的晓喻性公文。

在众多的公文文种中，通知是一种使用范围广泛，使用频率极高的公文。它的主要作用有以下几点：

1. 批转文件

如国务院 2015 年 6 月 11 日向各省、自治区、直辖市人民政府、国务院各部和直属机构发出的《国务院关于批转发展改革委等部门法人和其他组织统一社会信用代码制度建设总体方案的通知》，要求各地结合实际落实推广。批转针对的是下级部门来文。

2. 转发文件

转发上级机关的公文或者不相隶属机关的公文。如国务院办公厅于 2017 年 3 月 18 日发布的《国务院办公厅关于转发国家发展改革委住房城乡建设部生活垃圾分类制度实施方案的通知》。

3. 颁发或发布行政规章

各级行政机关依法制定的各种规章制度，包括条例、规定、办法、细则等都可以用通知发布。如 2015 年 9 月 30 日《国家食品药品监督管理总局关于印发〈食品经营许可审查通则（试行）〉的通知》。

4. 向下级布置工作，传达上级指示，加强部门协作，安排部门工作

如农业部发布的《关于加强水族馆和展览表演、驯养繁殖、科研利用水生野生动物管理有关问题的通知》，就是针对不少地区在修建水族馆，举办珍稀水生、野生动物展览，致使已濒危的物种再度遭到捕杀，在社会上造成了很坏的影响而发出的通知，要求有关部门切实履行职责，加强对这方面工作的管理。

5. 宣布任免和聘用干部

通知除了作为下行公文外，还可以向不相隶属的平级机关发出，以交流信息，沟通情况，相互协调工作。

（二）通知的特点

1. 广泛性

通知的广泛性表现在：

(1) 内容广泛。大到全国性的重大活动安排、批转文件、发布规章制度、下达指示，小到机关单位内部处理日常事务、告知一般事项、传递信息，都可以下发通知。

(2) 发文机关广泛。党政军机关、企事业单位、社会团体都可以使用这一文种。

(3) 通知的受文对象广泛。既可以是机关单位，也可以是普通公民；既可以是下级机关，还可以是不相隶属的平行机关。

2. 晓喻性

通知的主要功能首先在于告知，告诉受文对象有关事项；其次是提出要求，让受文对象在知晓通知内容后，按发文者的意图去办。知道了才好照办，所以一般来说，纯粹告知、打招呼的通知不多，大部分是为了提要求的，告知只是一种方式、手段和必经程序。

3. 时效性

通知有一定的时效要求。所谓时效性，包含着两层意思：

(1) 时间期限；

(2) 通知本身的效力长短。

二者不能混为一谈。要求办理的事情，必须在限定的时间内完成，这是时限性要求的表现。即使是提出原则性规定的通知，也有其贯彻执行的时限要求，受文者不能拖着不办。

另外，通知的效力长短不一：有的通知因安排公务活动的具体事项而发，如开会通知，会期一到，通知也就失去了效力；而有的通知是用来部署某方面工作的，在这方面工作结束以前，无论时间长短，它都是有效力的，除非上级另行发文改变了原则和要求。

（三）通知的分类

根据执行要求时间的不同，通知可以分为一般性通知和紧急通知两种。

而根据内容的不同，通知则大体可以分为以下五类。

1. 批转、转发、颁发性通知

这类通知的划分依据是用途的不同。这一类通知，分别与被批转、被转发、被颁布的原件构成一份完整的公文，其内容比较重要，命令性和规定性较强，要求下级机关认真贯彻执行。

2. 指示性通知

是对某一事项作出具体规定或对处理某一问题作出具体指示的通知。它一般都是上级机关需要对下级机关或所属单位下达指示，而内容又不适用"命令"或"指示"等文种时使用的。如国务院1994年2月23日发出的《国务院关于调整企业离退休人员离退休金的通知》，这类通知的政策性和指导性较强，也要求下级机关认真贯彻执行。

3. 事务性通知

是用于安排一般具体事务的通知。如调整机构、启用印章、变更作息时间、安排节假日值班等所发的通知都属于这一类。这种通知应用广泛，内容单一，或者要求下级机关办理，或者需要有关单位周知，或者需要有关部门协助共同执行，等等。

4. 会议通知

是各单位用以发出召开会议的通知。如《××学院关于召开全院先进集体和先进工作者表彰大会的通知》等。

5. 任免通知

是上级机关任免下级机关的领导人员，或上级机关的有关任免事项需要下级或平级机关知道时所发出的通知。如××市人事局发出的《关于××同志任职的通知》等。

（四）通知的结构、内容和写法

通知一般由首部、正文和尾部三部分组成。

1. 首部

通知的首部包括标题、发文字号和主送机关等项目内容。

（1）标题。通常有三种形式：一种是由发文机关名称、事由和文种构成，如《××市人民政府办公厅关于成立北大街建设改造指挥部的通知》；另一种是由事由和文种构成，如《关于进一步加强物价管理的紧急通知》；还有一种只写文种《通知》，常见于基层单位所发的事务性通知、会议通知。

有些情况特殊的通知，在标题中应写明性质，在"通知"前加上说明，如"紧急通知""补充通知""联合通知"等。

（2）主送机关。与一般公文相同。

2. 正文

通知的正文结构一般由开头、主体和结尾三部分组成，有的还有结语。开头主要交代通知缘由、根据；主体说明通知事项；结尾提出执行要求。有的通知单一，只用一个段落表述以上几层意思，有的通知内容比较多，可以用两个或两个以上段落表述。

不同类型的通知正文构成和写法有所不同。

（1）批转、转发、颁发性通知。比较简单，一般用一句话交代批转、转发、颁发的意见和通知要求。但也有的正文稍作展开，如《国务院关于批转全国物价大检查总结报告的通知》，正文首先用一句话概述对原件的意见以及通知决定、执行要求；然后阐述批转的缘由，也是通知决定的缘由，即"通货膨胀的形势依然严峻"，最后从抓好"菜篮子"工程，切实保护群众利益、安定人民生活方面提出通知要求。

（2）指示性通知。正文包括缘由、通知事项和执行要求三项内容，如果通知事项较多，可以标序列述。

（3）事务性通知。正文一般包括通知根据、通知事项和执行要求三项内容。由于内容单一，所以"通知事项"要写得具体明白，不能含糊不清。

（4）会议通知。正文包括通知缘由、通知事项和结语三项内容。缘由部分要概括交代召开会议的原因、目的、议题，通知事项部分要具体说明会议的内容、时间、地点、参加人员、议程以及其他有关事项。为了醒目，这部分内容常采用标序列述的方法直接标明通知事项，如"（一）会议内容；（二）会议时间；（三）会议地点……。"结语部分常用"特此通知"等惯用语作结。

（5）任免通知。正文分两部分，一是说明任免根据；二是说明任免决定。任免决定包括了任职、免职和既免又任等几种情况，要区别情况，写清被任、免职务人员的情况。至于任免原因，一般不需要展开说明或发表议论，以体现通知决定的权威性。

3. 尾部

包括发文机关署名和成文时间。

（五）撰写通知应注意的问题

1. 准确使用文种

批转性通知与批复不得混用：二者都是针对下级来文所作的指示性下行文，但批转性通知需附上被批转的原文作为一个复合性文件一并发布，而批复却不附被批复的文件。

2. 通知事项必须明确具体

下面的例子就有许多不明确的地方：

通知

我院第二届艺术节书画手工艺品展览筹备会于5月13日4：30召开，希望各班文体委员、宣传委员届时参加。

学生会
二〇一一年九月二十一日

这个会议通知不规范的地方有三：

（1）时间。4：30如是凌晨时间，实际上一般是不会安排会议的，所以应改为"下午4：30"或"16：30"。

（2）没有会议地址，看到通知后也不知道到什么地方去参加。

（3）通告时间太急促，当天上午发通知，要求与会者下午开会，没有准备时间，而且有的人员不能参加无法调整。

3. 实事求是、切实可行

要求办理和执行的通知，其通知事项应是下级经努力可以实现的。另外，通知时间要和执行时间衔接好，通知要及时发送，以防下级无时间办理。

例文（批转性通知）

国务院关于批转发展改革委等部门法人和其他
组织统一社会信用代码制度建设总体方案的通知
国发〔2015〕33号

各省、自治区、直辖市人民政府，国务院各部委、各直属机构：

国务院同意发展改革委、中央编办、民政部、财政部、人民银行、税务总局、工商总局、质检总局制定的《法人和其他组织统一社会信用代码制度建设总体方案》，现转发给你们，请认真贯彻执行。

附件：《法人和其他组织统一社会信用代码制度建设总体方案》

国务院
2015 年 6 月 11 日

例文（转发性通知）

国务院办公厅关于转发国家发展改革委住房城乡建设部
生活垃圾分类制度实施方案的通知

国办发〔2017〕26 号

各省、自治区、直辖市人民政府，国务院各部委、各直属机构：

国家发展改革委、住房城乡建设部《生活垃圾分类制度实施方案》已经国务院同意，现转发给你们，请认真贯彻执行。

附件：《生活垃圾分类制度实施方案》

国务院办公厅
2017 年 3 月 18 日

例文（颁发性通知）

关于颁发《〈国务院办公厅关于职工工作时间的规定〉的实施办法》的通知

各省、自治区、直辖市劳动、人事厅，国务院各部委、各直属机构：

根据《国务院关于职工工作时间的规定》，我们制定了《〈国务院办公厅关于职工工作时间的规定〉的实施办法》，现发给你们，请遵照执行，并将执行中的经验和问题按两部的职责范围，分别报送。

附件：《〈国务院办公厅关于职工工作时间的规定〉的实施办法》

劳动部　人事部
××年××月××日

例文（颁发性通知）

国务院关于发布第三批国家重点风景名胜区名单的通知

各省、自治区、直辖市人民政府，国务院办公厅有关部门：

第三批国家重点风景名胜区名单已经国务院审定，现予以发布。

风景名胜资源是不可再生的自然和文化遗产，保护工作是第一位的，只有在保护好资源的前提下，才能永续利用。地方各级人民政府要加强对风景名胜区工作的领导，搞好保护和利用的统一规划和管理，组织协调好有关部门的关系，保持风景名胜区内各单位的业务渠道不变，维护其合法权益。国务院各有关部门要密切配合，加强协作，促进风景名胜区各项工作的发展。

附件：《第三批国家重点风景名胜区名单（共35处）》

国务院
××年××月××日

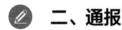（任免通知）

关于李××等同志职务任免的通知

各处室、车间：

经公司研究，任命李××同志为八车间主任，张××同志为二车间主任。免去李××同志质监处副处长职务，免去张××同志机动处副处长职务。

特此通知。

××年××月××日（盖章）

二、通报

（一）通报的概念、特点

通报是国家机关、社会团体、企事业单位用于表彰先进、批评错误、传达重要精神或情况的公文。

通报的应用也比较广泛，可以用于表扬好人好事、新风尚；也可以用于批评错误、总结教训，告诫人们警惕类似问题的发生；还可以用来互通情况、传达重要精神、沟通交流信息、指导推进工作。

通报具有以下特点。

1. 典型性

不是任何人和事都可以作为通报的对象来写。通报的人和事总是具备一定典型性，能够反映、揭示事物的本质规律，具有广泛的代表性和鲜明的个性，使人受到启迪，得到教益。

2. 引导性

无论是表扬性通报、批评性通报，还是情况通报，其目的都在于通过典型的人和事引导人们辨别是非，总结经验，吸取教训，弘扬正气，树立新风。

3. 严肃性

通报的内容和形式都是严肃的。因为通报是正式公文，是领导机关为了指导面上的工作，针对真人、真事和真实情况制发的，无论是表扬、批评或通报情况，都代表着一级组织的意见，所以通报具有表彰鼓励或惩戒、警示的作用，其使用应慎重、严肃。

4. 时效性

通报针对当前工作中出现的情况和问题而发。它们的典型性、引导性都是针对特定的社会背景而言的。随着客观情况的变化,一件在当时看来具有典型意义的事实,时过境迁,未必仍具有典型性。所以,要使通报真正发挥作用,与抓住时机适时通报是分不开的。

(二)通报的分类

根据内容的不同,通报可以分为表彰性通报、批评性通报和情况通报。

1. 表彰性通报

是指用来表彰先进单位或个人,介绍先进经验或事迹,树立典型,号召大家学习的通报。

2. 批评性通报

是指用来批评、处分错误,以示警诫,要求被通报者和大家吸取教训的通报。

3. 情况通报

指在一定范围内传达重要情况和动向,以指导面上工作为目的的通报。

(三)通报的结构、内容和写法

通报一般由首部、正文和尾部三部分组成。

表扬性通报示例:

××省人民政府
关于表彰×××民间艺术团的通报

各市(地)文化局:

×××民间艺术团应德国德格拉夫演出公司邀请,于××年1月26日至6月19日赴欧洲作商业性巡回演出,历经6个国家,在150多个城市演出193场,观众达15万人(次),收入180多万元(人民币)。该团在外演出时间之长、场次之多、收益之大,均创我省文艺团体出国演出最高纪录。该团富有浓郁乡土气息和鲜明民族特色的精湛表演,赢得了欧洲观众的普遍欢迎和赞誉,为弘扬中华民族优秀文化作出了积极贡献,也为我省深化改革,进一步开拓国际国内演出市场,增强文艺团体的自我发展活力,积累了宝贵经验,为祝贺×××民间艺术团赴欧洲演出圆满成功,褒奖该团的领导、编剧和演职人员,省政府决定对×××民间艺术团予以通报表彰。

希望全省各级各类文艺团体和广大文艺工作者学习×××民间艺术团的成功经验,努力发掘特色文化资源,促进民间艺术走向世界,为振奋民族精神,促进我省经济、社会发展和精神文明建设作出更大贡献。

××年×月×日(盖章)

1. 首部

(1)标题。通常有两种形式:一种是由发文机关名称、事由和文种构成,如《国务院办公厅关于对少数民族地方和单位违反国家规定集资问题的通报》;另一种是由事由和文种构成,如《关于给不顾个人安危与盗窃犯顽强搏斗的计××同志记功表彰的通报》等。此外,也有少数通报的标题是在文种前冠以机关单位名称,如《中共中央纪律检查委员会通报》等。

（2）主送机关。

2. 正文

主要包括通报缘由、通报决定、通报的希望和要求等项内容。

（1）表扬性通报。一般包括四项内容：一是事件情况，概述表扬对象的先进事迹。由于它是作出通报决定的依据，所以要求把事件的来龙去脉、时间、地点交代清楚。如属于对一贯表现好的单位或个人进行表彰，事实叙述不但要做到清楚明白，而且要注意详略得当、重点突出。二是通过客观分析，阐明所陈述事件的性质和意义。三是通报决定。写的时候要注意把握分寸，态度鲜明。四是明确提出希望和要求。

（2）批评性通报。这种通报在机关工作中使用得比较多。对一些倾向性的问题具有引导、纠正的作用。

批评性通报又分两种情况：一种是对个人的通报批评，其写法与表扬性通报基本一致，先写错误事实，再分析评论，最后作出决定。

另一种是对国家机关或集体的批评通报。这类通报旨在通过对恶性事故的性质、后果，特别是对酿成事故的原因的分析，总结教训、启发受文者引以为戒，从而达到指导工作的目的，写法与表扬性通报略有不同，其正文主要包括叙写事实、分析原因、提出要求和改进措施等项内容。

（3）情况通报。主要起沟通情况的作用，使下级单位和群众了解面上的情况，以便统一认识、统一步调，推动全局工作的开展。其正文主要包括两个方面的内容：①通报情况；②分析并作出结论。

3. 尾部

发文机关名称及成文时间。

（四）撰写通报应注意的问题

1. 通报的内容必须真实

通报的事实及所引材料，包括无形材料，即分析、评论，都必须真实无误。这就要求动笔前一定要做好调查研究工作，对有关情况和事例认真核对；其次要运用一分为二的观点，客观、深入地进行分析、评论，切忌片面化和绝对化，防止一种倾向掩盖另一种倾向。

2. "通报决定"要恰如其分

要做到分析中肯、评价实事求是，结论准确公正。否则通报不但缺乏说服力，而且有可能产生副作用。

例文 （批评性通报）

×市卫生局关于医生张×滥用麻醉药品造成医疗事故的通报

各区县、各乡镇医疗卫生单位：

201×年7月5日晚7时25分，×县×镇×村农民李×因下腹部疼痛，被送到

×镇卫生院治疗。该院夜班医生张×以"腹痛待诊"处理,为病人开了阿托品、安定等解痛镇静药,肌内注射度冷丁10毫克。7月6日下午5时许,该病员因腹痛加剧,再次到该卫生院治疗,医生刘××诊断为"急性阑尾炎穿孔,伴腹膜炎",急转市第二人民医院治疗,于当晚7时施行阑尾切除手术。手术过程中,发现阑尾端部穿孔糜烂,腹腔脓液弥漫。切除了坏死的阑尾,清除了腹腔脓液约300毫升,安装了腹腔引流管条。经过积极治疗,输血300毫升,病人才脱离危险,但身心受到了严重的损害。

急性阑尾炎是一种常见的外科急腹症,诊断并不困难。×镇卫生院张×工作马虎,处理草率,在没有明确诊断以前,滥用麻醉剂度冷丁,掩盖了临床症状,延误了病人的治疗时间,造成了较为严重的医疗事故。这种对人民生命财产极不负责任的做法是很错误的。为了教育张×本人,经卫生局研究,决定给张×行政记过处分,扣发全年奖金,并在全市范围内通报批评。

各单位要从这次医疗事故中吸取教训,加强对职工的思想教育,增强职工的责任感,以对人民高度负责的精神,端正服务态度,提高服务质量。同时,要加强对麻醉药品的管理,认真执行××省卫生厅《关于严格控制麻醉药品使用范围的规定》,严禁滥用麻醉药品。今后如发现违反规定者,要首先追究单位领导的责任。

201×年7月25日(公章)

三、公告

(一)公告的概念

公告是国家权力机关、行政机关向国内外宣布重要事项或者法定事项的知照性公文。

公告的用途主要有两个方面:一是向国内外宣布重要事项,比如公布法律、法令、地方法规,重大国事活动,包括国家领导人出访、任免、逝世等事项,公布重大科技成果,有关重要决定等;二是向国内外宣布法定事项,其中包括法定专门事项和按照《中华人民共和国民事诉讼法》等法律规定发布的系列性公告,如法院公告等。

(二)公告的特点

1. 内容的规定性

公告所宣布的事项都是有关重大的、国内外极为关注的事项,内容庄重严肃,体现着国家及其权力机关的威严,不是任何公务事项都可以公告的。同时,公告所宣布的内容是能够向国内外公开的重大决定,它的使用还要考虑在国际国内所可能产生的政治影响。

2. 发文机关的特定性

公告的发文机关限于国家最高权力机关、最高行政机关及其工作部门,各省、直辖市、自治区领导机关,某些法定机关如人民检察院、人民法院,以及被授权的部门如海关、新华社、人民银行等。地方行政机关一般不使用公告,社会团体、基层单位不能制发公告。

3. 告知的广泛性

公告向国内外发布，其告知范围相当广泛。

4. 传播的新闻性

公告不用红头文件下发，而是通过报纸、广播、电视等新闻媒介公开发布。

（三）公告的分类

根据内容、性质、作用和发布机关的不同，公告可以分为国家重要事项公告和法定事项公告。

（1）国家重要事项公告是宣布有关国家的政治、经济、军事等方面重要事项的公告。根据内容的不同，它又可以分为多类，如人事任免公告、领导人重大活动公告、情况公告、重大科技成果公告和其他重大事项公告等。

（2）法定事项公告是国家公布有关法律、法令和行政法规的公告和由司法机关依照法律有关规定发布重要事项的公告。它又可以分为两类：

①法定专门事项公告。是指由国家公布有关法律、法令和行政法规的公告。例如专利公告、企业破产公告和招考公告等。其制定的法律、法规根据分别是：《中华人民共和国专利法》第三十九条规定，"发明专利申请经实质审查没有发现驳回理由的，专利局应当作出审定，予以公告"，同时第四十、第四十一、第四十四、第四十七、第四十九条及《中华人民共和国专利法实施细则》也有关于专利公告的相应规定，国家专利局出版有《专利公告》专刊；《中华人民共和国企业破产法（试行）》第九条规定，"人民法院受理破产案件后，应当在十日内通知债务人并且发布公告"；《国务院公务员暂行条例》第十六条规定，录用国家公务员要"发布招考公告"。

2019 国家公务员招考公告

为满足中央机关及其直属机构录用公务员的需要，根据公务员法和公务员录用的有关规定，国家公务员局将组织实施2019年度中央机关及其直属机构考试录用主任科员以下及其他相当职务层次非领导职务公务员工作。现将有关事项公告如下：

一、报考条件

（一）具有中华人民共和国国籍；

……

二、报考程序

（一）职位查询

各招录机关的招考人数、具体职位、考试类别、资格条件等详见《中央机关及其直属机构2019年度考试录用公务员招考简章》（以下简称《招考简章》），报考人员在2018年10月21日后可以通过国家公务员局门户网站和中央机关及其直属机构2019年度考试录用公务员专题网站（以下简称考录专题网站）查阅。

……

（二）网上报名

……

（三）报名确认

……

（四）网上打印准考证

……

三、考试内容、时间和地点

（一）笔试

……

（二）面试和专业能力测试

……

四、体检和考察

……

五、公示拟录用人员名单

……

特别提示：

本次考试不指定考试辅导用书，不举办也不委托任何机构举办考试辅导培训班。目前社会上出现的假借公务员考试命题组、考试教材编委会、中央公务员主管部门授权等名义举办的有关公务员考试辅导班、辅导网站或发行的出版物等，均与本次考试无关，敬请广大报考者提高警惕，切勿上当受骗。

国家公务员局
2018年10月22日

②法院公告。是指人民法院依照《中华人民共和国民事诉讼法》规定发布的公告。如通知权利人登记公告，送达公告，开庭公告，宣告失踪、宣告死亡公告，财产认领公告，强制迁出房屋或者强制退出土地公告等。

拍卖公告

当事人：灵宝市××房地产开发有限责任公司

　　河南省郑州市惠济区人民法院将于××××年6月13日上午10时至××××年6月14日上午10时止（延时除外），在郑州市惠济区人民法院阿里巴巴司法拍卖网络平台上第一次进行公开拍卖位于灵宝市××生活广场C区×××商铺S-233、S-235、S-237、S-238、S-239；F区×××商铺S-108、S-116。详细信息登录相关网站（网址：略）查询。

郑州市惠济区人民法院
××××年5月15日

（四）公告的结构、内容和写法

公告一般由首部、正文和尾部三部分组成。

1. 首部。

一般公告首部只有标题，有的还有文号。

公告标题的构成有四种形式：一是由发文机关名称、事由和文种构成，如《国务院办公厅关于夏时制的公告》；二是在文种前面冠以发文机关名称，如《中华人民共和国全国人民代表大会公告》；三是事由加文种构成，如国务院清理"三角债"领导小组1992年2月1日发布的《关于1990年全国清理"三角债"成果和1992年继续开展清理"三角债"工作的公告》，这种形式比较少见；四是只写文种《公告》，这种形式则比较常见。

如果是连续发布的公告，要在标题下注明文号"第×号"。如2018年3月11日中华人民共和国第十三届全国人民代表大会第一次会议主席团发布的《中华人民共和国全国人民代表大会公告》的标题下注明"第一号"。

中华人民共和国全国人民代表大会公告
第一号

中华人民共和国宪法修正案已由中华人民共和国第十三届全国人民代表大会第一次会议于2018年3月11日通过，现予公布施行。

中华人民共和国第十三届全国人民代表大会第一次会议主席团
2018年3月11日

2. 正文

一般包括开头、主体和结语三部分。

（1）开头。主要交代缘由，开宗明义、言简意赅地交代发布公告的根据、原因、目的。但也有不写这项内容的，如《新华社受权公告 我国将进行向太平洋发射运输火箭试验》的正文一开始就直接书写公告事项。

新华社受权公告：

我国将进行向太平洋发射运输火箭试验

中华人民共和国将于××××年5月12日至6月16日，由中国本土向太平洋南纬七度零分、东经一百七十一度三十三分为中心、半径七十海里圆形海域范围内的公海上，实施运载火箭发射试验。中国舰船和飞机将在该海域进行作业。为了过往船只和飞机的安全，中国政府要求有关国家政府通知本国的船只和飞机，在试验期间不要进入上述海域或海域上空。

（2）主体。用来说明公告事项，即公告决定和要求。写时要做到主旨鲜明、具体、条理清晰、语言简练、表达准确，一般不加以分析和议论。

（3）结语。一般单独设段，用"现予公告""特此公告"等习惯用语作结，以体现公告的庄重性和严肃性。但这不属于固定格式，有的公告事项写完还有结尾部分，用以提出执行要求；而有的公告事项写完全文结束，既没有结尾部分，也不用结语。

在具体行文上，公告的正文因事而异，篇幅或长或短，方式可采用分段表述，也可采用分条列叙。下面举例说明：

如1993年3月27日中华人民共和国第八届全国人民代表大会第一次会议主席团第三号公告，正文只有一句话"第八届全国人民代表大会第一次会议于1993年3月27日选举江泽民为中华人民共和国中央军事委员会主席"。它分两层意思：一是交代了公告的依据；二是说明了公告事项，庄重、简洁、明了。

再如《新华社受权公告 我国将进行向太平洋发射运输火箭试验》的正文用了一个段落，分两个层次说明公告的具体内容：先宣布公告决定事项，再在点明原因的基础上郑重提出要求。全文主旨鲜明、逻辑严密，公告决定事项和要求交代得明确、具体，不会产生任何歧义。如对外贸易经济合作部××××年2月4日发布的《对外贸易经济合作部公告》（中华人民共和国对美利坚合众国的贸易反报复清单）。这是一篇内容比较复杂、事项比较多的公告。正文分三个层次：

第一层比较充分地阐述了公告发布的原因、目的和根据，后面用过渡语"公告如下："转入"事项"部分。第二层用序号列了七条，一一说明公告决定的具体内容，公告事项表述得明确具体。第三层提出执行要求。全文结构严谨、条理清楚，便于理解、执行和检查。

对外贸易经济合作部公告
（中华人民共和国对美利坚合众国的贸易反报复清单）

鉴于美国贸易代表办公室无视我国在保护知识产权方面所采取的一系列措施；以及在中美知识产权磋商中我国谈判代表团所表现出的诚意，单方面公布对我国出口美国的电子、家具、自行车等价值10.8亿美元的产品实施贸易报复，该措施将于2月26日生效，根据《中华人民共和国对外贸易法》第七条关于"任何国家或者地区在贸易方面对中华人民共和国采取歧视性的禁止、限制或者其他类似措施的，中华人民共和国可以根据实际情况对该国家或者该地区采取相应的措施"的规定，为维护国家主权和民族尊严，对于美国的贸易报复措施，我国将不得不采取相应的反报复措施。根据××××年12月31日对外贸易经济合作部公告及其后在国内外广泛征求的意见，公告如下：

一、经国务院关税税则委员会批准，对原产于美国的下列进口商品除正常征收进口关税外，加征税率为100%的特别关税：各种游戏机、游戏卡、录音带、激光唱盘、烟、酒、化妆品、照相胶卷、程控电话交换机；

二、暂停进口产于美国的电影片、电视片及录像、激光视盘；

三、暂停与美国音像制品协会、国际知识产权联盟、商业软件联盟、美国软件出版者协会的贸易合作关系；

四、暂停受理美国音像制品制造公司在华设立分支机构或办事处的申请；

五、暂停受理对美国化学、药品制造商根据我国《化学、药品行政保护条例》所提出的申请；

六、暂停与美国公司正在进行的大型汽车合资项目的谈判；

七、暂停批准美国公司及所属子公司在华设立投资公司。

以上措施将于2月26日，即美国对我出口产品贸易报复措施生效时生效。

××××年2月4日

3. 尾部

成文时间及盖章。

四、通告

（一）概念和特点

通告是国家机关、人民团体、企事业单位在一定范围内公布应当遵守或者周知的事项的知照性公文。

通告内容广泛，使用普遍，它可以用来公布应当遵守的政策法令，也可用于通告应当周知的具体事项。通知具有以下特点：

1. 法规性

通告常常要对某些事项作出规定条文，向人民群众宣布应当遵守的事项，具有政策法规效力和很强的制约性。这类通告一般由国家机关发布。如《中华人民共和国财政部税务总局关于个体工商户必须依法纳税的通告》等。

2. 广泛性

表现在三个方面：一是内容广泛，大到国家政策法令，小到群众生活中某些需要周知遵守的具体问题，无论是政治、文化生活领域，还是交通、税收、金融、水电等经济领域，方方面面，各行各业都可以用。二是使用单位广泛，国家机关单位、社会团体以及所有企事业单位都可以使用。三是公布渠道广泛，既可以用公文形式发布，也可以张贴，还可以通过新闻媒介如报纸、电视、广播电台发布。

3. 周知性

它用以要求一定管辖范围内的机关单位、人民群众了解、知晓某些事项，明确有关政策法令，自觉规范自己的行为，共同维护社会公共事务管理秩序。

4. 通俗性

通告除了面向机关、团体、企事业单位，还会面向社会上的广大群众，因此，向他们通告应当周知或遵守的事项时，应当使用明确、流畅、通俗易懂的语言。

（二）通告的分类

根据内容、作用的不同，通告可分为两类：

1. 法规性通告

是在一定范围内公布政策法规的通告。

关于规范电动车停放充电加强火灾防范的通告

为预防电动车引发火灾，保护人身财产安全，维护公共安全，根据《中华人民共和国消防法》等法律法规，现就加强电动车停放、充电火灾防范工作通告如下：

一、充分认识电动车火灾危害。近年来，我国电动车火灾事故频发，并呈逐年增长趋势，起火原因主要为电气故障。电动车大多在室内停放和充电，有的甚至停放在走道、楼梯间等公共区域，由于电动车车体大部分为易燃可燃材料，一旦起火，燃烧速度快，并产生大量有毒烟气，人员逃生困难，极易造成伤亡。2011年4月25日，北京市大兴区旧宫镇一民房发生火灾，造成18人死亡；2017年9月25日，浙江省台州市玉环市一群租房发生火灾，造成11人死亡，这些都是室内电动车电气故障引发的，教训十分惨痛。

二、落实停放充电管理责任。……

三、规范电动车停放充电行为。……

四、严厉查处违规停放充电行为。……

五、加强消防安全宣传教育。……

对违反本通告的行为，构成违反消防管理行为的，公安机关将依法予以处罚；引起火灾，造成严重后果，构成犯罪的，依法追究刑事责任。

特此通告。

中华人民共和国公安部
2017年12月29日

2. 周知性通告

是在一定范围内向机关单位和人民群众公布应当周知事项的通告。虽不具有法规性通知那样的制约性，但是在让受文者"知道"的前提下，往往也带有某些相应的"要求"，只是其主要目的在于让人知道通告事项罢了。

首届全国特价商品物资调节交易会通告

近年来，我国积余产品和闲置物资问题极其严重，大量挤占了国家和社会企业资金。为了使各地企业尽快将积余产品和闲置物资转换为流动资金，河北省人民政府、国内贸易部决定于××××年8月20日（深州蜜桃节）在河北深州市由中国公共关系公司、深州市人民政府联合开发的深州全国特价市场举办首届全国特价商品物资交易会。交易会的主要内容是：……各级人民政府和全国工商企业，如愿协助组织和直接参加交易会，请速来电、来函索取报名资料。

交易会主要联络点：

……

另外，中国公共关系公司、深州市人民政府联合开发的深州全国特价商品物资交易市场占地面积……定于××××年8月8日正式向全国开放，欢迎全国工商企业包括乡镇企业到本市场承租门店，摆摊设柜。本市场实行特别优惠办法，不成交，不收费；先成交，后收费。欢迎来信、来电索取招商资料。联系办法同上。

首届全国特价商品物资调节交易会组委会
××××年2月20日

（三）通告的结构、内容和写法

1. 标题

四种：是发文机关、事由、文种的不同组合。但文种必须有。

2. 正文

（1）开头。主要交代缘由、根据。要求概括说明发出通告的原因和目的。法规性通告一般还要求写清法律依据，以增强通告的法律效力。缘由后常用习惯用语"通告如下""特作如下通告"等过渡到下文。

（2）主体。即事项部分，要求明确具体地写出通告的内容。如果事项较多，常采用标序列述的方法来写。要求做到主旨鲜明、事项具体、条理清晰、简洁通俗，便于理解执行。

（3）结尾。提出执行要求或号召，有的没有结尾段。

（4）结语。一般单独设段，用"特此通告"作结，以体现规范性和严肃性。

3. 尾部

成文时间及盖章。

（四）撰写通告应该注意的问题

1. 准确把握文种

即明确公告与通告的不同。

2. 行文要通俗易懂

由于制发单位广泛，常涉及各行业的专门业务，但受众的层次未必很专业，这就要求在语言表述上尽量少用术语、行话，以达到"周知"和"遵守"的目的。

（五）公告与通告之异同

其实公告与通告有明显的区别，主要表现在：

1. 发文单位不同

公告的发文机关具有特定性；通告则是任何机关单位都可以制发的，并且相比之下，省级以下、县级以上的机关单位使用的频率反而要高一些。

2. 适用范围不同

公告是向国内外宣布重大事项或者法定事项的公文；通告则适用于向国内一定范围的有关单位和人员宣布需要周知或遵守的事项。

3. 发布的方式不同

公告不以一般公文的行文方式下发，而是通过新闻媒介发布，也不能随处张贴；通告则视其需要，在以文件下发的同时，可以由新闻媒介发布，还可以公开张贴。

4. 作用和效力不同

公告宣布的是重大事项或法定事项，通告宣布的多属事务性内容，因而公告的作用和影响面比通告要大。

第五章　批复、函及纪要的写作

一、批复

批复是一种与请示反向而行的公文文种。根据《党政机关公文处理工作条例》规定，上级机关对下级机关呈报的请示事项，无论同意与否，都必须给予明确的"批复"回文。如下例：

××公司
关于举办"名优小商品洽谈会"的请示
××字〔2017〕2号

市经贸委：

　　为了扩大我市商品的知名度，繁荣市场，满足消费者需求，拟于2017年8月5日至8月15日在我市举办"名优小商品洽谈会"。洽谈会摊位共15000平方米，展团由我公司及生产厂家派人组成，经费自理。

　　当否，请批示。

2017年3月7日（××公司章）

市经贸委关于同意××公司
举办"名优小商品洽谈会"的批复
××字〔2017〕×号

××公司：

　　你公司《关于举办"名优小商品洽谈会"的请示》（××字〔2017〕2号）收悉，经研究，同意你公司于2017年8月5日至8月15日在我市举办"名优小商品洽谈会"。

　　此复。

2017年4月7日（市经贸委章）

（一）批复的概念、特点

　　批复是用于答复下级机关请示事项的回复性公文。其制作和应用一般以下级的"请示"为条件，当下级机关的工作涉及方针、政策等方面的重大问题，报请上级机关审核批准时；当下级机关在工作中遇到新情况、新问题，无章可循，报请上级机关给予明确指示时；当下级机关遇到无法解决的具体困难，报请上级机关给予指导帮助时；当下级机关对先行方针政策、法规等有疑问，报请上级机关予以解答说明时，或者当下级机关因重大问题有意见分歧，报请上级机关裁决时，上级机关都应该用"批复"予以答复，除此之外，有时"批复"还被用来授权政府职能部门发布或修改行政法规和规章。如1997年7月13日《国务院关于修改〈中华人民共和国公民出境入境管理法实施细则〉的批复》，就是用批复授权于公安部、外交部、交通部发布施行《中华人民共和国公民出境入境管理法实施细则》的。

另外，下级机关用以反映情况或者工作的报告，或者有关部门制定的方案、规划等，虽然一般不需要批复，但是其中有一些呈报的文件，确属内容重要，带有普遍指导意义，也有用批复予以指示，表明态度和意见的。如1993年12月3日《国务院关于全国水土保持规划纲要的批复》就是针对国家计委、水利部组织编制《全国水土保持规划纲要》而下的批复。

中共中央　国务院
关于对《河北雄安新区规划纲要》的批复

中共河北省委、河北省人民政府，国家发展改革委：

你们《关于报请审批〈河北雄安新区规划纲要〉的请示》收悉。现批复如下：

一、同意《河北雄安新区规划纲要》（以下简称《雄安规划纲要》）。……

二、设立河北雄安新区，是以习近平同志为核心的党中央深入推进京津冀协同发展作出的一项重大决策部署，是继深圳经济特区和上海浦东新区之后又一具有全国意义的新区，是千年大计、国家大事。……

三、科学构建城市空间布局。……

四、合理确定城市规模。……

五、有序承接北京非首都功能疏解。……

六、实现城市智慧化管理。……

七、营造优质绿色生态环境。……

八、实施创新驱动发展。……

九、建设宜居宜业城市。……

十、打造改革开放新高地。……

十一、塑造新时代城市特色风貌。……

十二、保障城市安全运行。……

十三、统筹区域协调发展。……

十四、加强规划组织实施。……

《雄安规划纲要》执行中遇有重大事项，要及时向党中央、国务院请示报告。

中共中央　国务院
2018年4月14日

批复具有以下特点。

1. 针对性

批复的针对性反映在两个方面：一是批复必须针对请示机关行文，而对非请示机关不产生直接影响；二是批复的内容必须针对请示事项，不涉及请示以外的内容。

2. 回复性

批复的内容属于回复性的内容。因为批复的制作和应用是以下级机关的请示为条件，对上级机关来说是被动的发文，下级机关请示什么事项，上级机关就批复什么事项。而且，上级机关对请求事项无论同意与否，都必须有针对性地给予明确回答。

3. 权威性

批复是答复下级机关请求事项的回复性公文，它提出的处理意见和办法，代表上级机关对问题的决策意见，对下级机关具有行政约束力。特别是对一些重大事项的答复，体现了党的有关方针、政策精神，于是就更具权威性。所以批复一经下发，下级机关必须遵照批复的意见贯彻执行。

（二）批复的分类

根据内容性质的不同，批复可以分为两种。

一种是审批性批复，主要是针对下级机关请示的公务事宜经审核后所作的指示性回答，比如关于机构设置、人事安排、项目安排、资金划拨等事项的审批。

另一种是指示性批复，主要针对方针、政策性问题进行答复，这一类批复，不仅仅是对请示机关提出请示事项的答复，而且批复的指示性内容在其管辖的范围内，具有普遍的指导意义和法规性。如《国务院关于长沙市城市总体规划的批复》《国务院关于福建省进一步对外开放问题的批复》等。另外，授权政府职能部门发布或修改行政法规和规章的批复，也属于指示性批复。

（三）批复的结构、内容和写法

批复由首部、正文和尾部三部分组成。

1. 首部

包括标题和主送机关三个项目内容。

（1）标题。批复的标题有多种构成形式。一种是由发文机关名称、批复事项、行文对象和文种构成，如《国务院关于处理第三方核责任问题给核工业部、国家核安全局、国务院核电领导小组的批复》；一种是由发文机关名称、事由和文种构成，如《××省人民政府关于××区城乡建设开发公司建设商品房征地及撤销××区××村四组建制批复》；第三种是由事由和文种构成的，如《关于××机器制造厂征地及××村有关村民"农转非"的批复》；第四种是由发文机关名称加原件标题和文种构成，如《××市人民政府〈关于做好接受国家、开发办验收我市农业综合开发项目准备工作的请示〉的批复》。

（2）主送机关。批复的主送机关是指与批复相对应的请示发文机关。授权性的批复，主送机关应当是被授权发布施行行政法规和规章的下级机关。

2. 正文

正文是批复的主体，其内容比较具体单一，层次构成相对固定。其中除授权性批复与一般批复的写法有所不同，其他"批复"的结构一般由开头、主体和结语三部分组成

（1）开头，主要引叙来文。这是批复的缘由部分。首先写明来文日期、标题和发文字号，以交代批复的根据，点明批复的下级机关。如"你市一九九×年×月×日《关于……请示》

（×政字[199×]××号）收悉。"然后用"现对××问题批复如下："，或"现批复如下"一语过渡，转入下文。有的批复系批准性批复，批复事项单一，上级机关只需要明确批示"同意"或"不同意"，直接写出批复决定即可，在引叙来文之后可以不用过渡语。

（2）主体。主要说明批复事项。应当根据国家的方针政策、法令、法规和实际情况，针对"请示"的内容给予明确肯定的答复或具体指示，一般不进行议论。如1993年1月8日民政部给江苏省人民政府《关于江苏省撤销南通县设立通州市的批复》，其批复事项简洁明了："经国务院批准，同意撤销南通县，设立通州市（县级），由省直辖，以原南通县的行政区域为通州市的行政区域，不增加机构和人员编制。"而有的批复事项涉及的内容较多，则可以标序列述。如1992年10月4日国务院给云南省人民政府的《国务院关于建立昆明滇池国家旅游度假区的批复》，涉及国家的有关政策法令，属于指示性批复。其批复事项主要列了四条：第一条表明审批意见，"同意建立昆明滇池国家旅游度假区"，并对这个度假区的区址、面积、设施等问题作了具体规定；第二、第三、第四条分别就建立度假区的资金来源、建筑风格、开发项目、加强管理以及承担有关事宜处理的单位，一一作了明确指示。

也有的批复有结尾部分，在批复事项后面概括提出希望和要求，进一步强调批复的主旨。

（3）结语。一般用"批复""特此批复"等习惯用语作结。较简单，只写授权内容，即批复决定一项内容。如《国务院关于修改〈中华人民共和国公民出境入境管理法实施细则〉的批复》，其正文如下："国务院批准修改的《中华人民共和国公民出境入境管理法实施细则》，由你们发布施行。"正文内容之后，落款之前，标注"附：中华人民共和国公民出境入境管理法实施细则"。

3.尾部

一般包括署名和成文时间两个项目内容。尾部写上机关单位的名称，并加盖公章；成文时间用汉字写明年、月、日期。

（四）撰写批复应注意的问题

（1）批复的写作，首先要注意行文的针对性。

下级机关请示什么事项，上级机关就批复什么事项。为了保证批复的准确性，上级机关在接到请示后，应该进行必要的调查研究，在比较全面地掌握了请示单位的实际情况后，根据有关政策规定，作出准确答复。

（2）其次，批复要及时。

批复是因下级机关的请示而行文，凡下级机关能够向上级机关去请示的，说明事关重大，时间紧迫，急需得到上级机关的指示和帮助，所以上级机关应当及时批复。否则就会贻误工作，有时会造成重大损失。

（3）最后，批复的行文要言简意赅、语止意尽，庄重周严，以充分体现其权威性。

例文　（审批性批复）

关于江苏省撤销南通县设立通州市的批复

江苏省人民政府：

你省××××年十月八日《关于撤销南通县设立通州市的请示》（苏政字〔××〕×号）和××××年十一月十二日的补充请示收悉。经国务院批准，同意撤销南通县，设立通州市（县级），由省直辖，以原南通县的行政区域为通州市的行政区域，不增加机构和人员编制。

（民政部章）

××××年×月×日

例文　（指示性批复）

国务院关于长沙市总体规划的批复

湖南省人民政府：

你省《关于报请审批长沙市总体规划（××××年～××××年）的请示》（湘政字〔××〕23号）收悉。国务院同意修订后的长沙市总体规划，现就有关问题批复如下：

一、长沙市是湖南省的省会，国家历史文化名城。今后的建设和发展要根据城市性质，强化城市政治、经济、文化科技中心的综合功能。长沙、湘潭、株洲三市在地域上相邻，建设中既要发挥城市群体的优势，又要考虑各自的特点，对区域性的生产力布局和基础设施建设统筹安排，并在规划的实施中强调协调，避免重复建设和城市发展连绵成片。

二、到××××年长沙城市人口控制在一百六十万人左右。长沙市近年人口增长较快，要加强对人口增长的管理，特别是控制市区人口的机械增长，要健全管理办法，实行归口管理，杜绝多头审批，并要注意城市区域人口合理分布。

三、同意总体规划确定的城市规划区九百六十平方公里的范围，要划定具体区界，切实加强实施管理，按照合理用地、节约用地的原则，把城市建设用地严格控制在一百平方千米以内。

四、长沙市中心地区、马坡岭、望城坡、捞霞、坪塘等若干地区形成的组团式规划布局及功能规划是合理的。近期要重点开发北部捞霞地区，有控制地发展东西两翼组团。要严格保护组团间的隔离绿带，不得任意侵占。各类开发区要按照城市总体规划进行选址和布局，并实行统一的规划行政管理。要通过土地使用制度的改革，对城市用地进行调整和优化，促进房地产业的健康发展。

五、目前长沙市城市基础设施还比较薄弱，要根据总体规划，统筹安排，加快城市道路、通信、民用燃气以及重要的区域性基础设施的建设，搞好新区开发和旧城改造。

新区开发要按照统一规则、综合开发、配套建设、基础设施先行的原则，开发一片，建成一片，有计划、有步骤地滚动发展。旧城改造要按照详细规划，尽可能集中成片地进行。要适当疏解旧城人口，更新城市基础设施，拓展公共绿地。

长沙是国家重点防汛城市，要努力提高城市防洪、排涝能力，合理分配和使用湘江岸线。

六、长沙市古代文物和近代有纪念意义的革命文物十分丰富，城市自然环境优美。要从整体环境入手，加强对各级文物保护单位的保护，尤其要注意保存反映我国人民艰苦斗争历程的革命文物与历史环境，以昭示后人，教育后代。要加强岳麓山风景名胜区保护，严禁对景区用地的蚕食，望城坡组团的建设安排要考虑岳麓山风景区的景观要求。要规划并建设好包括湘江沿江地区在内的城市三大风光带，完整地展示长沙历史文化名城的风貌特色。×××

七、经批准的长沙市城市总体规划中的各项规定是建设、管理城市的依据。要在城市总体规划的基础上，抓紧城市控制性详细规划的编制工作，进一步充实和完善地方性城市规划设计及规划管理的行政、技术法规，依法行政，保障城市规划的实施。长沙市人民政府要加强对实施城市规划的领导，充分发挥城市规划的龙头作用，搞好城市各项规划，把长沙市逐步建设成为我国中南地区发达、经济繁荣、生活方便、环境优美的现代化文明城市。

国务院
××××年××月××日

例文（授权指示性批复）

国务院关于决定加入《专利合作条约》的批复
国函〔××〕113号

中国专利局、外交部：

国务院决定：我国加入《专利合作条约》，具体手续由外交部办理。我国加入该条约后，关于《专利合作条约实施细则》的修订问题，由中国专利局同外交部决定，报国务院备案，可以不另行报批；中国专利局可以制定实施该条约的具体规定。

国务院
××××年8月2日

例文（授权指示性批复）

国务院关于修改《中华人民共和国出境入境管理法实施细则》的批复

公安部、外交部、交通部：

国务院批准修改《中华人民共和国出境入境管理法实施细则》，由你们发布实施。

附件：中华人民共和国出境入境管理法实施细则

国务院
××××年7月13日

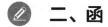 二、函

××厂关于请求协助解决技术人员进修外语的函
××厂函字〔2017〕×号

××大学：

  为适应引进国外先进技术和设备的需要，我厂拟选派10名技术员到贵校出国人员英语强化进修班进修半年。为此特与贵校商洽，恳请给予大力支持。有关进修费用等事宜按贵校有关规定办理。

  谨请函复。

2017年×月×日（章）

关于××厂请求协助解决技术人员进修外语的复函
××校字〔××〕×号

××厂：

  贵厂〔2017〕×号函收悉。现答复如下：

  经与外语系联系商议，同意接受贵厂10名技术员到我校出国人员英语强化进修班进修，关于进修费用、时间安排等事宜，请贵厂速派人到我校外语系联系商议。

  此复。

2017年×月×日（章）

（一）函的概念、特点

  函是不相隶属机关之间相互商洽工作、询问和答复问题，或者向有关主管部门请求批准事项时所使用的公文。

  函作为公文中唯一的一种平行文种，其适用的范围相当广泛。在行文方向上比较灵活，不仅可以在平行机关之间、不相隶属的机关之间行文，而且还可以向上级机关或下级机关行文。

  在适用的内容方面，除了主要用于不相隶属机关之间相互商洽工作、询问和答复问题外，还可以向有关主管部门请求批准事项，向上级机关询问具体事项，也可以用于上级机关答复下级机关的询问或请求批准事项，以及上级机关向下级机关催办有关事宜，如要求下级机关函报报表、材料、统计数字等。此外，函有时还可用于上级机关对某件原发文件作较小的补充或更正，不过这种情况并不多见。

  函具有以下几个特点：

1. 沟通性

函对于不相隶属机关之间相互商洽工作、询问和答复问题，起着沟通作用，充分显示着平行文种的功能，这是其他公文所不具备的特点。

2. 灵活性

表现在两个方面：一是行文关系灵活。函是平行公文，但是除了平行行文外，还可以向上行文或向下行文，没有其他文种那样严格的特殊行文关系的限制。二是格式灵活。除了国家高级机关的重要函必须按照公文的格式、要求行文外，其他的一般性的函，比较灵活自便。可以按照公文的格式及行文要求办，也可以不完全按照公文的格式及行文要求办；可以有文字版，也可以没有文字版，不编发文字号，甚至可以不拟标题。

3. 单一性

函的主体内容应该具备单一性的特点，一份函只宜写一件事。另外，在实际公务活动中，由于函和批复在"答复"这点上有相通的地方，所以往往被混淆，出现错用文种的现象。其实批复和函是两种性质不同的公文。

首先，它们适用的范围不同，批复适用于答复下级机关请示事项；函则主要适用于平行机关或者不相隶属机关之间相互商洽工作、询问和答复问题，有时也可用以向有关主管部门请求批准事项。显然，函的适用范围更广泛一些。

其次，行文关系不同。批复是下行文，只用于上级机关对下级机关行文，而函是平行文，用于平行机关或者不相隶属机关之间，有时也可用以向有关主管部门行文。

最后，两者的性质、作用不同，批复具有权威性、指挥性和法规性；而函不具有这些特性，它具有沟通性和平衡性的特性。

（二）函的分类

函可以从不同角度分类：

按性质分，可以分为公函和便函两种。公函用于机关单位较为正式的公务活动往来；便函则用于日常事务性工作的处理。

按发函的目的分，可以分为发函和复函两种。发函即主动提出公务事项所发的函。

另外从内容和用途上，还可以分为商洽事宜函、征求意见函、催办事宜函、请求批准函、答复事宜函、报送材料函等。

（三）函的结构、内容和写法

由于函的类别较多，从制作格式到内容表述均有一定灵活机动性，兹不一一列述。这里主要介绍规范性公函的结构、内容和写法，其他类别的函可以比照来写。

公函由首部、正文和尾部三部分组成。各部分的格式、项目内容和写法如下。

1. 首部

包括标题、发文字号、主送机关等项目内容。

（1）标题。公函的标题一般有两种形式：一种是由发文机关名称、事由和文种构成，如《国务院办公厅关于悬挂国徽问题给××省人民政府办公厅的复函》；另一种是由事由和文种构成,如《关于报送全国政府部门机关事务工作座谈会材料的函》。公务实践中,前一种标题形式用得比较多。

(2)发文字号。由发文机关代字后加"函"字、年份和序号构成,如"国办函〔××〕103号"。

(3)主送机关。即受文单位,写明全称,后面用冒号。

2. 正文

这是公函的主体部分。主要包括缘由、事项和结语三项内容。

(1)缘由。概括交代发函的目的、根据、原因等内容,然后用"现将有关问题说明如下:"或"现将有关问题函复如下:"等过渡语转入下文。如《国务院办公厅关于羊毛产销和质量等问题的函》,缘由部分讲了两层意思,一是发文目的、二是发文依据,"为进一步发展我国的羊毛生产,搞活羊毛流通,提高羊毛产量,根据国务院领导同志的批示,现将有关问题通知如下"。

复函的缘由部分,一般首先引叙来文的标题、发文字号,然后再交代根据,以说明发文的缘由。如"你局《国务院办公厅关于公开发布天气预报有关问题归口管理的报告》(国气发[1993]13号)收悉。经国务院同意,现将有关问题函复如下:"。

例文

国务院办公厅关于羊毛产销和质量等问题的函

国办函〔××〕2号

国家计委、经贸办、农业部、商业部、经贸部、纺织部、技术监督局:

为进一步发展我国的羊毛生产,搞活羊毛流通,提高羊毛质量,根据国务院领导同志的批示,现就有关问题通知如下:

一、要切实抓紧抓好草场改造和羊种改良工作。可以农业部、纺织部现有羊毛生产基地为基础,在牧区建立毛羊综合示范基地,并不断加强和改善基层收购单位分级收购、检验、打包运输等基础设施建设,从羊的放牧和羊毛的剪、购、用等方面加强系统管理。以农业部为主,会同纺织部、商业部研究制定方案,共同组织实施,国家可给予适当支持。所需资金由国家计委商农业部安排落实。

二、技术监督局要加强羊毛的质量监督和检验工作。要健全和加强羊毛主产区专业纤维检验机构,积极采用先进的检验仪器和设备,提高检验指标的科学性、准确性和权威性。要加快推行净毛计价,逐步实行净毛计价,逐步实行公正检验,与国际市场的做法一致。尽快发布《羊毛质量监督管理办法》。

三、要尽快组织直接进入国际羊毛拍卖市场。以经贸部为主,会同纺织部、商业部组建联合机构,外贸公司和工业公司各出一部分启动资金,在××××年进入澳大利亚羊毛拍卖市场。国内毛纺企业在同等条件下,尽可能优先购买联合机构驻外公司的羊毛,做到统一对外。

四、为了促进国内外养羊业的发展，支持纺织部工业生产和扩大出口创汇，要鼓励毛纺企业在满足产品质量要求的前提下，优先使用国产毛。进口羊毛的品种和数量，国家要进行宏观调控，具体办法由国家计委同经贸办等有关部门研究制定。

五、上述有关政策，请各有关部门、各地区特别是羊毛生产区认真研究落实，执行中的问题，由国家计委和经委办协调，并督促落实。

国务院办公厅
××××年1月3日

（2）事项。函的事项部分内容单一，一函一事，行文要直陈其事。是相互商洽工作、询问和答复问题，还是向有关主管部门请求批准，要用简洁得体的语言把需要告诉对方的问题、意见叙述写清楚。如果属于复函，还需要注意答复事项的针对性和明确性。如《国务院办公厅对国家工商行政管理局关于贯彻〈食盐加碘消除碘缺乏危害管理条例〉有关问题请示的复函》，针对国家工商行政管理局在贯彻《食盐加碘消除碘缺乏危害管理条例》（以下简称《条例》）中遇到的具体问题，即《条例》中"对碘盐市场中的无照经营、牟取暴利、投机倒把等违反工商行政管理法律、法规的行为及对这类行为的监督处罚未作具体规定"的问题，给予了答复。其答复内容有两点：第一点讲了《条例》对以上问题没作规定的原因是，《条例》"主要是解决保证食盐加碘和消除碘缺乏危害的问题"；第二点，向复函对象指示了解决问题的法律依据和方法。复函的内容紧扣请示事项，而且表述得简洁、明确、具体，使受文单位请示的问题得到明确答复，解决了贯彻《条例》中发现的问题，使其处置起来有所依从。

例文

国务院办公厅对国家工商行政管理局
关于贯彻《食盐加碘消除碘缺乏危害管理条例》有关问题请示的复函
国办函〔××〕103号

国家工商行政管理局：

你局《关于贯彻〈食盐加碘消除碘缺乏危害管理条例〉有关问题的请示》（国工商〔××〕23号）收悉，经与国务院法制局研究，并报经国务院领导同意，现答复如下：

《食盐加碘消除碘缺乏危害管理条例》（以下简称《条例》）主要是保证食盐加碘和消除缺乏碘危害的问题，所以对碘盐市场中的无照经营、牟取暴利、投机倒把等违反工商行政管理法律、法规的行为及对这类行为的监督处罚未作具体规定。依照该《条例》第五条第二款关于"县级以上人民政府有关部门应当按照职责分工，密切配合，共同做好食盐加碘消除碘缺乏危害工作"的规定，工商行政管理部门应当依照有关工商行政管理的法律、法规，包括××××年国务院发布的《盐业管理条例》，对碘盐市场进行监督管理，对在碘盐市场中的违法行为进行查处。

国务院办公厅
××××年11月10日

有的公函，事项涉及的内容比较多，也可以分条列明。如《国务院办公厅关于羊毛产销和质量等问题的函》《国务院办公厅关于发布天气预报有关问题的复函》等，其事项都是采用标序列述的方式进行表述的。

（3）结语。一般根据函询、函告、函商或函复的事项，选择运用不同的结束语。如"特此函询（商）""请即复函""特此函告""特此复函"等。

有的函可以不用结束语。如属便函，可以像普通信件一样，使用"此致""敬礼"。

3. 尾部

一般包括署名和成文时间两个项目内容。署名写上机关单位的名称，并加盖公章；成文时间写明年、月、日。

（四）撰写函件应注意的问题

函的写作，首先要注意行文简洁明确，用语把握分寸。特别是平行机关的行文，一定要注意语气平和有礼貌，不要倚势压人或强人所难，也不必奉迎恭维、谨小慎微。至于复函，要注意行文的针对性，答复的明确性。

其次，函也有关于时效性的问题，特别是复函更应该迅速、及时。不少单位在处理函件时，误以为它的时效性不很强，于是就拖办或者缓办，有的甚至不办，这样势必会给工作造成一定损失。所以，函虽然不像"命令""指示"等文种那样具有权威性，但它毕竟是公务活动中不可缺少的文种，应该像对待其他公文一样，及时处理函件，以保证公务活动的正常进行。

例文

关于上报《××公司二期改造项目评估报告》的函

市分行：

现呈报《××公司二期改造项目评估报告》，请审阅。

附件：××公司二期改造项目评估报告（略）

××××年11月3日（章）

三、纪要

（一）纪要的概念、特点

纪要是一种记载、传达会议情况和议定事项的纪实性公文。它用于党政机关、企事业单位、人民团体召开的工作会议、座谈会、研讨会等重要会议。

纪要通过记载会议基本情况、会议成果、会议议定事项，综合概括地反映会议精神，以便与会者统一认识，回本单位后全面如实地进行传达；同时，会议纪要可以多向行文，具有上报、下达以及与同级进行交流的作用。向上级机关呈报，用以汇报会议情况，以便得到上级机关对工作的指导；向同级机关发送，用以通报会议情况，以便得到同级机关的支持和配合；向下级机关发送，用以传达会议精神，以便下级机关贯彻执行。

纪要具有以下特点：

1. 纪实性

纪要是根据会议的宗旨、议程、会议记录、会议活动情况等会议有关材料综合整理出来的公文。在纪要中不能随意篡改会议的基本精神，不能擅自增加或删减会议的内容，不能随便更动与会者议定的事项，不能对会议达成的共识进行修改，也不需要对会议或会议的某项内容进行分析、评论。它要求如实地记载会议的基本情况，如实地传达议定的事项。对会议存在的分歧意见和问题等，也要真实、概括地予以反映。正因为会议纪要具有这样的纪实性特点，因而它也就具有了历史凭证的作用和查考利用的价值。

2. 概括性

纪要不同于会议记录。会议记录是在开会的过程中，由专门人员把会议的基本情况如实记录下来的书面材料。这里有一个注意区分会议记录与会议纪要的问题。一般来说，会议在研究问题、讨论问题、形成议定事项过程中，与会者的讲话和发言不仅涉及的问题比较广泛，而且讲话、发言的水平参差不齐。譬如，有的精辟、深邃，很有见地；有的长篇大论，重点不突出；有的甚至与会议宗旨相去甚远。作为会议记录，要尽可能完整地将其记录下来，作为会议的原始材料，以备日后查考或供分析、研究、总结之用。但作为会议纪要，就不能像记流水账似的把会议的全部内容写下来，它需要根据会议的中心议题、指导思想和议定事项，在会议记录所提供材料的基础上，结合会议议程、会议材料、会议中穿插的活动等情况，经过概括、整理、提炼，而后才能形成公文。所以，与会议记录相比，会议纪要能够更集中地反映会议的精神实质，具有高度的概括性。

3. 指导性

纪要有两项功能，一项是"记载"，一项是"传达"，并且是通过"记载"去"传达"的。它所记载、传达的会议情况和议定事项，是与会者及其组织领导者的共同意志的体现，是会议成果的结晶，集中反映了会议的精神实质，因而具有很强的指导性。会议纪要的传达，可以统一人们的思想认识，可以指导有关部门贯彻执行党的方针政策，可以指导工作与学习，特别是一些用新闻形式公布的会议纪要，其内容不仅对有关部门，而且对整个社会具有普遍的指导意义。

（二）纪要的分类

根据会议性质的不同，纪要分为办公会议纪要和专项会议纪要。办公会议纪要是各级党政机关、企事业单位、人民团体召开的定期或不定期的工作会议形成的会议纪要。这种会议纪要主要用于总结工作，沟通情况，交流经验，研究分析问题，指导下一步工作的开展。专项会议纪要是为研究专项问题而召开的会议所形成的会议纪要。这类会议纪要，除了包括座谈会议纪要外，还包括各级机关单位为处理某一问题或处理某件事情而召开的专项会议纪要。专项会议纪要主要用以协调关系、指导工作，同时还用于反映会议对问题的研究情况或处理结果。其中会议所确定的事项，具有法定的效力。例如《关于改革北京、太原铁路局管理体制的会议纪要》，这次会议是国务院前副总理、原石油工业部部长康世恩同志举行的专题会议。会议对改革北京、太原铁路局管理体制的重大问题作出了研究，并且就保证山西煤炭运输问题确定了关于北京、太原铁路局管理体制改革的实施方案。这样的会议纪要，具有法定效力，有关部门必须遵照执行。

例文 （决议型纪要）

关于改革北京、太原铁路局管理体制的会议纪要

根据中央书记和国务院的指示，康世恩同志于7月7日至7月9日，召集山西省、铁道部、国家经委和北京、太原铁路局的负责同志开会，对改革北京、太原铁路管理体制，保证山西煤炭运输问题，认真做了研究。

山西省是我国重要的煤炭基地，组织好山西煤炭的运输，对国民经济具有十分重要的意义。山西煤炭的外运，主要由北京、太原两个铁路局承担。北京铁路局每天安排给太原铁路局的运煤空车占太原铁路局所需空车总数的95%左右；太原铁路局运出的煤炭有2/3是在北京铁路局管辖区域卸掉，其余大部分也要经由北京铁路局转运。但目前由于两个铁路局分管主要运输干线，把煤炭运输中的装、运、卸、排等环节分割开来，不能集中统一指挥，影响铁路运输能力的充分发挥，与山西煤炭外运任务很不适应。与会同志认为，必须按照经济区划和运输规律，对两个铁路局的管理体制进行改革。经反复协调，一致同意铁道部提出的体制改革实施方案：

一、建立北京铁路管理局，下设北京、太原、天津、石家庄四个铁路局，撤销铁路分局。

这样做的好处是：第一，北京铁路管理局可以统一调度指挥太原、北京两个铁路局的运输力量，形成一个整体，把煤炭运输中的装、运、卸各个环节紧密衔接起来，充分发挥运力效能，使运输线路畅通，更好地完成煤运任务。第二，有利于加强铁路基层工作。分局撤销以后，铁路局直接领导站、段，便于加强基层工作，搞好机车、车辆、线路、通讯等设备的维修和技术改造，组织好职工的技术培训工作。

铁道部要立即着手制定北京铁路管理局和四个铁路局的职责范围和具体工作方法。

二、为了搞好生产与运输的衔接，加强北京铁路管理局与山西省的联系，决定由北京铁路管理局派驻联络员，在山西省纪委办公。其任务是，代表铁路管理局向省里请示汇报工作，办理、转达省里交办事项，及时沟通双方的情况，协调生产与运输的关系。

三、北京、太原两个铁路局在北同蒲线的分界点，定在宁武。这样便于北京铁路局全面安排大同和雁北地区统配矿与地方矿的煤炭外运。

四、铁路管理局、铁路局机构设置要精干。太原铁路局保留原建制，干部原则上不要变动，各项工作要进一步加强。分局撤销前对干部要作好安排。临汾、大同分局撤销后，可分别设立调度分所，必要时也可分设小型办事处，协助铁路局统一安排当地的车、机、工、电、检等项工作。

五、北京铁路管理局要切实安排好山西省地方物资的运输。要给太原铁路局保持足够的运输车。对流向固定的大宗散装物资，可采取固定车底组织直达循环拉运。对山西省的统配煤、经济煤、出口煤、协作煤、自拉煤等，要根据计划调节与市场调节相结合的原则，一视同仁，保证运输。

六、当前晋东南的煤炭绝大部分通过京广、陇海两条铁路线外运，装煤的空敞车全部靠郑州铁路局排送，因此太焦线五阳至孔庄一段线路，仍由郑州铁路局管理。铁道部要对太焦线进行技术改造，提高运输能力。为加强郑州铁路局与山西省的联系，郑州铁路局要在山西省派驻联络员。

改革铁路管理体制是一项复杂的工作，步子一定要稳妥。北京、太原铁路局管理体制的改革，作为全国铁路管理体制改革的试点，今年下半年作好准备，明年初开始实行。铁道部和有关省市要密切配合，加强领导，注意研究解决出现的问题，不断总结经验，把这项工作扎扎实实地搞好。

根据内容的不同，会议纪要分为决议型纪要和综合性纪要。这种分类方法比较普遍。

决议型纪要主要反映与会者就会议问题，在统一认识的基础上所形成的决定、决议。这种纪要多用于工作会议和行政会议。综合性纪要则侧重于全面概述会议基本情况，包括会议的议题、讨论情况、讨论结果等。这种会议纪要多用于座谈会、研讨会。

例文（综合性纪要）

抓住机遇　扩大开放
——沿长江五市对外开放研讨会纪要

沿长江五市（重庆、岳阳、武汉、九江、芜湖）对外开放研讨会，于××××年7月15～16日在庐山经纬宾馆举行。这次会议是在党中央和国务院作出以上海浦东为龙头，进一步开放长江沿岸城市的战略决策之后，由求是杂志社经济部、江西省体改委、九江市人民政府联合召开的，来自五市的领导和有关方面的负责同志及部分新闻单位的代表共40余人参加了会议。与会代表围绕着如何搞好沿长江对外开放的问题，进行了热烈发言和深入讨论。

与会代表一致认为，搞好沿长江的对外开放意义深远重大。过去13年，我们的开放政策主要是向沿海地区倾斜，这是完全必要的，它为全国的对外开放起了先行探索和示范的作用。现在，中央提出进一步扩大沿长江和沿边的对外开放，这对于在沿海开放的基础上，形成"沿海—沿江—沿边"的整体开放格局，实现我国对外开放"全方位、多元化"的战略目标，推动对外开放向内地深入，促进沿江经济的发展有重要意义。长江在我国国民经济和社会发展中占有重要地位。长江流域占国土面积的1/5，人口近4亿，工农业总产值占全国的40%多，这里资源丰富，交通方便，城市密布，市场发达，人才荟萃，是我国最具自然地理优势和社会经济发展综合优势相结合的地方，开发潜力巨大，前景良好。扩大沿长江的对外开放，通过利用外资、引进技术和人才，开拓国际市场，可增大开发长江的力度，加快开发步伐，从而为国民经济发展增添后劲。

扩大沿长江的对外开放，对五市来说是机遇和挑战并存。为此，代表们指出，搞好沿长江的对外开放，首先要解放思想、破除迷信，联系实际找差距，真正解放和克服长期束缚人们手脚的认识问题。要增强以经济建设为中心的观念，形成齐抓经济工作的合力；要进一步认识对外开放的重要性和迫切性，开拓搞好对外开放的新思路、新办法和新途径；要强化商品经济意识，克服温饱即满、不愿冒风险、不敢迈大步的小农思想，自觉按照经济规律办事；要树立全局观念，防止和克服狭隘的部门利益，树立一盘棋的战略思想。

扩大开放，必须深化改革。代表们提出，与沿海地区相比，沿长江城市在对外开放方面已滞后了一步，旧的体制严重阻碍着对外开放的扩大。因此，应通过深化改革，克服"左"的思想和守旧观念，给企业以更大自主权，使各项政策措施相互配套，逐步完善。改革需要探索，要敢想、敢干、敢闯、勇于实验，对的就大胆推广，错的就加以纠正。

开放是促进和带动一切的重要途径和手段。代表们认为，应围绕开发抓开放，通过开放促开发。通过开放，要开发新产品、新技术、新行业，解决内陆城市产业单调、技术陈旧、产品老化的问题，使经济发展具有新的活力；通过开放，不断开发利用资源，提高资源的综合利用率，提高经济效益；通过开放，把利用外资和老企业嫁接起来，加速技术改造和产品更新换代。

搞好长江的开放开发，必须走联合协作的路子。代表们认为，长江流域自然地理条件的多样性和社会经济发展的综合优势，决定了要通过联合协作的方式来搞好开放开发，如果化整为零，搞好区域割据、市场封闭，长江的优势就发挥不出来，开放开发就会事倍功半，甚至会有负效应。因此，希望国家有关部门尽快拿出长江开放开发的总体规划，各省、各中心城市、各中小经济区域要在总体规划的基础上，通力合作，加强横向联系；要以上海浦东为龙头，加强政策的对接和连贯，使龙头、龙身、龙尾一起摆动，努力在生产力布局、产业结构、交通运输、资源开发利用、长江生态环境保护、市场开发等方面，做到协调一致。

投资环境建设是对外开放的重要内容，代表们认为应把它放在对外开放的重要地位来看待，作为一项持久的基础性工作来抓。既要搞好投资硬环境的建设，努力使"七通一平"符合国际标准；又要加强各项软环境的建设，使有关政策措施符合国际规范。还要大力发展第三产业，培养大批懂业务、懂经营、敢开拓的外向型经济人才。

（三）纪要的结构、内容和写法

纪要一般由首部、正文和尾部三部分组成。各部分的写作要求如下。

1. 首部

这部分的主要项目是标题。有的会议纪要的首部还有成文时间、发文字号等项目内容。

纪要标题，常见的构成形式是会议名称加文种。如《全国农村爱国卫生运动现场交流会纪要》《关于改革北京、太原铁路局管理体制的会议纪要》等。但也有的由发文机关、会议名称加文种构成，如《××县人民政府蚕茧工作会议纪要》，这种形式比较少见。还有一种新闻式标题形式，即由主标题和副标题构成，主标题提示会议纪要的主旨，副标题标明会议名称和文种。如《抓住机遇 扩大开放——沿长江五市对外开放研讨会纪要》

《弘扬徐虎精神 树立社会新风——"学习徐虎先进事迹座谈会"纪要》等。

成文时间即会议通过的时间或有关领导人签发的时间。一般在标题之下居中位置用括号标明年、月、日。但也有把时间写在尾部的落款下面的。

2. 正文

其结构由前言、主体和结尾三部分组成。

（1）前言。其结构包括交代会议的名称、时间、地点、参加人员、主持人、会期、主要议程、会议形式等组织情况以及会议主要的成果，然后用"现将这次会议研究的几个问题纪要如下："或"现将会议主要精神纪要如下："等句式转入下文。这项内容主要用以简述会议基本情况，所以文字必须十分简练。

（2）主体。是会议的核心内容，主要记载会议情况和会议结果。写作时要注意紧紧围绕中心议题，把会议的基本精神，特别是会议形成的决定、决议，准确地表述清楚。对于会议上有争议的问题和不同意见，也要如实予以反映。

另外，在具体写法上，不同类型的会议纪要，写法稍有不同。决议型纪要，主要是根据中心议题，着重把会议形成的决定、决议的具体内容一一表述清楚。例如上述《关于改革北京、太原铁路局管理体制的会议纪要》，从内容上划分，它是一份决议型纪要。其主体部分针对会议中心议题"改革北京、太原铁路局管理体制，保证山西煤炭运输问题"，准确、概括地记载了会议一致同意的铁道部提出的体制改革实施方案。而这个方案的具体内容，也就是纪要所要重点表述的内容。

而综合性纪要的主体内容则侧重于突出会议的指导思想，全面介绍会议的基本情况。例如《弘扬徐虎精神 树立社会新风——"学习徐虎先进事迹座谈会"纪要》，紧紧围绕学习徐虎先进事迹这一中心议题，从"什么是徐虎精神""徐虎精神的内容及实质""学习徐虎精神的方法""学习徐虎精神的现实意义和深远意义"等方面，阐明了座谈会的主旨，也就是基本精神——"弘扬徐虎精神，树立社会新风"，推进社会主义精神文明建设。

（3）结尾。属于"选择性项目"。一般是向受文单位提出希望和要求，有的则没有结尾部分，主题内容写完，全文即告结束。

一般来说，一个重要会议，虽有中心议题，但涉及的内容往往并不单一。因此，其正文部分可以采用标序列述的方法去写，以便行文主次分明，排列有序，避免表述不清或造成遗漏。如《××大学××年教学改革研讨会纪要》，正文部分列了五个问题分别从教学改革的宏伟目标、具体内容、教改方针以及会议达成的共识等几个反方面，概括了研讨会的基本精神和议定事项；第五个问题即结尾部分，提出具体要求。这份"纪要"虽然内容比较多，涉及的问题比较复杂，但由于用序号分为几个问题来概述，所以依然使人感到层次清晰，主旨鲜明。

纪要在表述主题内容时，为了体现其真实性和层次感，常用"会议认为""会议指出""会议提出"或者"与会者认为"等句式领起各段文字。

3. 尾部

包括署名和成文时间两项内容。

署名只用于办公会议纪要,写明召开会议的机关单位名称。一般会议纪要不需要署名,可以不加公章。至于成文时间,如果在首部页已注明,这里就不再写。

(四) 撰写会议纪要应注意的问题

撰写会议纪要应当注意两个问题:一是概括要全面。要如实反映会议精神,不得随意取舍,不得以偏概全,不能自己赞同的就多写,不赞成的就略写或不写。这就要求写作者能够准确地把握会议宗旨,了解会议全过程,掌握有关会议材料,并且要有客观的、实事求是的态度,以便从大量讨论、发言以及不同的简介、意见中,抓住实质性问题,从理论上加以归纳、总结。二是要具备一定的分析、综合能力和表达能力,这样表述上才能做到重点突出,条理清晰,文字简练,不拖沓冗杂。

纪要的简单格式举例:

××纪要

××××年×月×日,××部门召开××会议,会议由××主持,会议的主要议题是××。

会议首先研究讨论了……问题,……在会上发言,提出……;会议根据大家意见,表决通过了……。

会议还研究讨论了……问题,……在会上发言,提出……;会议根据大家意见,表决通过了……。

会议最后强调……。

……

××××年×月×日

第六章　事务文书的写作

事务文书是机关、团体、企事业单位在处理日常事务时用来沟通信息、安排工作、总结得失、研究问题的实用文体，是应用写作的重要组成部分。

由于这类管理类文体处理的日常事务亦为公务，所以事务文书属于广义的公文范畴。它与狭义公文（党政机关公文15种）的区别在于：一是无统一规定的文本格式；二是不能单独作为文件发文，需要时只能作为公文的附件行文；三是必要时它可公开面向社会，或提供新闻线索（如简报）或通过传媒宣传（如经验性总结、调查报告等）。

一、计划

计划是一种应用范围广泛、使用频率较高的应用文体。国家机关、企事业单位、社会团体都可以制订计划。

（一）计划的概念、特点

计划是国家机关、企事业单位、社会团体预先对今后一定时期内的工作、活动作出安排的一种应用文。

计划是建立正常工作秩序、做好工作的前提，是领导指导、检查工作并进行监督的依据。计划可以使机关单位的各项工作有所遵循，避免盲目性；使群众明确下一步工作、学习的目标，增强自觉性和主动性，充分发挥工作人员的主观能动作用。

计划具有以下特点。

1. 针对性

计划是根据党和国家的方针、政策精神和有关法律、法规，针对本系统、本机关、本单位、本部门的实际情况制订的。不从实际出发所制订的计划，是毫无价值的计划。

2. 预见性

这是计划的本质特点。计划是在行动之前制订的，它以实现今后的目标，完成下一步工作、学习任务等为目的。它是在总结过去的成绩和问题，分析目前的工作、学习实际，预测今后发展趋势的基础上制订的。对客观现实准确的认识和科学的预测是增强计划预见性的保证。

3. 可行性

这是计划能够实施的保证。计划如果没有预见性，那就失去了制订它的意义；而如果没有可行性，那么所谓计划就如同一纸废文，没有任何用处。

计划的可行性，在于它是依照党和国家的方针政策制订，又是在总结过去、分析现状的基础上所作的科学预见，它顺应着事物发生、发展的客观规律。所以计划所提出的目标和任务、方法和步骤、要求和措施等，应当是可靠的和切实可行的。

4. 约束性

计划一经通过、批准，在它所涉及的范围内，就有了一定的约束性，机关、单位、部门在工作中必须按要求予以贯彻执行，不得随意变更，更不能顶着不办。

（二）计划的分类

计划的种类繁多，从不同的角度，可以有不同的分类方法。

按内容来分，有学习计划、工作计划、生产计划、财务计划、教学计划、分配计划、销售计划等。

按照使用范围来分，可以分为班组计划、单位计划、地区计划、国家计划等。

按照时间期限来分，可以分为周计划、月计划、季度计划、年度计划、五年计划、十年规划等。

按照性质和作用来分，可以分为指令性计划、指导性计划、综合性计划、专题计划等。

（三）计划的结构、内容和写法

计划一般由标题、正文和尾部三部分组成。其各部分的格式、项目内容和写法如下。

1. 标题

一般包括单位名称、时间界限、事由和文种等项。这几项要素，有的计划的标题全有，如《政府直属机关××××年度政治理论学习安排》；有的不写单位名称，如《××××年度春季全民植树造林工作计划》；有的不写时间项，如《××省第一毛纺织厂党员重新登记工作安排》。有的由事由和文种构成，如《业务考核计划》；有的甚至只写文种一项。

计划的文种名称是多种多样的。实践中除了"计划"这一名称以外，还有安排、方案、设想、要点、纲要、规划等。但什么情况下用什么文种名称是有区别的，一般来说，"计划"适用于各种性质的任务指标计划；"安排"适用于较短时间内要完成工作的计划；"设想"用于下一阶段或未来工作的重点；"纲要"和"规划"则适用于期限较长的、涉及范围较广的计划。

标题后可用括号注明"草案""初稿""未定稿""讨论稿"等。

2. 正文

一般由前言、主体、结尾三部分组成，但有的没有结尾部分。

（1）前言。这是计划的开头部分。通常用以简明扼要地概述制订计划的指导思想、依据、意义、本单位情况及总目标等。一般包括以下四方面内容：制订计划的依据，概述单位基本情况、分析完成计划的主客观条件，提出总的工作任务的要求或完成计划指标的意义，指出制订计划的目的。

普通的简单的计划可以不必全部具备上述内容，而且上述四方面内容可根据实际需要做出适当选择和取舍。

（2）主体。是计划的核心和重点，它说明计划的目标（做什么）、措施（如何做）、步骤（何时完成），是计划的"三要素"。

其中目标任务明确说明计划要达到的目标、指标和要求。要做哪些事、要达到什么程度、在多长时间内完成。措施和步骤详细说明完成目标任务的具体措施、行动步骤、时间分配、人员、物资、财力支持等。

这部分是要求实施和随时对计划落实情况进行检查的依据。所提出的任务、要求应当明确，完成任务的措施、办法、步骤、期限等要具体可行。

计划的主体常常采用标序列项的方法进行表述，也有的采用表格和文字说明相结合的形式来表述。实践中，后一种形式用得较少。

（3）结尾。补充说明需注意事项，或提出要求、希望、号召。可以提出执行要求，也可以展望计划实施的前景。还有的计划，主体内容表述完毕全文就结束。具体怎样来写，要根据内容表达需要来确定，不要画蛇添足，使结尾流于形式。

3. 尾部

包括署名和时间两项。署名写上制订计划的单位名称。标题中已表明单位名称的，这里可不再写。时间写计划通过或批准的年、月、日。

（四）撰写"计划"应注意的问题

计划的拟写要注意以下几点：

一是要注意深入领会党和国家的有关方针、政策、法律、法规的精神，以之作为制订计划的指导思想；

二是要注意从本单位、本部门的实际情况出发，不要脱离现实，任务指标不要订得过高或过低；

三是措施和办法要制订得具体、可行，以便于落实和监督检查；

四是表达方式要以说明为主，行文中不要夹杂不必要的议论。

例文

山东省"十三五"教育事业发展规划

为深入实施科教兴鲁、人才强省和创新驱动发展战略，加快推进教育现代化进程，为经济文化强省建设提供更强大的人才支撑、智力支持和知识服务，根据山东省国民经济和社会发展第十三个五年规划纲要和山东省中长期教育改革和发展规划纲要（2011～2020年），制订本规划。

一、发展基础和面临形势

（一）发展基础。"十二五"时期是我省教育改革发展取得显著成效的五年。面对经济发展新形势和人民群众新需求，我省认真贯彻中央决策部署，全面落实国家、省中长期教育规划纲要，汇聚各方力量，深化改革发展，精准施策，提升质量，促进公平，教育综合实力实现新跨越，整体水平迈上新台阶。

各级各类教育协调发展。教育普及程度进一步提高，2015年，学前教育三年毛入园率达到81.97%，小学学龄儿童净入学率达到99.99%，义务教育巩固率达到97%，高中阶段教育毛入学率达到97.36%，高等教育毛入学率达到48.06%。全省93个县（市、区）

通过"全国义务教育发展基本均衡县"评估认定。继续教育稳步发展。教育公共服务体系进一步完善，为建设学习型社会奠定了坚实基础。

教育改革取得重大突破。……

教育保障能力明显增强。教育经费投入不断加大……

依法治教扎实推进。……

教育服务能力显著提升。"十二五"期间，全省普通高等教育培养本科及以上毕业生115.05万人，职业教育平均每年为社会培养近90万名技术技能人才、培训上百万名城乡劳动力，为经济社会发展提供了有力的人才和智力支撑。高校创新能力明显增强……

（二）面临形势。"十三五"时期是我省在全面建成小康社会进程中走在前列的决胜阶段，也是完成国家、省中长期教育规划纲要目标的攻坚时期，教育改革发展面临着前所未有的新形势、新任务和新要求，实现教育现代化任务艰巨。

从山东全局看，未来五年我省要实现在全面建成小康社会进程中走在前列的宏伟目标，统筹推进"五位一体"总体布局，协调推进"四个全面"战略布局，亟须优先发展教育，构建现代教育体系，提升教育竞争力。同时，我省经济社会发展对教育提出了新要求……

从教育领域看，当今国际和国内教育正经历着革命性变化，教育理念、内容、方法和模式不断更新，现代信息技术、互联网正促使学校形态、学习方式和组织方式发生深刻变革。我省教育发展虽然取得了显著成就，但还面临一些深层次矛盾和问题：……职业教育产教融合、校企合作的体制机制亟待完善；高等教育结构不够合理，特色不够鲜明，高水平大学和学科缺乏，人才培养不能完全适应经济社会发展的需要，服务经济社会发展的水平不高……

未来五年，我省教育处于难得的发展机遇期，但也面临着严峻挑战和新的发展要求……

二、指导思想和主要目标

（一）指导思想……

坚持立德树人，提高教育质量……

坚持均衡发展，促进教育公平……

坚持需求导向，加快结构调整……

坚持改革创新，激发办学活力……

坚持问题导向，实施重点突破……

坚持依法治教，保障健康发展……

（二）主要目标。到2020年，全面完成山东省中长期教育规划纲要目标任务，使我省教育发展规模和综合实力位居全国前列，教育现代化取得重大进展，总体达到教育现代化指标体系要求，建成学习型社会和人力资源强省。

教育普及水平全面提高。……

基本公共教育服务体系更加完善。……

教育质量显著提高。优质教育资源进一步增加，基本满足人民群众高质量、多样化的教育需求。基础教育优质均衡发展。建设一批一流大学和一流学科，培植一批高水平职业院校和特色骨干专业。学生思想道德、核心素养、科学文化水平和健康素质、公民意识全面提高，创新精神、实践能力和创业就业能力进一步增强。

教育综合改革取得新突破。……

依法治教全面推进。……

服务发展能力全面增强。……

三、推进教育创新发展

坚持目标导向和问题导向，完善教育发展政策，破除制约教育科学发展的体制机制障碍，促进教育公平，提升教育质量，推动教育协调发展，全面提高教育现代化发展水平。

（一）优质均衡发展基础教育。……

（二）完善现代职业教育体系。坚持终身教育理念，推动建立中高职及职普衔接、具有山东特色的现代职业教育体系，拓宽人才成长路径，推进产教融合，培育工匠精神，增强职业教育人才培养与经济社会发展的适应性。

1. 构建开放沟通的职业教育培养体系

服务全省现代产业发展，创新和拓宽技术技能人才成长路径，系统构建包括技工教育在内的从中职、专科、本科到专业学位研究生教育的培养体系，加快各层次技术技能人才培养。完善职业院校与本科高校对口贯通分段培养模式，加强一体化设计。在国家示范（骨干）高职院校优势专业中试点本科层次职业教育。建立在职人员接受职业教育和培训的灵活学习制度，推进学习成果互认，促进工作实践、在职培训和学历教育互通互转。

2. 提高职业教育人才培养质量

创新人才培养模式。坚持产教融合、校企合作，突出学生实践能力培养，促进学生全面发展。深化校企协同育人，积极推进订单培养、现代学徒制试点。全面推进学历证书与职业资格证书"双证书"制度。实施学分制、弹性学制试点，允许学生工学交替、分阶段完成学业。建立职业（技工）院校人才培养模式创新实验基地。积极稳妥做好高等职业院校和技师学院合作培养试点工作。

改革课程体系和教学内容。建立产业技术进步驱动课程改革和真实应用驱动教学改革机制，按照科技发展水平、职业资格标准设计课程结构和内容。进一步加强和改进公共基础课教学，将职业道德、人文素养教育贯穿人才培养全过程，提升职业院校学生综合素质和可持续发展能力。完善职业教育专业教学标准，开发专业教学指导方案，制定一批对接紧密、特色鲜明的专业人才培养方案。

3. 推进产教深度融合

健全行业企业参与制度。制定促进校企合作办学激励政策，支持行业、企业通过独资、合资、合作等形式举办职业教育，多元主体组建职业教育集团，鼓励企业和公办高职院校合作举办混合所有制性质的二级学院。支持企业建设兼具生产与教学功能的公共实训基地。建设校企一体化合作办学示范校和企业。

完善行业指导机制。推动行业、企业参与人才培养、教学改革和质量评价。实施重点行业就业准入实施情况年度报告和发布制度。发挥山东省职业教育专业教学指导委员会的指导作用,积极与国内外行业龙头企业开展合作,为全省职业院校搭建校企合作平台。

强化技术技能积累作用。加强校企协同的技术技能积累,鼓励职业院校融入创新驱动发展战略。围绕全省主导产业建设一批技术积累创新联合体。职业院校以科技成果许可、作价入股等方式,与行业企业共建技术工艺和产品开发中心、技术技能大师工作室等,促进创新成果转移转化。支持职业院校传承发展民族工艺和文化。

4. 加强职业院校基础能力建设

优化专业布局服务产业发展。优化资源配置,建立专业设置动态调整机制,构建与全省产业结构相匹配的职业教育专业体系。加强现代农业技术、装备制造、生物技术、旅游、养老服务、健康服务、文化创意产业等专业建设,重点打造一批适应社会需求、特色鲜明、效益显著的国家和省级品牌专业(群)。

改善实习实训条件。在设区市建设一批区域性公共实训基地,在职业院校建设一批共享型校内实训基地,高职院校与企业合作建设一批省级校外实习实训基地。开发虚拟工厂、虚拟车间、虚拟工艺、虚拟实验,建设20个省级虚拟仿真实验实训中心。落实教育部制定的职业院校专业仪器设备装备标准,2020年年底前基本达标。

加快推进高水平职业院校建设。实施高水平职业院校系列建设工程,以办学模式改革创新为切入点,以提高教学质量、管理水平和辐射能力为重点,建设一批高水平职业院校。推进省级规范化中职学校建设。发挥优质院校引领作用,带动全省职业院校整体发展。

(三)推动高等教育特色优质发展。全面推进高等教育分类管理和综合改革,坚持科学定位、稳定规模、优化结构、强化内涵、突出特色的原则,引导高校转变发展模式,深化教学改革,全面提升创新能力和社会服务能力。

1. 推进高校分类发展

加快推进高水平大学建设。引导和支持具备一定实力的省属高校明确学科发展方向,突出学科建设重点,创新学科组织模式,夯实学科发展基础。推进人才培养模式改革,实施科教协同育人,传承创新优秀文化,形成优良校风、教风、学风,培养拔尖创新人才。深化高校综合改革,强化目标管理,建立激励约束机制,激发高校内生动力和发展活力。整合科研院所和高校教育科研资源,形成发展合力,促进高水平大学建设。

推动本科高校向应用型转变。推动省属本科高校融入区域经济社会发展,适应引领新产业、新业态发展,深化行业企业合作,建立紧密对接产业链、创新链的专业体系,创新产教融合、协同育人的人才培养模式,着力培养应用型人才。支持转型高校与国外应用技术类型高校开展合作。建立符合应用型高校特点的评估标准和制度。到2020年,建成一批支撑山东经济社会发展和产业转型升级的高水平应用型高校。

2. 优化高等教育结构

统筹高校设置和培养结构。主动服务国家战略和山东"两区一圈一带"建设,编制实施山东省高等学校设置"十三五"规划，进一步优化高等教育资源配置，实现高等教育与经济社会协调并适度超前发展。建立招生计划优化调整机制，提高应用型、技术技能型人才培养比重。提高专业学位硕士研究生比例。适度扩大高等职业教育招生规模。

优化学科专业结构。适应经济结构调整和产业升级需求，推进高校构建基础学科、应用学科、交叉学科、新兴学科之间相互促进、协调发展的学科体系。增加工学、农学类专业，鼓励文化产业管理等新兴学科专业发展；提升医学、教育学类专业办学层次；稳定法学、经济学、管理学类专业，强化差异化发展；整合理学、文学、历史学、哲学、艺术等科类专业。建立人才需求预测分析机制，健全专业设置动态调整机制。实施学科与专业发展支持计划。支持高校建立校际专业发展联盟。

加强面向基层的全科医学专业人才培养，在省属医学高等院校实施订单定向医学生免费教育，为基层基本医疗卫生服务提供人才支撑。实施全科医生、儿科医生培养计划，进一步扩大儿科医学专业人才培养规模。加强儿科专业住院医师规范化培训，推进儿科学专业学位研究生教育。

3.提高人才培养质量

创新人才培养机制。……

深化课程与教学管理改革。……

强化创新创业教育。……

四、深化教育改革开放

全面推进德育、体育和美育综合改革，推动建立现代学校制度，增强教育发展动力。坚持教育对外开放，兼容并蓄，合作共赢，形成良好教育生态，推进山东教育现代化进程。……

五、提升教育保障水平

依法保证教育投入稳定增长，提高教师队伍素质，加快推进教育信息化，提升依法治教能力，全面增强各级各类学校的办学综合实力，为促进我省实现教育现代化提供坚实保障。

（一）完善教育投入机制。……

（二）全面提高教师队伍水平。……

六、加强规划组织实施

（一）加强和完善党的领导。……

（二）强化实施保障

1.明确责任分工。……

2.强化督导检查。……

3.注重宣传引领。各级、各部门要做好教育规划的宣传解读，组织开展政策培训和指导，积极回应社会关切，定期发布教育规划实施和教育改革发展动态。各地要积极探索，勇于创新，及时收集编辑典型案例，总结推广先进经验。动员全社会关心支持教育事业，增强教育改革发展的共识与合力，努力为规划实施营造良好的社会环境。

2017 年 10 月 17 日

二、总结

（一）概念和特点

1. 概念

总结的应用范围相当广泛。机关、单位、团体、个人都可以总结。下面着重介绍事务文书中总结的写作。

总结是国家机关、企事业单位、社会团体等通过对过去一阶段工作的回顾和分析评价，以判明得失利弊，提高理性认识，指导今后工作的一种常用文书。

总结可以使本系统、本地区、本单位、本部门某一项工作的实践活动由感性认识上升到理性认识，以便发扬成绩、克服缺点、吸取经验教训，使今后的工作少走弯路、多出成果。它可以为各级领导机关提供基层工作的情况和经验，以便加强科学管理和指导。它还可以用于表彰先进，树立典型、交流推广先进经验，指导和推动面上的工作，促进"两个文明"建设的发展。

2. 特点

（1）内容的回顾性。总结是对过去实践活动的回顾与反思。

（2）对象的个性化。以自身实践活动为对象，写"我"或"我们"，每一个都是不同的，有自身的个性特征。

（3）认识的规律性。总结是从自身的实践中归纳出带规律性的东西、从零散的感性材料中概括出正确的观点，形成体现本质特征的理性认识并用以指导今后的实践。

（4）表述的简明性。主要运用概述的方法，用高度概括的具体事实作简要说明而不是具体描写，发表议论直截了当而不必多方论证。总结的生动性主要靠事例本身的典型、新鲜和生动、感人。

（二）总结的作用

（1）获取经验、吸取教训。

（2）交流信息、推广经验。

（3）上情下达、加强管理。

总结不具有行政约束力，但有提高理论认识，指导今后实践，提供经验借鉴，鼓舞教育群众和调动积极性的作用。

总结可以用公文的形式上报（报告），由上一级机关以通知的形式予以印发。

（三）分类

总结的类别较多。从不同的角度，有不同的分类方法。

1. 按时间分

有年度总结、季度总结、月度总结等。

2. 按内容分

有全面性总结和专题性总结。全面性总结是对过去一段工作情况所作的全面性回顾总结。这种总结涵盖面比较广，篇幅比较长，要求全面、系统、客观地反映工作全貌，多用于报送上级领导机关并下发到基层干部职工，有时也用于与平行机关交流情况。专题性总结又称单项总结，是对过去某一项工作或某项工作中的某个问题所作的专门总结。这种总结内容比较单一，针对性比较强，与全面总结相比，篇幅一般不长，往往侧重于典型经验的总结。多用于交流经验，树立典型，指导、推动面上的工作。

（四）结构与写法（以工作总结为例）

1. 标题

（1）由单位名称加时间期限加文种名称组成。

（2）用一句能体现文章主题的概括的话作为标题，如经验总结《加强管理监督 防范金融风险》。

（3）正副标题。正标题概括总结内容，副标题标明单位名称、时间期限、总结种类。如：

严肃党纪国法　推进反腐倡廉
——市海关党委专项整风总结

2. 开头（前言）

正文的开头，一般简明扼要地概述基本情况，交代背景，点明主旨或说明成绩，为主体内容的展开做必要的铺垫。

写法上比较灵活：或是概述工作的基本情况、点明主旨；或是总结主要成绩、主要特点，对内容和范围作必要提示；或是先提出总结结论，再引出下文；或是用设问句式开头，强化主旨，引起人们的关注，等等。总之，如何开头，没有固定的程式，要根据表现主旨的需要而定。

下面请看两篇总结的前言：

去年以来，我们按照中央和省委的要求，分两期对全市320个村的后进党支部和554个软弱涣散、瘫痪半瘫痪的村级组织进行了整顿。今年8月起，又对546个中等偏下的村级班子进行整顿建设。各级党委始终把党支部、村委会的班子建设摆在突出位置，作为关键环节来抓。主要做法是：

……

"群众富不富，关键在支部；支部强不强，关键在班长"。能否选配好支部"一把手"，是加强农村基层党组织建设的核心。

在长期整组中，我们积极围绕支部班子建设这个重点，紧紧抓住配好支部书记这个关键，着力走好"选人""育人""用人"三步棋，努力把整组工作引向深入。

第一篇的"前言"，是在概述前一段工作基本情况的基础上，指出各级党委始终坚持抓的工作重心；第二篇的前言则是通过说明选配好支部"一把手"的重要意义，突出他们在首期整组中的主要做法和经验。这两篇前言的写法不同，但在简要概述、切入总结的主旨上却有共同的特点。正所谓"立片言以拘要"，使读者一看开头，就对文章所总结的中心议题有一个明确的认识。

3. 主体

这是总结的核心部分，其内容包括做法和体会、成绩和问题、经验和教训等。

这一部分要求在全面回顾情况的基础上，深刻、透彻地分析取得成绩的原因、条件、做法以及存在问题的根源和教训，揭示工作中带有规律性的东西。回顾要全面，分析要透辟。总结中所谈的成绩和问题，应该是主要的、本质性的、有个性的东西，不要事无巨细，一一罗列。

不同类型的总结，内容各有侧重：

全面性总结，以上各项内容都有，其主体一般包括两个层次，即成绩和经验，存在的问题和教训。

对于一般工作总结来说，重点应放在第一层次，要把主要成绩说充分，做法谈具体，经验讲得恰如其分。第二层次为存在的问题，不一定每篇都写，但是从辩证的角度看，工作中的问题、不足或失误一般来说总是难免的，不能"一俊遮百丑"，说好就好得一无挑剔。所以这一部分应该从实际出发，如实反映工作中存在的问题；若出现了重大问题或事故，那么其正文就主要应该围绕存在的问题、产生的根源及引出的教训去写，甚至也可以写成专题性总结。专题总结，一般以经验介绍为主要内容，其正文主要是谈经验和做法。

总结主体的结构，主要采用逻辑结构形式：

全面性总结根据过去一段时间工作中的成绩与缺点或者经验与教训的内在联系去组织材料；专题性总结总是以经验为轴心，从几条经验或一条经验的几个方面出发去组织材料。

如中共扶风县委写的专题总结《选好"一把手"走活三步棋》，其主体从"选人——围绕支书建班子""育人——解放思想换脑子""用人——明确职责压担子"三个方面，以递进式逻辑结构总结出：选好"一把手"的经验，就是必须走活"选人""育人""用人"这三步棋。

4. 结尾

可以概述全文，可以说明好经验带来的效果，可以提出今后的努力方向或改进意见，也可以不要结尾段，主体收尾，全文结束。总之，不要用空洞的套话去收束全文。

如上例总结的结尾：

通过上述工作，促使支部书记和班子整体作用的发挥。不少整组村支部书记提出要"任职一届、致富一方"，也出现了一批"舍小家，顾大家"的支部书记先进典型。

这个结尾之所以写得好，就在于它概括说明了该县选好"一把手"走活三步棋带来的积极效应，使总结的主旨得到深化。

5. 尾部

包括署名和时间两项内容。署名写上总结的单位名称，如果标题中已经有这个项目，这里可不再写；时间写上总结的年、月、日期。

（五）撰写"总结"应注意的问题

1. 总结的写作首先要有实事求是的态度

工作总结中，常常出现两种倾向：一种是好大喜功，搞浮夸，只摆成绩，不谈问题；另一种是将总结写成了"检讨书"，把工作说得一无是处。这两种倾向都不是实事求是的态度。总结要如实地、一分为二地分析、评价自己的工作。对成绩，不要夸大；对问题，不要轻描淡写。

2. 总结要写得有理论价值

一方面，要抓主要矛盾。无论谈成绩或谈存在问题，都不要面面俱到。另一方面，对主要矛盾要进行深入细致的分析：谈成绩要写清怎么做的，为什么这样做，效果如何，经验是什么；谈存在问题，要写清是什么问题，为什么会出现这种问题，其性质是什么，教训是什么。这样来总结，才能对前一段的工作有所反思并由感性认识上升到理性认识。

3. 总结要用第一人称、叙议得当

即要从本单位、本部门的角度来撰写；表达方式以叙述、议论为主，说明为辅。可以夹叙夹议：交代工作过程、列举典型事例时以叙述为主，分析经验教训、指明努力方向时则多发议论。

例文

走活三步棋，选好"一把手"
中共 ×× 县委

"群众富不富，关键在支部；支部强不强，关键在班长"。能否选配好支部"一把手"，是加强农村基层党组织建设的核心。

在首期整组中，我们积极围绕支部班子建设这个重点，紧紧抓住配好支部书记这个关键，着力走好"选人""育人""用人"三步棋，努力把整组工作引向深入。

选人——围绕支书建班子

我县首期整组的共有30个村。为了确保整建任务圆满完成，在工作部署和指导思想上，我们突出支部班子这个核心和支部书记这个关键，主要抓以下四个环节。

——坚持标准定调子。

首期整顿的后进村中，班子涣散软弱，缺乏凝聚力，工作拖后腿的有13个；领导班子成员不团结，工作配合不力的10个；班子不健全，主要领导成员缺额的7个。组织整顿一开始，县委明确提出了选用支部书记的三条基本标准。一是公道正派听党话；二是组织领导有能力；三是没有问题受拥护。依据以上标准，我们首先按照"看本质，看主流，看实绩"的原则，对全县30个整组村的152名村级干部进行了民主评议，积极开展思想整顿，确定出了稳定提高的14个村级班子；其次，坚持"不手软，不推诿，不回避矛盾"的原则，坚决不搞"凑合班子""拉手班子"，对剩余16个村中只占位子、缺少点子、四平八稳、工作平庸的软班子和长期搞内耗、工作不协调的散班子以及以权谋私、多吃多占的贪班子及主要领导成员缺额、工作瘫痪瘫班子，果断予以调整。

——拓宽视野选苗子。

在工作实施上，我们改变过去在农村"一把手"选拔上，"找些人谈谈""几个人议议"的考察方式，坚持"不画框框，不戴帽子，不任人唯亲"和"条件公开，提名公开，评议公开，选举结果公开"的原则，坚持群众路线，拓宽选人视野，从复退军人、回乡青年、乡镇机关和企业、农村专业户及农民技术等多渠道中筛选，真正把在改革开放中成长和成熟起来的优秀党员骨干选拔到村级领导岗位上来。全力选准和配备能够总揽全局的支部"一把手"。降帐镇的街子、春光等村，为找一个好苗子，镇党委领导和工作组分别三进省城，三上太白，动员邀请在外搞建设的能人回村任职。法门镇南佐村工作组，与镇党委紧密配合，向全村党员和群众代表发放百余份征求意见书，充分依靠群众，民主推荐书记候选人。视野的扩大，为选准支书人选创造了条件，也为选举奠定了基础。

——严格程序搞选举。

在整组初期，我们参照有关章程、条例，及时出台了《关于村级组织设置及其有关问题处理的意见》，对村级组织设置、干部配备、职能职责、选举程序和干部报酬等，提出了规范性的意见和要求。班子建设中，我们坚持程序，依照组织章程办事，选出的新班子，普遍得到群众信任。召公镇袁新村，村情比较复杂，派性斗争严重，利用小字报互相攻击。在组织整顿中，工作组严格履行有关程序，积极稳妥地选出了能为群众谋好事。办实事的新的支部班子。

——着眼长远抓后备。

为了有效解决目前农村党委老化现象和村干部难选的问题。县委要求各工作组，在整组期间，每个村支部培养7~10名入党积极分子，对符合入党条件的积极分子，及时吸收到党内来，按照1∶1的比例，与乡镇党委配合，建立起村级干部后备队伍，各工作组以此为整组工作的主要任务之一，着眼长远抓后备，积极主动搞发展。据统计，全县30个村，在整组期间共培养入党积极分子271人，建立后备干部队伍187名。与此同时，工作组帮助村支部，落实发展责任，形成了基层党员干部队伍发展的良好机制。

育人——解放思想换脑子

随着建立社会主义市场经济体制实践活动的深入，农村党员干部旧的思维模式和工作方法越来越不适应经济发展的需要。为此，县委在抓好"选人"的基础上，下大力气狠抓村支书特别是新上任支书的教育培养工作，以提高他们的工作能力和政策水平。一是充分发挥县乡党校的作用，对整组村支部书记集中进行党的方针、政策和建设中国特色社会主义理论的教育，引导他们解放思想换脑子，带动本村经济快速发展。二是建立领导谈话制度。县委提出，乡镇党委主要负责同志，针对整组村支部书记在发展思路、工作方法、领导艺术和工作作风等方面的实际，坚持同他们谈心，交流思想，帮助解决思想问题和工作上的具体困难。三是分类指导，重点培养。举办支部书记读书班、座谈会、现场经验交流会，重点培养其驾驭全局、统揽整体工作的能力。对能力强、工作方法欠妥的通过教方法、教思路，帮助提高领导水平；对有群众基础，但缺乏闯劲，工作疲软的，通过"结对子""走出去，请进来"的办法，帮助解放思想，振奋精神，不断创新；对主流是好的，但存在弱点和失误的，则通过支部班子民主生活会，开展批评与自我批评，帮助其克服不足，努力工作。

在培训方法上，努力做到四个结合：即形势教育同实用技术培训相结合，集中学习与电化教育相结合。通过多种形式的学习培训活动，新班子很快进入角色，老班子有了新的起色。南阳乡坊村、建和乡墩底村、城关镇扶乾等村支部，通过培训，进一步解放了思想。村支部班子围绕本村苹果、辣椒和笼养鸡等骨干项目，树立大市场、大流通观念，带领群众努力发展规模经济，形成了一条能够发挥各自产业优势的致富路子。

用人——明确职责压担子

在整组中，我们一方面要求驻村工作组长按整组的"五个好"目标全面完成整组任务；一方面又积极创造条件，让支部书记放手工作，不断激发村支部一班人努力进取的积极性。涉及班子调整的，在班子调整完后，县委根据新时期农村工作的任务和特点，及时明确了村党支部书记的五条工作职责，即：抓经济，带领群众致富奔小康；抓支部，发挥其在村级组织中的核心作用和战斗堡垒作用；抓干部，建设好村组两级干部队伍；抓党员，发挥其先锋模范作用；抓思想，建设一个好的村风民风。以此来规范基层支部书记的行动。

在此基础上，要求乡镇党委对支部书记制定严格的考核标准，凭政绩用干部。一是考核经济发展水平，看致富奔小康规划实施情况和人均纯收入增加幅度；二是考核党支部的战斗力、凝聚力，看两支队伍建设和两个作用发挥情况；三是考核思想作风建设，看能否廉洁勤政，为群众办实事；四是考核精神文明建设，看有无打架斗殴、赌博、偷盗等违法乱纪行为。

在明确职责、严格考核的同时，工作组还应注意引导支部书记正确处理好四个关系：一是支部书记和支委的关系。使其明确在支委会重大问题的表决中，支部书记与其他支委享有同等的一票，支部书记起着组织、支持的作用。二是支部书记和党员的关系。支部书记有定期向党员报告工作的义务，自觉接受党员监督。三是支部书记与村干部的关系。村干部有为支部书记提建议的权利，支部书记要善于采纳合理化建议。四是支部书记和群众的关系。支部书记要能够倾听群众意见，走群众路线。

通过上述工作，促使支部书记和班子整体作用的发挥。不少整组村支部书记提出要"任职一届，致富一方"，也出现了一批"舍小家，顾大家"的支部书记先进典型。

××学院学习实践科学发展观活动总结

根据省委、省局党组的部署，自去年10月以来，学院党委围绕"上水平，创名牌，办特色院校，培养高素质药品食品人才"的实践载体，精心组织，周密安排，扎实推进，全面完成了省委统一部署的深入学习实践科学发展观活动工作任务，总体实现了党员干部受教育、科学发展上水平、人民群众得实惠的目标要求。现将活动开展情况总结如下：

一、学习实践活动的主要做法

把学习调研贯彻始终，解放思想、凝聚共识。始终把加强理论学习作为整个活动的主要任务，使之成为贯穿整个活动的一根主线，学习内容丰富，参加学习的人员广泛，学习方法灵活多样,学习认真、效果好。

围绕加强学科专业建设、提高人才培养质量、转变招生就业观念、增强服务水平等重大问题,广泛开展了调研。院领导深入到各自联系点,处级干部深入到师生和服务对象中调研,教职工踊跃参加解放思想大讨论,取得了良好效果。

深刻分析检查,找准突出问题,明确了发展思路。认真召开了领导班子专题民主生活会和专题组织生活会。在充分调研的基础上,党委对查摆的问题进行了梳理,形成了高质量的分析检查报告,各处室、各单位的分析检查报告也得到了教职工的广泛认可。

推进整改落实,确保了出成果、见成效。认真制定了整改落实方案,集中力量解决了师生就医难等突出问题。积极推进体制机制创新。学院党委坚持总揽全局、突出重点的原则,在建立规范的院系二级管理体制基础上,积极推进了管理体制机制的创新。

二、学习实践活动的主要成效

学院领导班子在深入学习实践科学发展观过程中,形成了以下共识:必须紧紧围绕"创名牌"的发展目标,全面提升学院的综合办学实力,必须坚持以人为本,必须坚持全面协调可持续,必须坚持统筹兼顾。

找出了学院发展过程中存在的突出问题,如办学理念还不能够完全适应高校办学要求、专业和课程建设与药品食品事业发展的要求还存在差距、学生管理创新不够等,现已制定整改措施,正在努力进行改进。

围绕"上水平,创名牌,办特色院校,培养高素质药品食品人才"目标,不断完善制约和影响学院科学发展的政策、制度、机制,进一步建立健全了推进学院科学发展的长效机制。

三、学习实践活动的基本经验

主要包括以下几点:加强组织领导是前提条件、领导模范带头是重要保证、加强理论学习是坚实基础、走群众路线是有效途径、突出实践特色是关键环节、解决突出问题是根本目的。

四、学习实践活动中存在的问题和不足

……

五、下一步学习实践科学发展观的努力方向

在这次学习实践活动结束以后,还要着力抓好学习教育、着力抓好整改措施的落实、着力抓好机制体制的创新工作。

三、公私兼顾的个人总结与述职报告

个人总结与述职报告也可以算作广义的事务文书,具有公私兼顾的性质,如主要用于公务活动中各单位的考核,则可以视为一种事务文书;如主要用于私人事务领域,则应该视为一种私务文书。

（一）个人总结

个人总结

上学期，我在老师和同学们的关心、帮助下，通过自身的不断努力，各方面均取得了一定的进步。现将上学期的思想、学习及社会工作情况总结如下：

思想方面。始终保持与党中央高度一致，认真学习马列主义、毛泽东思想以及"三个代表"重要思想、科学发展观，积极参加学院及班级组织的思想政治学习活动，不断提高自身的政治素质。政治上要求进步，积极向党组织靠拢。

学习方面。我学习刻苦，态度认真，理论学习及技能提高方面均取得了较好成绩。我重视专业课的学习，各门课程均在班内名列前茅，其中……；我积极参加学院安排的实验实训，较好地掌握了本专业所要求的技能，为将来适应企业岗位打下了坚实基础。……

在认真完成学习任务、不断提高思想理论素养的同时，我积极参加学生会工作，加强社会实践锻炼。我加入了院学生会××部，在学生会工作中，我始终以广大同学的共同利益为最基本的出发点，处处从同学们的需要出发，为同学们服好务，得到了同学们的好评和赞誉。我积极利用假期和周末时间，参加各类社会实践活动，如我参加了市红十字会组织的无偿献血活动……；参加了院团委组织的向孤寡老人献爱心活动……

在与同学们的相处中，我注重加强与同学们的团结……。

生活方面，我做到勤俭节约……。

本学期，我将继续发扬优良作风，加强思想修养，努力学习，团结同学，积极参与社会实践活动，力争在各方面都有新的提高。

写个人总结应该特别注意的是：

（1）尽量避免口语化、文学化语言的运用。

（2）要内容充实、重点突出。

（3）要符合个人实际，注意找出不足，提出改进措施及努力目标。

（二）述职报告

述职报告是一种特殊形式的个人工作总结。

1. 述职报告的性质

是各级机关、企事业单位、社会团体的各级领导干部及管理人员，向组织人事部门、上级主管机关或本单位的员工陈述自己在任职期间履行岗位职责情况的书面报告。

有助于考核、评价干部，有利于提高干部素质、能力。

2. 述职报告的特点

（1）选材的限定性。述职报告所写的内容在选材上是被限定的。因为述职报告无论是汇报成绩、说明不足，还是简述阶段工作目标，或概括今后工作打算，所用的材料都被限定在述职者的职责范围内，不能游离于职责范围之外。

（2）内容的总结性。述职报告内容是述职人回顾任职期间的工作情况，因而带有总结性。

（3）文风的严肃性。述职报告场合的庄重性、各级领导的重视性、单位群众的监督性，要求述职者必须严肃对待述职报告。首先述职态度要实事求是，不夸大、不缩小；其次分析问题要辩证；再次报告中涉及的时间、地点、数字、事例等必须完全真实。

（4）用途的鉴定性。述职报告要向上级委派的考核人、本单位干部群众一字不漏地宣读，经本单位干部群众分组讨论，辨别是否正确、客观后，进行民主评议，再上交主管部门，让上级了解述职人的情况，作为升迁、留任、降职、调整等的重要依据之一，所以带有鉴定性。

3. 述职报告的种类

（1）从内容上划分，有综合性述职报告、专题性述职报告。

（2）从时间上划分，有任期述职报告、年度述职报告、临时性述职报告。

4. 述职报告的格式和写法

（1）标题。通常有两种写法：一种由述职人和文种构成，如《我的述职报告》；另一种直接用文种作标题，即《述职报告》。

（2）称谓。面对的对象或呈报的部门，如"各位领导""董事会""组织人事部"等。

（3）正文

①导言。概述现任职务、任职时间、岗位职责、工作目标及对自己工作的总体估价。

②主体。即履行岗位职责的情况。内容包括：工作思路，工作指导思想，工作成效，经验、存在的主要问题、失误、改正措施、努力方向，注重介绍典型工作实绩，并写明起止时间。

③结尾。通常写的话语有："以上报告，请领导和同志们指正""以上是我的述职报告，谢谢各位"。

5. 述职报告写作的基本要求

（1）实事求是。无论称职与否，都要用事实说话，与事实相符。既不夸大成绩与不足，也不缩小功与过。

（2）突出能力。能力强与弱，是称职与否的主要依据，因此，述职的重点应放在证明履行职责的能力上。

（3）情理交融。要将自己的真情实感融于叙事说理的过程中，为此，必须抱有诚意。

例文

保险公司员工述职报告

尊敬的各位领导、各位同事：

"以铜为镜，可以正衣冠；以人为鉴，可以明得失；以史为鉴，可以知兴替"。回顾过往的工作有利于总结经验和查找不足，有利于明确下一步的努力方向。自去年7月任职以来，我按照总体工作部署和目标任务要求，以科学发展观为指导，认真执行上级工作方针政策，围绕中心，突出重点，狠抓落实，注重实效，在自己分管工作方面认真履行职责，较好地完成自己的工作任务，取得了一定的成绩。现将我这一年来德、能、勤、绩、廉等方面的情况向各位简要汇报如下：

一、思想道德方面——强化学习，提高认识，政治素质和品德修养进一步提高

古语说："德若水之源，才若水之波。"要做好保险营销工作，必须要有正确的政治思想。我认真学习党的理论，特别是学好邓小平理论、"三个代表"重要思想和科学发展观，用党的理论武装自己的头脑，提高自身政治素质，在思想上与局保持一致，坚定理想信念，树立正确的世界观、人生观和价值观，树立全心全意为局服务的思想，做到无私奉献。在工作上我具有吃苦耐劳、善于钻研的敬业精神和求真务实的工作作风。紧密结合岗位实际，完成各项工作任务。

二、工作能力方面——刻苦钻研，求真务实，业务工作能力进一步增强

"不谋万事者不足以谋一世，不谋全局者不足以谋一域"。针对这种严峻形势，既不可蛰伏也不宜盲动，看清形势、找准方向才是首要任务。经过连续数月的走访市场，我联合营销员通过多方面、多渠道地收集信息，深入市场第一线，对保险营销有了较好的掌控。采取灵活多样的经营方式，密切与客户的联系，在部分品种上，与客户共同商议，最终在同事们的密切配合下成功完成了上级下达的任务。

三、工作业绩方面——尽职尽责，开拓创新，理赔工作取得良好业绩

去年农业保险理赔工作开展第一年，多方面工作均处在摸索阶段，在工作上遭遇了一定的困难，但我在经理的指导下，积极带领队伍，按照"主动、迅速、科学、合理"的原则切实加强农业保险理赔管理工作，做到"定损到户""理赔到户"和"理赔结果公开"，确保赔案处理规范，赔款及时、足额支付给被保险人。同时积极与客户进行及时沟通，对客户进行条款的解释是非常必要的，该赔的赔，不该赔的不赔。并在慰问同时对客户进行资料收集的指导，这样就避免了客户多次往返，提高客户对公司服务的满意度。通过将理赔案件调查前置，一方面可以减少理赔时间，另一方面也是针对医疗案件的真实性进行确定，降低理赔调查的难度。通过多方面的手法有效提高了理赔效率，也加强了理赔满意度，使公司形象得到了进一步提升。

四、廉洁自律方面——严于律己，无私奉献，严格遵守廉洁自律各项规定

不断增强廉洁自律意识，以身作则，严格遵守廉洁自律各项规定。一方面，带头遵守廉洁自律各项规定，处处事事严格要求自己，不搞以权谋私，生活勤俭节约，不参加任何不健康和庸俗的娱乐活动，较好地维护了廉洁形象。另一方面，加强了对理赔全体人员遵纪守法、廉洁自律情况的督促检查，理赔全体人员没有违法违纪现象发生，真正做到了工作上不浮、管理上不松、服务上不差，在公司队伍中树立了良好形象。

五、工作中的不足

回顾上半年的工作，虽然在工作上取得了一定成绩，但同时，我也清醒地认识到自己的不足，主要表现为：一是业务能力方面。理赔工作是一项要求非常高的工作，但由于初接手岗位，我的工作多为被动形式，对专业理论知识掌握得不够精细。二是工作作风方面。工作上缺乏紧迫感和危机感，对待工作缺乏主动性思考，工作没有深入落实到基层一线，面子工程太繁琐，工作跟踪不到位。三是具体事务方面。工作质量效果和进展情况不是很理想。

今后，我要继续加强学习，掌握好理赔工作必备的知识与技能，以科学发展观的要求对照自己，衡量自己，以求真务实的工作作风，以创新发展的工作思路，奋发努力，攻坚破难，把各项工作提高到一个新的水平，为局的发展，做出我应有的贡献。

以上是我的述职汇报，请大家评议，欢迎对本人工作多提宝贵意见，并借此机会，向一贯关心、支持和帮助我工作的各位领导和同事表示诚挚的谢意。

四、调查报告

调查报告，又称考察报告、调研报告。

（一）调查报告的分类

（1）按照调查内容的复杂程度分类

①专题型调查报告。它是针对某件事情或某个问题撰写的调查报告。它能及时揭露现实生活中的矛盾，反映群众的意见和要求，研究急需解决的具体的实际问题，并根据调查的结果提出处理意见，或者对策，或是建议。

②综合型调查报告。它是以综合调查数量众多的对象及其基本情况为内容的报告。具有全面、系统、深入和篇幅较长的特点。它使读者可以从报告中看到事物的相对完整的情况。

（2）按照调查后提出的建议性质分类

①理论研究型调查报告。这是以学术研究为目的而撰写的调查报告，它以收集、分类、整理资料并提出问题、报告结论为特点，理论性较强，大多发表在学术刊物上，或载于学术著作中。

②实际建议型调查报告。这是适应实际工作需要而提出切实可行的工作措施的调查报告，其主要内容是为预测、决策、制定政策和处理问题等进行调查并提出具体做法的建议。

（3）按照调查所针对内容的时间性分类

①历史情况型调查报告。以历史情况为对象进行调查，可以为人们了解某一事物或问题的历史资料和历史真相提供帮助。

②现实情况型调查报告。以正在发生、发展的一些现实事物和问题为调查对象，人们可以通过它了解和认识这些事物和问题的客观情况，并作为其他认识活动的依据或参考。

（二）调查报告的写法

调查报告的内容大体有：标题、导语、概况介绍、资料统计、理性分析、总结和结论或对策、建议，以及所附的材料等。

1. 标题

调查报告的标题有单标题和双标题两类。所谓单标题，就是一个标题。其中又有公文式标题和文章式标题两种。

公文式标题为"事由+文种"构成，如《××省农村中学语文教学情况的调查报告》。

文章式标题，如《××市的校办企业》；或是标明作者通过调查所得到的观点的标题，如《调整教育政策 增加教育投入》。

双标题有一个正题、一个副题。如《为了造福子孙后代——××县封山育林调查报告》。

2. 导语

是调查报告的前言，主要作用是简洁明了地介绍有关调查的情况，或提出全文的引子，为正文写作作好铺垫。常见的导语有：

（1）简介式导语。对调查的课题、对象、时间、地点、方式、经过等作简明的介绍。

（2）概括式导语。对调查报告的内容（包括课题、对象、调查内容、调查结果和分析的结论等）作概括的说明。

（3）交代式导语。即对课题产生的由来作简明的介绍和说明。

3. 正文

正文是调查报告的主体。它对调查得来的事实和有关材料进行叙述，对所作出的分析、综合进行议论，对调查研究的结果和结论进行说明。

正文的结构有不同的框架：

（1）根据逻辑关系安排材料的框架有：纵式结构、横式结构、纵横式结构。这三种结构，以纵横式结构常为采用。

（2）按照内容表达的层次组成的框架有："情况—成果—问题—建议"式结构，多用于反映基本情况的调查报告；"成果—具体做法—经验"式结构，多用于介绍经验的调查报告；"问题—原因—意见或建议"式结构，多用于揭露问题的调查报告；"事件过程—事件性质结论—处理意见"式结构，多用于揭示案件是非的调查报告。

4. 结尾

结尾的内容大多是调查者对问题的看法和建议，这是分析问题和解决问题的必然结果。调查报告的结尾方式主要有补充式、深化式、建议式、激发式等。

5. 落款

调查报告的落款要写明调查者以及完稿时间。如果标题下面已注明调查者，则落款时可省略。

（三）调查报告的写作程序

调查报告写作要经过以下五个程序。

1. 确定主题

主题是调查报告的灵魂，对调查报告写作的成败具有决定性意义。因此，确定主题要注意：报告的主题应与调查主题一致；要根据调查和分析的结果修正主题；主题宜小，且宜集中；要尽量与标题协调一致，避免文题不符。

2. 取舍材料

首先，要选取与主题有关的材料，舍弃与主题无关的材料，使主题集中、鲜明、突出。

其次，要经过鉴别，精选材料，不仅使每一材料都能有用，而且能以一当十。

3. 拟定提纲

这是调查报告构思中的一个关键环节。调查报告的提纲有两种：一种是观点式提纲，即将调查者在调查研究中形成的观点按逻辑关系一一地列写出来。另一种是条目式提纲，即按层次意义表达上的章、节、目，逐一地一条条地写成提纲。也可以将这两种提纲结合起来制作提纲。

4. 起草报告

这是调查报告写作的行文阶段。要根据已经确定的主题、选好的材料和写作提纲，有条不紊地行文。在写作的过程中，要从实际需要出发选用语言、标点符号和表达方法，还要注意灵活地划分段落。

5. 修改报告

报告起草好以后，要认真修改。主要是对报告的主题、材料、结构、语言文字和标点符号进行检查，加以增、删、改、调。在完成这些工作之后，才能定稿向上报送或发表。

例文

关于我市中医药事业发展的调研报告

松原市教育科学文化卫生委员会　××

中医药是中华民族优秀传统文化的瑰宝，是我国医疗卫生服务体系的重要组成部分，在深化医药卫生体制改革、保障人民健康和促进经济社会发展方面发挥了重要作用。为全面了解我市中医药现状，研究解决影响我市中医药事业发展的主要问题，切实推进我市中医药事业的健康、有序、快速发展，2015年9月，随省人大专题调研组对松原市中西医结合医院、前郭县中医药、前郭镇卫生院等地进行实地考察，对全市中医药事业发展情况进行了一次较为深入的专题调研，现将调研情况汇报如下：

一、中医药发展现状

目前，全市县级以上中医药5所，民营中医医院8所；中医门诊部4所、中医诊所204所。在全市87家乡镇卫生院、6家社区卫生服务中心和1079家村卫生室中，中医药基层医疗服务量占总服务量的41%。公立中医院医院总诊疗人次66.1万人次，占全市公立医疗机构总诊疗人次的39%。县二级以上中医院中医病床总数1285张，民营中医院中医病床总数166张，平均每万人口约4.96张，中医病床数占全市病床的31%。全市基本形成了以县中医院为龙头，乡镇卫生院为骨干，村卫生室为网底的中医药服务体系。从总体情况看，近年来，我市中医药事业得到了持续健康发展。

二、主要做法与成效

（一）加强领导，积极落实中医扶持政策

加强对中医药工作的领导，重视中医药事业发展，加大对中医药事业的投入，完善鼓励中医服务的医疗保障优惠政策。将符合条件的中医医疗机构、诊疗服务项目、中药品种纳入城镇基本医疗保险和新农合报销范围，全市各县区新农合中医药的报销比例全部提高5%;强化对65岁以上老年人体质辨识和儿童中医调养的指导,探索开展高血压、糖尿病等慢性中医健康管理工作。截至今年6月底,全市65岁以上老人和0~3岁儿童中医药健康管理目标人群覆盖率分别达到33%和50%;建立县级公立医院改革体系,将全市中医院分批纳入体系中;鼓励民营中医医疗机构发展,进一步简化医疗机构设置审批程序,组织专家为医疗机构规范设置提供前期指导,鼓励名老中医举办中医诊所,鼓励药品零售企业举办坐堂医诊所,为中医特色诊疗搭建平台。

（二）重视基层,创建中医药示范区工程

近年来,全市农村中医事业有了一定的发展,进一步完善了以中医院为龙头、综合医院中医科为依托、乡镇卫生院为枢纽、村级卫生室为网底的中医药服务网络,基层中医药服务能力不断提升。2012年以来,前郭县、乾安县、长岭县、宁江区分别先后通过国家级基层工作先进单位验收。2013年全市评审确定7个中医特色示范乡镇卫生院,9个中医特色示范村卫生室,省乡镇卫生院便民中医馆项目建设完成5家,非建设项目单位自建中医馆13家。2015年在建中医馆14家,在全市乡镇卫生院打造相对独立的中医药综合服务区60家。目前全市100%的社区服务中心、75%的乡镇卫生院、70%的村卫生室能够提供中医服务,在一定程度上满足了群众就近享有便捷有效的中医特色服务需求。

（三）突出优势,有效开展中医特色服务

松原市区内两家中医院都能立足中医办院原则,突出中医文化特色,发挥中医优势,打造中医重点专科,得到了广大群众的认可。松原市中医院的康复科和骨伤科积极引进国内比较先进的康复技术,除了常规的针刺、艾灸、理疗等方法外,将院内制剂与现代康复技术相结合,把现代康复技术引入科室。同时,建立了本地区的康复中心,采取中医针灸与现代医学的康复技术相结合治疗脑卒中后遗症、脑外伤手术后遗症、交通肇事引起的头部和肢体后遗症,取得良好的康复治疗效果,深受广大病患的好评。

本次调研的松原市中西医结合医院成立了"国医堂",充分发挥中医药特色。采用仿古风格装修,体现传统中医药文化,聘请8名知名老中医专家集中在"国医堂"常年坐诊,满足了广大患者中医诊疗需求。积极开展中医药预防保健与临床康复能力项目建设。每年开展中医技术培训、中医健康讲座、义诊等活动,传播中医药健康养生知识,靠中医特色优势发展医院。

三、我市中医药工作发展中存在的问题

（一）中医药事业发展不平衡

一是县区之间存在差距。部分地区有重西医轻中医的现象,在卫生资源配置上未能充分体现"中西医并重"的卫生工作方针。扶余市由于历史上区县划分原因,无中医医院,仅在县人民医院设置中医科。医院为了生存,偏重于西医诊断治疗,从而使中医药优势和特色逐渐萎缩,开设的中医特色专科较少,针灸等具有传统优势的中医诊疗技术没有得到足够重视,为了追求经济效益甚至将中医科撤销,直至2014年才得以恢复,但中医药服务的质量和水平并不能满足病患需求。二是公立中医院和民营中医院发展有一定差距,虽然我市民营中医院各项指标在数量上取得了较快发展,但在服务效率、规模和水平等方面还有待提高。

（二）中医药事业投入经费不足

从全市的情况来看，中医药事业发展势头良好，在经济效益、社会效益等方面取得了快速发展，但有些县级中医机构举步维艰，生存困难，与本市经济发展不相适应，部分地区由于财政紧张，并未将中医药事业经费实行财政预算单列，未设立中医专项经费；中医药在城镇医保报销种类较少、比例低，制约了我市中医药事业的进一步发展。

（三）中医药人才严重缺乏

一是中医药人才成长周期较长，由于没有相应的政策扶持，中医药专业人才的培养和继续教育工作一直得不到妥善解决。二是缺少学科带头人和拔尖人才，基层医疗卫生机构受人事编制政策的限制，中医药专业人员不足，结构不优，基层实用人才进不来、留不住。三是缺乏人才储备。由于普遍存在一般医务人员膨胀，高素质中医药人才缺乏的状况，中医医院都不同程度地出现了既缺人、又进不了人的现象，基本都不愿接受应届中医本科院校毕业生，陷入了一种人才储备和使用上的不正常现象。中医药人员的培养提高和中医药人才储备迫在眉睫。

（四）中医医院中药生产受限

中药制剂是中医医院防治疾病的重要武器，是其核心竞争力的重要组成部分，中药制剂具有价格较低、疗效独特等优点，成为不少患者的最佳选择。前郭县中医院和查干花镇卫生院生产的中医药院内制剂因疗效确切、副作用小深受广大群众欢迎，而现有政策规定限制了中医医院中药制剂的研制和使用，院内制剂报批费用过高，致使中医医院制剂研发积极性不高，一些临床中长期使用、疗效明确的中药配方难以得到推广应用，导致特色中医专科缺乏特色中药的有力支持，抑制了中医专科的良性发展。

四、对我市中医药发展的几点建议

（一）促进中医药事业平衡发展

大力推进体制机制综合改革，切实解决县级医院发展中不平衡、不协调、不可持续问题。合理统筹城乡医疗资源，制定实施县域卫生规划和医疗机构设置规划。进一步明确中西医结合的医疗卫生发展方向，落实向中医倾斜辅助的政策。对中医药事业发展落后的地区，加大投资力度，加大项目支持，切实帮助医院解决发展中的硬件问题，打破不平衡的局面。

（二）加大政策扶持和财政投入

建议市财政逐年加大对中医药的投入，设立中医专项经费，逐步加大对中医药事业的投入。要按照国家深化医药卫生体制改革的要求，落实对公立中医院的投入政策，重点支持公立中医医院基础设施建设、重点学科发展和中医药人才培养，并对农村示范乡镇中医建设等项目给予专项补助。

拓宽和提高中医药在医保、城镇居民医疗保险、新型农村合作医疗等方面的报销范围和支付比例。将中医医院能够开展并经过核准的医疗项目以及新引进的特色专科技术项目，经物价、社会劳动保障部门核准后，纳入报销范围；中药饮片和院内制剂除特殊品种外,都纳入基本药品目录(具体由卫生与社会劳动保障部门商定)。城镇职工基本医疗保险和城镇居民基本医疗保险在费用支付标准上,中医医院高一个档次,新型农村合作医疗起付比例按照市按县、县按乡的标准支付。发挥中医药"简、便、廉、验"的优势,大力提倡用中药(包括用中成药、中药饮片)、针灸、推拿、拔火罐、刮痧、熏洗、穴位注射等中医特色治疗方法。

（三）加强中医人才队伍建设

人才是支撑中医药事业发展的基础,要特别重视强基工作。从我市未来中医药事业发展全局考虑,要加快构建符合我市实际的中医药人才培训机制,打造高水平的人才高地,培育新一代中医药事业带头人,实行正规院校教育与师带徒的双重人才培养模式。研究延长老中医的退休年龄,提高老中医的工资待遇,降低带教标准,扩大带教范围;着力培养中医药的精英,要出台政策,搭建平台,加大中医药人才培养力度。鼓励各中医医院引进专业学科带头人和高学历人才,由用人单位考察后直接聘用,其人员不受编制限制,其工资待遇可以高出本单位职工平均值,并在住房、子女读书等方面提供优厚待遇。

（四）鼓励和扶持中医医院应用和生产中药制剂

政府部门对中医医院中药制剂应给予扶持和鼓励开发,简约申报程序,放宽审批权限,从实际出发,灵活处理中药审批,为中药制剂发展提供新路子,保留和发挥中药传统制剂的优势作用,促使中医特色专科优势得到发扬。各中医医院要加强中药制剂室建设,努力建成符合制剂配制质量管理规范的制剂室。积极研发和使用院内中药制剂。要使全市中医医院均有标准的中药房,有标准的中药制剂室,有规范的中药饮片加工炮制室。

2016 年 8 月 2 日

第七章　信息文体的写作

信息文体以消息为代表。

一、消息

（一）消息的定义

也称消息报道、新闻，以简洁明快的文字，迅速及时地反映现实生活中新近发生的具有意义的事实，是新闻报道中运用最广泛的一种文体。

（二）消息的特点

（1）真实性。即反映的内容必须是真实的。

（2）时效性。指消息产生应有社会效果的时间限度，即在什么时间范围内使新闻生效。包含时新性和时宜性两个层面，时新性指新闻报道应体现及时、迅捷；时宜性则强调发表的时机，要求两者平衡和统一。

（3）准确性。即报道的时间、地点、人物必须与事实相符合。

（三）消息的种类

1. 按内容性质分类

（1）动态消息。是新闻中运用最多的，以叙述为主，报道国内外重大事件和生活中出现的新情况、新变化、新成就、新动向、新风尚。

（2）典型消息。又称经验消息，反映一部门、单位一定时期内的工作成效、典型经验或深刻教训，以指导全局、带动一般，针对性和指导性强。

2. 按内容的丰富程度分类

（1）综合消息。综合反映带全局性的事件、情况、动向、成就、经验和问题的报道。涉及面广、声势和作用大。

（2）简明消息。又称简讯、短讯或快讯，短小、简练。

（四）消息的结构和写法

1. 标题

要用非常简明的语言标出报道的内容、点明其意义，以此来吸引读者，激发读者的阅读兴趣。一般有三种：

（1）多行标题。包括"引题""正题"和"副题"。

引题：在正题之上，又称"肩题""眉题"，主要用来介绍背景、烘托气氛、引出正题，与正题互为补充。

正题：是标题的主体，对消息中最主要的内容和含义作出概括和说明。

副题：在正题之下，又称"辅题""子题"，补充介绍正题提供的事实和思想，点明意义，扩大效果。

（2）双行标题。是"引题""正题""副题"三者之间的适当组合，但正题必须保留。"正题"又称"实题"；"引题""副题"称"虚题"。

（3）单行标题。

2. 导语

一段或一句，是消息的开头。

文学作品的高潮一般放在文章后部或结尾，而消息则把最重要的最先展示在读者面前。

3. 主体

按事实发生的先后时间，或按事物的内在联系、依问题发展的逻辑。

4. 结尾

可进行背景介绍，主要以深化主题为目的，但不可喧宾夺主，要避免口号化、空洞化。

（五）消息的写作要求

（1）时间、地点、人物、事件、原因、结果六要素要齐全。

（2）"倒金字塔"结构要合理。

（3）叙述是主要表达方式。

（4）形式短小精悍。

（六）例文

我国天然林资源连续增长

据新华社北京4月19日电（记者胡璐）国家林业和草原局天然林保护工程管理办公室有关工作人员在19日的新闻通气会上透露：我国天然林资源连续保持恢复性增长，天然林蓄积已从20年前的90.73亿立方米增加到136.71亿立方米。

据介绍，我国天然林保护工程的实施促进了天然林资源连续保持恢复性增长。天然林保护工程一期累计少砍木材2.2亿立方米，森林面积净增1.5亿亩，森林蓄积净增7.25亿立方米，工程二期分步骤停止了天然林商业性采伐，每年减少木材生产约3400万立方米。《人民日报》（2019年04月20日01版）

我国对外承包工程保持快增态势
四月份完成营业额同比增长超四成

本报北京5月19日电（记者龚雯）记者从商务部获悉：年初以来，面对国际金融危机的持续冲击，我国"走出去"战略依然稳步推进，尤其是对外承包工程保持快增态势，新签大项目数量继续增多，技术含量不断提升，成为我国对外经济活动一大亮点。

据最新统计，今年前4月，我国对外承包工程完成营业额179.4亿美元，新签合同额445.5亿美元，分别同比增长36%和59.5%，其中4月份完成营业额55.1亿美元，新签合同额110亿美元，同比各增45%和64.2%。承包工程的大项目持续增加，合同金额在 5000 万美元以上项目 135 个，比上年增加 36 个，合计 367.2 亿美元，占新签合同总额的 82.4%。从行业分布看，新签合同主要集中在石油化工、交通运输、电力、房屋建筑、加工制造等行业。

今年首季，我国对外劳务合作完成营业额 20.1 亿美元，同比增长 10.4%；派出各类劳务人员 7.57 万人，较上年同期增长 0.22 万人。受国际金融危机影响，对外劳务合作在外人数有所减少，但随着对外承包工程快速增长，外输劳务有望保持增势。

为鼓励企业不失时机"走出去"，今年有关部门先后采取了一系列促进措施。商务部发布《境外投资管理办法》，下放境外投资开办企业核准权限，简化核准手续，进一步落实企业投资决策权，该办法于 5 月 1 日起顺利施行。在各部门配合下，现已形成一套对外投资合作管理框架。

据初步统计，××××年我国对外承包工程项目带动了 300 多亿美元的国产设备出口和 20 万人次外派劳务，境外中资企业也实现进出口 1300 亿美元。（《人民日报》2009 年 5 月 20 日）

我国消费增长有所加快

前 4 月下乡家电销售 446 万台

实际使用外资已连续 7 个月下降

本报北京 5 月 15 日电（龚雯、陈云）商务部新闻发言人姚坚今天表示，从最新数据看，当前我国消费增长有所加快。1～4 月累计社会消费品零售总额 38741.2 亿元，同比增长 15%，其中 4 月份当月增幅比上月扩大 0.1 个百分点。分地域看，城市消费品零售额 6329.6 亿元，同比增长 13.9%；县及县以下零售额 3013.6 亿元，增长 16.7%，农村市场消费增长相对较快。分行业看，家具类、化妆品类、汽车类产品增长较快，增速分别达到 22.8%、18.2%、18.5%。

这位发言人认为，目前国家一系列搞活流通、扩大消费的政策措施取得了一定成效。以家电下乡为例，4 月底，家电下乡销售网点备案超过 13.2 万个，覆盖全国所有县乡。1～4 月份，累计销售下乡家电产品 446 万台，销售额 68 亿元。消费对经济的拉动作用明显增强。一季度，消费对 GDP 的拉动作用达 4.3 个百分点。

又电 1～4 月，全国新批设立外商投资企业 6241 家，实际使用外资金额 276.7 亿美元，同比各下降 34.2% 和 21%。4 月份，全国新批设立外企 1687 家，实际使用外资 58.9 亿美元，同比各降 33.6% 和 22.5%。自 2008 年 10 月份以来，我国实际使用外资已连续 7 个月下降。《人民日报》（××××年 5 月 16 日　02 版）

二、简报

（一）简报的概念、特点

1. 简报的概念

简报是党政机关、社会团体、企事业单位编发的一种内部应用文体。

简报的作用是上报、下达、交流情况：

（1）向上汇报工作，反映情况，便于上级领导机关及时掌握情况，指导工作；

（2）向下传递信息，通报情况，交流经验，有利于传达领导意图，推动工作开展；

（3）用于平级单位、部门之间，可以沟通情况，以便相互借鉴学习。

简报不能代替正式公文，简报发放范围有限，具有简短灵活的特点，使用范围广泛。

2. 简报的特点

（1）文体的简要性。表现在三个方面：一是内容简要。一份或一期简报可以选用一篇或多篇文稿，但每篇一般只谈一个问题，并且要求直陈其事，内容集中、凝练。二是语言简约。简报贵简，行文力求精当，讲究惜字如金。三是表达简洁明快。主要运用叙述表达方式，辅之以说明和议论，一般几百字、至多千把字就把情况和问题交代清楚，绝不拖泥带水，滥发议论。

（2）内容的新闻性。简报具有新闻的真实性、新鲜性特点。首先简报的内容必须真实，不允许有丝毫夸张。即使要作有限的分析评论，也应画龙点睛，反映事物的本质规律，不能脱离实际。其次，简报的内容要新鲜。简报的任务是反映情况，传递信息，报告新动态，提供新经验。因此，简报不但选材要新，角度要新，同时还要及时编发，以确保简报内容的新闻性。

（3）格式的规范性。简报不是国家正式行政公文，但却具有公文的格式规范化特点。它除了主体内容外，还有报头、报尾，像正式公文一样，要标注有关制文机关名称、文种名称、秘密等级、发送范围等项内容，还编有期数。

从以上特点可以看出，简报与工作报告、情况通报、新闻报道、经验总结等文体有很多相似之处，但是它们之间却有着本质的不同。

（1）工作报告是上行文，用于向上级机关或者重要会议全面汇报有关工作情况；而简报的行文方向呈多向性，没有单一的主送机关。

（2）情况通报是下行文，其职能主要是告喻、传达，并带有一定指挥性；而简报的主要职能是汇报和交流，虽有一定的导向性，却没有指挥性。

（3）新闻报道的内容广泛，对于新近发生的事实，只要具有新闻价值就可以报道；而简报只反映本系统、本单位、本部门的工作情况、问题，或者和本部门工作有联系的一些信息。

（4）经验总结是在工作进行到某一阶段或者宣告结束后，通过回顾所做的工作进行经验总结，侧重于论理而不强调内容的新闻性；而简报是随机而发，随时随地都可以取材，且不要求内容的系统性和完整性，一点做法，一条经验，一个问题，只要认为有典型意义都可以加以反映，并且反映时，不要求像经验总结那样去论理，只要概括说明情况和做法就可以了。

（二）简报的分类

简报有多种分类方法：

（1）按照性质的不同，简报可以分为综合性简报和专题简报。

综合性简报是综合反映本系统、本单位、本部门当前各项工作情况和动态的简报。

专题简报是专门针对某一情况、某一问题、某一动态编发的简报。前者能够通过面上情况和点上情况对当前工作作全局性鸟瞰；后者能够及时反映新情况、新问题、新动向。

（2）按照内容的不同，简报可以分为工作简报、动态简报、会议简报。

工作简报主要用于反映工作情况。既可以反映本单位贯彻执行党和国家各项方针、政策以及上级指示的情况，也可以反映某阶段或某项工作进展情况；既可以反映工作中出现的新情况、新问题，以及所采取的对策和措施，也可以反映工作中的经验、教训；还可以用来表彰或批评典型的人和事，等等。

动态简报主要用于传播信息、交流情况和反馈信息。它既可以反映党和国家新颁布的政策、法令实施后，在国内外所引起的重大反响，也可以反映本系统、本单位、本部门以外，各个领域有借鉴价值的动态信息；既可以反映社会上当前出现的某种思潮、倾向，也可以反映正在进行的某项活动所暴露出来的苗头，以及社会各方对这项活动的反应，等等。

会议简报是专门反映会议情况的简报。所反映的情况，可以是会议的基本情况，可以是会议着重讨论、研究的问题，也可以是会议讲话和发言要点的摘发，还可以是对与会人员情绪、意见、愿望等的综合报道。

（三）简报的形式

分为三大部分，中间用横线隔开。

1. 报头部分

占首页的1/3。用红色界栏线与报体部分分开。

2. 报体部分

即刊发文稿的部分。

（1）按语

①说明性按语。说明材料来源和编发原因，或特别说明何人要发和发至什么范围。

②提示性按语。指出材料的中心、要点或提纲挈领地介绍其内容。

③批示性按语。对下发单位作出指示，提出具体要求。

④评论性按语。对编发的材料进行评论，表明意见和态度。

（2）标题。

（3）导语。有叙述式、提问式、结论式等，主要是概括文章的主题或主要事实（含时间、地点、人物、事件、原因、后果六要素）。

（4）主体。是对导语的展开和具体化。

（5）结尾。

3. 报尾部分

在简报末页下1/3处用分割线与文稿部分分开，分割线下与之平行的另一横线间内标本期简报的"报、送、发"单位名称，右侧注明本期印数。

（四）简报稿内容及写法

1. 标题

简报稿的标题形式有单行标题和双行标题两种。

单行标题一般近似新闻消息的主标题，用精炼、醒目、生动的文字概括提示最主要的内容。如《西安 900 兆移动通信系统开通投入试运行》《阅卷客观　登分准确　首次统考　成绩揭晓》等。

双行标题类似新闻通讯的主副标题，正标题用来揭示最主要的内容，副标题对正标题作必要的补充、说明或限制。如《改革使企业面貌焕然一新——××厂依靠群众搞开拓经营》等。

有的会议简报或专题简报，在报头的简报名称中已经写明内容，这里可以不再写标题，如《全国档案工作会议简报》。

2. 正文

正文的内容，主要是概述某一工作情况，工作中的某一问题、某一经验、某一信息等。其表示方式以叙述为主，可以夹叙夹议，也可以在顺叙中插叙和补叙。下面重点介绍三种写法：

（1）新闻式。这种写法类似消息的写作，由导语、主体和结尾组成。其中主体用具体的事实概述导语提出的问题，使读者知道事情的来龙去脉，问题的前因后果。结尾部分应该是全文的收束，或是主体内容的引申，文字要及其简练。结尾可以概括全文内容，可以预示事情的发展趋势，也可以提出今后的努力方向。有的简报稿没有结尾段，主体部分结束，全文也就结束。

（2）集纳式。用明确的中心议题，把一组简讯或不同方面的情况贯穿起来，加上标题、前言，或者编者按、编后语等，使之成为一个有机的整体。各部分可以分段表述，也可以列小标题或按序号分述。

（3）转发式。对于一些有借鉴作用的好材料、好经验，可以编发在简报上，以指导、推动本部门的工作。这种简报稿常常在正文前以编者按作必要的导读，说明编发的目的、原因、意义，以期引起重视。

（五）简报的编排

要把握好三个环节：一是搞好组稿；二是做好提示评论；三是注意格式规范。

简报稿的质量是简报质量的保证。编写人除具有较高的政策水平和文字功底外，要具有新闻敏感性，配合中心工作，根据每期选定的中心议题进行组稿。每期简报选用的稿件，应当保证至少有一篇能够深刻反映贯彻执行有关方针政策或上级指示精神的稿件，从而使简报成为一份主旨鲜明、有分量的简报。

简报和报刊一样，有时为了强化稿件主旨、突出编发意图，编者往往需要用编者按、编后语等对稿件作一定说明、提示或点睛式的评论，或对读者起导读、启迪的作用。因此，编者要有较高的政策水平和政治理论修养，才能写出深刻、精当、可读性强的编者按、编后语。

（六）简报报头制作要求

简报名称：上方居中、套红。
期数：按年度期序编排，在简报名称下标明"第×期"。有的还用括号注明总期数。
编发单位：在界栏线上方左边位置写明单位全称。
印发日期：在界栏线上方右边位置写明年月日期。

（七）编写简报应注意的问题

（1）立足于全局、服务于全局，把宏观和微观结合起来组稿、写稿、刊稿。宏观是指党和国家的方针政策、上级指示精神、整个社会的大趋势。微观指一个单位的中心工作。只有将二者结合起来，才能使简报有针对性，导向正确。

（2）简报反映的情况和问题必须经过认真核实，特别是文章的时、地、人、事、因、果六要素要准确，分析、评价要科学、恰如其分。

（3）注意面、点结合，事实材料和数据材料的结合、搭配，相得益彰。

（4）版面要讲究规范、匀称、美观、大方，稿件搭配合理。

例文

××县质监局全面启动"质量月"活动

今年9月是全国第××个"质量月"，县质监局紧紧围绕"建设质量强县，共创完美生活"的活动主题，以"抓发展质量、提生活品质、建质量强县"为主旋律，以"办实事惠民，解难题利企"为重点，认真做好三个方面工作，确保今年的活动办出特色，取得实效。

一是用心推进质量强县战略的实施。立足我县实情，认真履行质监系统的服务职能，努力发挥技术优势，组织企业开展质量强企活动，帮助企业提升质量管理潜力，为其生产经营带给指导性的推荐，不断提高生产水平，提升产品质量。同时，与企业负责人签订质量诚信承诺书，要求其树立职责意识和质量意识，不断完善企业诚信体系建设。

二是加强质量监管，加大执法力度。把强化质量监管作为质量月的重要环节来抓，在中秋节前夕，深入开展月饼、粮油等节庆产品和电梯、气瓶等特种设备的专项整治，确保全县节日期间的"两个安全"。

三是加大宣传力度，营造良好氛围。组织开展质量月宣传咨询活动。活动期间，全局执法人员上大街、入社区、进广场，发放宣传材料，广泛普及质量知识及相关法律法规，为广大群众介绍真假商品识别方法，受理质量投诉举报和咨询，免费带给血压计、电子秤等计量器具检定服务，在全社会营造人人关注质量、重视质量的良好氛围。

第八章　会议讲话类文体的写作

讲话类文体主要包括开幕词、大会工作报告、闭幕词等。

一、大会工作报告

（一）大会工作报告的概念、特点

大会工作报告是指党政机关、社会团体、企事业单位的负责人，在大会上就工作问题所作的全面、系统的讲话文稿。它包括按各级党的代表大会、人民代表大会议程规定向大会所作的汇报性报告，以及传达上级指示、传达重要文件、传达会议精神的传达性报告，和部署工作、动员群众所作的职权性报告等。

大会工作报告具有以下特点：

1. 针对性强

会议都是有中心议题的，讲话都应有针对性。大会工作报告是针对会议中心议题所写的文稿。无论是向人民代表大会汇报本届政府任职期间的工作提请审议，还是向本系统下属单位传达上级指示或有关文件、有关会议精神并部署工作，或者是为开展某项工作、举办某项活动作动员，报告的文稿都要主旨鲜明，以这次会议的中心议题为内容，而不是脱离会议的中心议题去讲另外的、哪怕是有重要意义的问题。

一般来说，大会工作报告的报告人是本系统领导或部门、机关单位负责人；会议的议程可以有多项，但中心议题只能是一个。报告人如果不从中心议题出发报告工作，就无法保证会议中心明确，也就难以达到预期效果。

2. 全面性

有一种看法，以为领导人在会议上就工作问题发表讲话就是工作报告。这是一种误解。

大会工作报告的一个突出特点就是内容的全面性。即它要全面反映该机关所负责或所分管工作的整体状况，而不是像一般讲话那样，针对某方面或某项工作提出一个或几个问题，谈看法，作指示，只要把问题讲深讲透就行。报告人的着眼点应当是工作的全局。

最典型的要数党委工作报告和政府工作报告，它要把本届党委机关、政府机关任期中的各个方面的工作向大会全面报告。即使是传达上级会议精神的工作报告，也要体现内容的全面性。其全面性表现在：一是要全面传达会议精神，不能随意取舍增减；二是传达的同时要讲贯彻执行的要求；三是应当拿出全面贯彻落实会议精神的方法、步骤和措施。

3. 群众性

大会报告所讲的，是报告人代表一级组织对工作的评价或部署安排意见，是领导机构集体意志的反映，而不是个人的即兴发言。所以，无论工作报告是由领导者亲自起草的或者是由文秘人员撰拟的，都必须经过领导班子讨论通过。报告人个人意见不被采纳时，按照民主集中制的原则，应当以集体决定的意见为准，不能在工作报告中发表个人的看法，否则就混淆了大会工作报告与领导个人讲话的界限。

4. 指导性

大会工作报告，包括向代表大会所作的汇报性工作报告，都具有统一思想、统一认识，使与会者明确形势与任务的作用。例如政府工作报告，它所提出的当前与会后的任务与奋斗目标，一经代表大会审议通过，实际上就是下一届政府工作的施政纲领。因此，大会工作报告还具有促进工作进展的指导性特点。

（二）大会工作报告的分类

根据大会议题、内容以及与会人员的不同，大会工作报告可以分为专门性工作报告、传达性工作报告和动员性工作报告。

专门性工作报告是指用以向有关代表大会汇报工作的报告，向本系统、本部门、本单位干部群众汇报工作情况的会议报告。从性质上说，它与《党政公文处理工作条例》中所规定的"报告"文种是一致的，即都是为汇报工作所撰拟。不同的是，公文文种的报告是直接以书面形式上报受文机关，而专门性工作报告是首先用于会议的报告，然后可以在听取与会人员讨论意见的基础上，整理成文，作为公文上报，或者由代表大会通过，作为公文处理。可以说，这里的不同只是使用程序上的不同，还有文种性质的区别。

传达性报告是指用以传达党和国家的方针、政策、法令，上级机关的指示，或者有关会议精神等的报告。它与机关日常工作中宣读上级文件不同，即除了传达有关文件、指示、会议精神外，还应就如何贯彻落实提出具体意见。

动员性报告是指为开展某项工作或举办某项活动，由领导人在动员大会上对干部群众所作的报告。其主旨在于让与会人员明确某项工作或活动的宗旨、目的、意义，以及应当如何去做。

除专门性工作报告外，传达性报告与动员性报告都具有明显的下行文性质，可以提要求，发号召。这与公文中报告文种的性质和使用范围有所不同，是由会议的议题、内容和受体等特定因素决定的，写作文稿时应注意予以区别。

（三）大会工作报告的结构、内容和写法要求

大会工作报告一般由首部和正文两部分组成，各部分的项目内容和写作要求如下。

1. 首部

包括标题、时间和称谓等项目内容。

标题一般由事由和文种两项构成，如《政府工作报告》《在省直机关反腐倡廉动员大会的报告》等。通常在其下注明年月日期。

由于大会工作报告是报告人以第一人称讲的，对听众就有一个称谓的问题。根据与会人员的身份，分别用"各位代表""同志们""公司全体干部职工同志们"等。工

报告会庄重、严肃，不能像社交场合演讲那样称"女士们、先生们"，不需要营造一种轻松、快乐、热情的气氛。

2. 正文

大会工作报告的正文从称谓以下到报告结束为止，包括开头、主体和结尾三部分。不同会议的工作报告，性质、内容各不同，但其正文主体的结构基本上采用逻辑结构形式。在分几个问题或几个部分时，有的用序号，有的加小标题。下面分别谈谈几种工作报告正文的写作。

（1）专门性工作报告。正文开头，概括说明报告的根据和目的。如某市长向该市人代会所作的政府工作报告的开头是："现在，我代表……市人民政府向大会作政府工作报告，请予审议，并请市政协各位委员提出意见。"主体包括两项内容：一是全面总结汇报本届政府任期的工作成绩和存在问题；二是提出今后一个时期的目标、任务和措施。结尾，向大会表明夺取新胜利的决心。

（2）传达性工作报告。正文开头一般先交代来意，简单说明传达的事项，如文件名称或某会议名称，以及召开会议的中心议题。

其主体有两种写法：

一种是传达上级指示或文件精神的工作报告，一般传达原件原文，然后阐述指示或文件精神，提出贯彻落实意见；另一种是传达会议精神的工作报告，其主体包括两项内容：首先，原原本本传达会议精神，其中包括会议的基本情况、宗旨、基本内容等，然后在客观分析本单位工作实际的基础上，提出落实会议精神的意见，包括贯彻落实的具体方法、步骤和措施。

结尾部分可以用于向与会者提出希望和要求。

（3）动员性工作报告。开头先交代会议的宗旨，说明所要进行的工作或活动的目标、任务和规模等。

主体包括两项内容：一是全面、深刻阐述开展某项工作、活动的必要性和重大意义；二是就开展这项工作或活动作出安排部署，其中包括方法、步骤、措施、具体要求。结尾向与会者提出希望，发出号令。

（四）撰写大会工作报告文稿应注意的问题

大会工作报告与书面行文的报告相比较，具有直接与受文者交流的具体特点，因而要写成便于口头宣讲的文稿，要考虑大会报告的语境和用语习惯等特点，不能照搬公文报告的写作模式。

例如正文的开头和结尾部分，公文文种的报告中是不需要的，而大会上所作的报告则要根据会议中心议题和受体即听众，来拟写出得体的有针对性的文字。

再例如主体部分，用语要简洁、通俗，句子不宜过长，讲起来要朗朗上口，如果全是书面用语，甚至有些"八股"味，效果必定不好。因此，撰写大会工作报告文稿，首先要注意从行文角度和行文语气上加以调整，使之既便于讲，也便于听。

其次，大会工作报告一般涉及面广，内容比较多。而听报告与阅读文件不同，阅读文件可以仔细地看，不理解或不清楚的可以反复去看，直至看清弄懂，听报告就不能让报告人反复再讲一遍。这就要求在正文开头先概括说明要讲的中心议题，在主体部分用序号加小标题，使听众容易听，容易记。

另外，篇幅上也要适当控制，不要搞形式主义、党八股，一写报告就是"一形势，二任务，三要求"，把大会工作报告文稿写得拖沓、冗长，内容重复，没有多少新的语言，令与会者厌烦。邓小平针对"会多，话长"的现象讲过："形式主义也是官僚主义。要腾出时间办实事，多做少说。毛泽东不开长会，文章短而精，讲话也很精练。周总理四届人大的报告，毛泽东指定我负责起草，要求不得超过五千字，我完成了任务。五千字，不是也很管用吗？"这是很值得我们认真思索的问题，也是我们起草大会报告文稿时应当切实予以注意的问题。

例文

拥抱新时代　肩负新使命
团结带领三秦青年在追赶超越的伟大实践中书写青春华章
——在共青团陕西省第十三次代表大会上的报告
（2017年12月17日）

×　×

各位代表、同志们：

现在，我代表共青团陕西省第十二届委员会向大会作报告，请审议。

本次大会是在中国特色社会主义进入新时代，全省改革开放和现代化建设进入新时期背景下召开的一次青春盛会，肩负着继往开来的使命，承载着省委对我们的厚望，饱含着我省青年的期待。大会的主题是：高举中国特色社会主义伟大旗帜，以习近平新时代中国特色社会主义思想为指导，团结带领全省团员青年积极投身"五新"战略任务，全面助力脱贫攻坚，为谱写新时代陕西追赶超越发展新篇章贡献青春、智慧和力量。

过去五年的工作回顾

……

各位代表、同志们，五年来，陕西共青团事业的蓬勃发展，是省委和团中央正确领导的结果，是各级党政领导和社会各界关心支持的结果，是历届团省委班子持续奋斗的结果，也是广大团员青年、团干部、青少年工作者不懈努力的结果。在此，我代表共青团陕西省第十二届委员会，向各级党政领导表示崇高的敬意！向有关部门和社会各界表示衷心的感谢！向广大团员青年、团干部和青少年工作者致以诚挚的问候！

在回顾总结成绩的同时，也要清醒地认识到，我们的工作还存在一些差距和不足：思想教育引导效果还需进一步提升，服务青年的工作手段和载体还需进一步创新，深化改革不平衡的问题还需进一步解决等，这些问题我们将在以后的工作中努力加以改进。

新时代面临的新任务：

……

各位代表、同志们，中国特色社会主义进入了新时代，中华民族伟大复兴的光明前景已跃然眼前，三秦大地追赶超越的旋律高亢激昂，三秦青年正在为实现"两个一百年"奋斗目标奋勇拼搏。我们必须适应新形势，立足新起点，把握新要求，创造新业绩，把全省共青团事业不断推向新的高潮。今后五年全省共青团工作的总体思路是：高举中国特色社会主义伟大旗帜，以习近平新时代中国特色社会主义思想为指导，深入学习宣传贯彻党的十九大精神，按照省第十三次党代会和团中央的安排部署，不忘初心、牢记使命、勇挑重担，踊跃投身"五新"战略任务，助力打赢脱贫攻坚战，全面构建陕西共青团"大宣传""大服务""大权益""大公益""大组织"工作体系，团结带领全省广大团员青年为决胜全面小康、加快富民强省、奋力追赶超越贡献青春、智慧和力量！

助力打赢脱贫攻坚战，在决胜全面小康中彰显青春担当。

……

全面构建共青团"大宣传"工作体系，让青少年更有使命感。

……

全面构建共青团"大服务"工作体系，让青少年更有获得感。

……

全面构建共青团"大权益"工作体系，让青少年更有安全感。

……

全面构建共青团"大公益"工作体系，让青少年更有幸福感。

……

全面构建共青团"大组织"工作体系，让青少年更有归属感。

……

各位代表、同志们，伟大的时代召唤着我们，光荣的使命激励着我们，让我们把思想和行动统一到党的十九大精神上来，更加紧密地团结在以习近平同志为核心的党中央周围，按照省第十三次党代会和团中央的各项安排部署，矢志艰苦奋斗，锐意改革创新，团结带领三秦青年助力脱贫攻坚、奋力追赶超越、决胜全面小康，在夺取新时代中国特色社会主义伟大胜利、实现中华民族伟大复兴中国梦的生动实践中书写青春华章！

二、开幕词

（一）开幕词的概念、作用

开幕词是会议讲话的一种，是指党政机关、社会团体、企事业单位的领导人，在大型会议开幕时所做的讲话，旨在阐明会议的指导思想、宗旨、重要意义，向与会者提出开好会议的中心任务和要求。

对于比较隆重的会议来说，致开幕词是奏响序曲，揭开大会帷幕的一种文书。开幕词集中体现大会的指导思想，它以简洁、明快、热情的语言阐述大会的宗旨、性质、目的、任务、议程、要求等，对会议起着重要的指导作用。

（二）开幕词的结构、内容和写法

开幕词由首部、正文和结束语三部分组成，各部分的项目内容与写作要求如下：

1. 首部

包括标题、时间、称谓三项。

（1）标题。一般由事由和文种构成，如《中国共产党第十二次全国人民代表大会开幕词》；有的标题由致词人、事由和文种构成，其形式是《×× 同志在 ×× 会议上的开幕词》；也有的采用复式标题，主标题揭示会议的宗旨、中心内容，副标题与前两种标题的构成形式相同，如《我们的文学应该站在世界的最前列——中国作家协会第四次会员代表大会开幕词》；也有的只写文种《开幕词》。

（2）时间。在标题之下，用括号注明会议开幕日期。

（3）称谓。一般根据会议的性质及与会者的身份确定称谓，如"同志们""各位来宾""运动员同志们"等。

2. 正文

包括开头、主体和结尾三部分，其结构主要为逻辑结构形式。

（1）开头部分。主要内容是宣布会议开幕。会议名称要写全称，以表示严肃、庄重。一般紧接着称谓之后就要宣布大会开幕，如："各位代表，我国人民渴望已久的……会议，现在开幕了！"但有的开幕词还可以对会议的规模及与会者的身份等作以简要介绍，如"参加这次大会的代表有……人，其中有来自……"；有的开幕词还可以对会议的召开及对与会人员表示祝贺。

需要说明的是，开头部分即使一句话，也要单独列为一个自然段，将其与主体部分分开。

（2）主体部分。这是开幕词的核心部分。通常包括三项内容：一是阐述会议的重大意义，通过对以往工作情况的概述总结和对当前形势的分析，说明会议是在什么形势下，为了解决什么问题和达到什么目的召开的；二是会议主要议程和安排；三是为保证会议顺利举行，向与会者提出会议的要求。

以上三层意思，可以根据大会的性质和内容，灵活地、具体地去组织材料，不一定拘泥于上述结构顺序。但要注意，写的时候，应紧紧把握会议的中心议题，不要任意发挥，篇幅不宜太长，语言应当力求简洁概括，对会议各项内容只做原则性交代，点到为止，不要讲得太多、太细。同时注意语气要热情，要富有感染力。

（3）结尾部分。提出会议任务、要求和希望。如果在主体部分已经讲明了这个意思，这里就可以不要结尾段，以免重复。

3. 结束语

开幕词的结束语要简短、有力，并要有号召性和鼓动性，以期将大家的热情鼓动起来。写法上常以呼告语另起一段，用"预祝大会圆满成功！"等语作结。

有的开幕词还在最后加上"谢谢大家"，没有必要。实际上这是受了某些演讲会或流行歌曲演唱会的影响，这样一来，反而显得不够严肃。

例文

中国共产党第十二次全国代表大会开幕词
（一九八二年九月一日）

同志们：

中国共产党第十二次全国代表大会现在开幕。

我们这次代表大会的主要议程有三项：（一）审议第十一届中央委员会的报告，确定党为全面开创社会主义现代化建设新局面而奋斗的纲领；（二）审议和通过新的《中国共产党章程》；（三）按照新的党章的规定，选举新的中央委员会、中央顾问委员会和中央纪律检查委员会。

完成这次代表大会的任务，我们党对于社会主义现代化建设的指导思想就会更加明确，党的建设就能够更加适合新的历史时期的需要，党的最高领导层就能够实现新老合作和交替，成为更加朝气蓬勃的战斗指挥部。

回顾党的历史，这次代表大会将是党的第七次全国代表大会以来的一次最重要的会议。

一九四五年在毛泽东同志主持下召开的党的第七次全国代表大会，是建党以后民主革命时期我们党最重要的一次代表大会。那次大会总结了我国民主革命二十多年曲折发展的历史经验，制定了正确的纲领和策略，克服了党内的错误思想，使全党的认识在马克思列宁主义、毛泽东思想的基础上统一起来，达到了全党的空前团结。那次代表大会，为新民主主义革命在全国的胜利奠定了基础。

一九五六年召开的党的第八次全国代表大会，分析了生产资料私有制的社会主义改造基本完成以后的形势，提出了全面开展社会主义建设的任务。八大的路线是正确的。但是，由于当前党对于全面建设社会主义的思想准备不足，八大提出的路线和许多正确意见没有能够在实践中坚持下去。八大以后，我们取得了社会主义建设的许多成就，同时也遭到了严重挫折。

现在这次代表大会和八大时的情况有了很大的不同。正如七大以前，民主革命二十多年的曲折发展，教育全党掌握了我国民主革命的规律一样，八大以后社会主义革命和建设二十多年的曲折发展也深刻地教育了了全党。从十一届三中全会以来，我们党在经济、政治、文化等各方面的工作中恢复了正确的政策，并且研究新情况、新经验，制定了一系列新的正确政策。和八大的时候比较，现在我们党对我国社会主义建设规律的认识深刻多了，经验丰富得多了，贯彻执行我们的正确方针的自觉性和坚定性大大加强了。我们有充分的根据相信，这次代表大会制度的正确的纲领，一定能够全面开创社会主义现代化建设的新局面，使我们党兴旺发达，使我们的社会主义事业兴旺发达，使我们的国家和各民族兴旺发达。

我们的现代化建设，必须中国的实际出发，无论是革命还是建设，都要注意学习和借鉴外国经验。但是，照抄照搬别国经验、别国模式，从来不能得到成功。这方面我们有过不少教训。把马克思主义的普遍真理同我国的具体实际结合起来，走自己的道路，建设有中国特色的社会主义，这就是我们总结长期历史经验得出的基本结论。

中国的事情要按照中国的情况来办，要依靠中国人自己的力量来办。独立自主，自力更生，无论过去、现在和将来，都是我们的立足点。中国人民珍惜同其他国家和人民的友谊和合作，更加珍惜自己经过长期奋斗而得来的独立自主权利。任何外国不要指望中国做他们的附庸，不要指望中国会吞下损害我国利益的苦果。我们坚定不移地实行对外开放政策，在平等互利的基础上积极扩大对外交流。同时，我们保持清醒的头脑，坚决抵制外来腐朽思想的侵蚀，决不允许资产阶级生活方式在我国泛滥。中国人民有自己的民族自尊心和自豪感，以热爱祖国、贡献全部力量建设社会主义祖国为最大光荣，以损害社会主义祖国利益、尊严和荣誉为最大耻辱。

八十年代是我们党和国家历史发展上的重要年代。加紧社会主义现代化建设，争取实现包括台湾在内的祖国统一，反对霸权主义、维护世界和平，是我国人民在八十年代的三大任务。这三大任务中，核心是经济建设，它是解决国际国内问题的基础。今后一个长时期，至少是到本世纪末的近二十年内，我们要抓紧四件工作：进行机构改革和经济体制改革，实现干部队伍的革命化、年轻化、知识化、专业化；建设社会主义精神文明；打击经济领域和其他领域内破坏社会主义的犯罪活动；在认真学习新党章的基础上，整顿党的作风和组织。这是我们坚持社会主义道路，集中力量进行现代化建设的最重要的保证。

我们党现在已经是一个拥有三千九百万党员、领导着全国政权的大党。但在全国人民中，共产党员始终只占少数。我们党提出的各项重大任务，没有一项不是依靠广大人民的艰苦努力来完成的。在这里，我代表我们党，向在社会主义现代化建设中辛勤劳动的全国工人、农民和知识分子，致以崇高的敬意，向保卫祖国安全和社会主义建设的钢铁长城中国人民解放军，致以崇高的敬意。

我国各民主党派在民主革命时期同我们党共同奋斗，在社会主义时期同我们党一道前进、一道经受考验。在今后的建设中，我们党还要同所有的爱国民主党派和爱国民主人士长期合作。在这里，我代表我们党，向各民主党派和无党派的朋友们、表示衷心的感谢。

我们党的事业得到了全世界进步人士和友好国家的支持和援助。在这里，我代表我们党，向他们表示衷心的感谢。

我们一定要兢兢业业地做好自己的工作，加强同全国各族人民的团结，加强同全世界人民的团结，为把我国建设成为现代化的、高度文明、高度民主的社会主义国家，为反对霸权主义，维护世界和平，推进人类进步事业，而努力奋斗。

山东药品食品职业学院第五届田径运动会开幕词

各位运动员、裁判员、工作人员，同学们：

首先，我代表学院党委和全体教职工，向你们表示热烈的祝贺！祝愿运动会取得圆满成功！祝愿运动员们取得优异成绩！

今年以来，我院各项工作捷报频传：上半年，我们成功组织了升建高职五周年庆祝大会，顺利通过了省教育厅组织的人才培养评估回访；下半年，我们又成功举办了学院学科专业建设研讨会。这些都为我院深入落实党委"解放思想，科学发展，上水平，创名牌，办特色院校，培养高素质药品食品人才"工作目标，推动学院各项工作更加适应高校办学要求，办学水平、教育质量都迈上新台阶奠定了坚实基础。

当前，我国高等职业教育正处在提升内涵、提高质量的关键发展时期，我院人才培养工作也处在一个提升水平和档次的重要转折时期。在刚刚召开的全国教育工作会议上，胡总书记对高等教育、职业教育的发展作了重要部署，特别是对提高教育质量问题作了深入阐述，给我院人才培养工作指明了努力方向，进一步提高药品食品人才培养的质量和水平，已成为我们落实全国教育工作会议精神的必然选择。

在学院发展的关键时期，召开一次全院师生广泛参与的体育盛会意义深远。它有助于强健师生的体魄，更重要的是能促进同学各方面素质的提高，它能进一步培养同学们的集体主义精神和自强不息、坚忍不拔的意志，使同学们的道德品质、思想作风、精神面貌和校风校纪等都有一个大的改进，为同学们顺利成长为全面发展、适应社会需求、符合中央要求的高素质人才，为学院加快发展、为药品食品事业的健康发展提供智力支持和人才保障。

在比赛即将开始之际，我要向运动员们提两点希望：一是希望运动员们既要掌握扎实的科学文化知识，又要练就强健的体魄，使自己将来能够比较从容地参与激烈的社会竞争，更好地实现自身价值；二是希望运动员们在比赛中秉承更高、更快、更强的体育精神，奋勇拼搏、敢于争先，展示自强不息、勇攀高峰的青春风采，赛出风格、赛出水平，展现出药品食品职业学院学生的风采。

我同时向各位裁判员、工作人员、观众提几点要求：一是请各位裁判员认真负责，公平、公正、准确地对每场比赛予以评判；二是请各位工作人员忠于职守，热情服务，保障安全；三是请观众们团结友爱，文明守纪。希望通过大家的共同努力，把此次运动会开成"文明、热烈、精彩、圆满"的盛会，为推动我院体育运动的发展，促进我院高技能人才素质的全面提高做出新的贡献。

最后，再次祝运动会取得圆满成功！祝愿运动员们取得优异成绩！

三、闭幕词

（一）闭幕词的概念、作用

闭幕词是党政机关、社会团体、企事业单位的领导人在大型会议闭幕时所作的总结性讲话。

闭幕词是大会的尾声，意味着会议即将结束。它要求运用简洁、明快、精当的语言，对大会作出概括性的评价和总结，并向与会者提出贯彻落实大会精神的要求和希望，使与会者充满信心地奔赴各自的工作岗位，为实现大会提出的目标去努力奋斗。

（二）闭幕词的结构、内容和写法

闭幕词由首部、正文和结束语三部分组成。其各部分的项目内容和写作要求如下。

1. 首部

包括标题、时间、称谓三个项目内容。

（1）标题。与开幕词的标题构成形式基本一样，一般由事由和文种构成，如《公司第一届职工代表大会第二次会议闭幕词》；有的只写文种，以"闭幕词"作为标题；也有的由致词人、事由和文种构成，其形式是《××同志在××会议上的闭幕词》；还有的采用复式标题结构形式，由一个主标题和一个副标题组成，主标题用以提示闭幕词的主旨，副标题与前两种标题的构成形式相同。

（2）时间。标题之下，用括号注明会议闭幕的日期。

（3）称谓。一般和开幕词的称谓一致，根据会议性质及与会者的身份来确定称谓，如"同志们""各位代表"等。

2. 正文

（1）开头。一般简要说明"大会在各级领导的关怀下，经过与会人员的共同努力，圆满完成了预定的任务，今天就要闭幕了。"

（2）主体。对大会进行概括总结，通常包括两项内容：一是通过概述大会所完成的任务，肯定会议的成果，对大会作出客观评价。总结、评价时，要注意对会议上与会人员提出的合理化建议和讨论中的正确意见加以肯定，不能笼统地只说会议开得很成功，很鼓舞人心。这样就显得过于空泛。二是提出贯彻落实大会精神的要求和希望。内容不宜过长，也不能走形式，应当抓住重点，使与会者感到所提的要求对贯彻会议精神确有指导意义。

（3）结尾。对保证大会顺利进行的有关单位及服务人员表示感谢。

3. 结束语

用以宣布会议结束，通常只有一句话："现在，我宣布，××大会闭幕。"

闭幕词是对会议的概括总结，是对会议精神的集中和强化，它应该围绕会议的中心议题，从会议全过程的实际情况出发，对会议作出总体的、较高层次的总结和评价，概括出会议所形成的共识和会议精神的实质要义，而不能仅仅历述会议期间都进行了哪些议程，讲一些冠冕堂皇、不痛不痒的话。

对于会议中提出的重要问题或发生的重要情况，无论正确与否，都要作以原则说明，适当表态，不能留下"尾巴"。但要注意，这是指重要的、有关会议中心议题的问题，如属一些正常的争论分歧，则没有必要在闭幕词中说。

另外，闭幕词的篇幅应当短小精悍，语言应当简洁、明快。特别是正文的结尾部分，不仅要有高度的概括性，而且要富于感染力和鼓动性。

例文

××公司首届职工代表大会闭幕词

（20××年10月26日）

李××

尊敬的领导、各位代表、同志们：

经过全体代表的共同努力，公司第一届二次职工（会员）代表大会已经顺利完成各项议程，即将降下帷幕。

在这次代表大会上，代表们认真审议并通过了××总经理所作的《精化抓经营 细化抓管理》的行政工作报告和××主席作的《凝聚职工，团结向上，努力开创公司新局面》的工会工作报告。代表们认为，行政工作报告，客观全面地总结了20××年公司所取得的成绩，也实事求是地指出了存在的问题，提出了任务和要求，明确了"精化抓经营，优化抓线网，细化抓管理，和谐抓凝聚"的工作目标和近期工作重点。职代会工作报告总结了过去一年工会工作取得的成绩，提出了下一阶段的工作思路。代表们认为，行政工作和工会工作报告鼓舞人心，催人奋进。

大会期间，代表们还认真审议通过了20××年《集体协商合同》，并选举了职代会专门工作小组。会议期间，代表们各抒己见，畅所欲言，会议始终充满了民主、团结的浓厚气氛，会议收到了预期的效果，取得了圆满的成功。

本次大会，各代表团均递交了事关企业改革与发展的提案，这些提案反映了职工代表关心企业发展和关心员工的工作责任感和使命感。会后，职代会专门工作小组将会同相关部门，对这些提案进行研究、整改和落实，并将改进措施公布答复。

各位代表，这次会议是一次统一思想、继往开来的大会，大会闭幕后，代表们要认真贯彻落实会议精神，抓住机遇，务实创新，开拓进取，和衷共济、凝聚团队的力量，勇于面对新的挑战和竞争，脚踏实地地做好本职工作，为全面完成会议确定的各项工作任务而努力。

现在我宣布：公司第一届职工代表大会第二次会议胜利闭幕！

第九章　财经文体的写作

常用的财经文书主要包括经济合同与招、投标书。

一、经济合同

（一）经济合同的概念、特征及分类

合同所规范的是一种平等的民事法律关系。

法律关系的种类，主要包括刑事法律关系、行政法律关系、民事法律关系等，民事法律关系很多涉及平等法律关系主体之间以合同来规范的权利义务。

法律关系主体并非都能任意处置自己的权利，能否处置要看法律关系的主体即自然人、法人的行为能力情况。单就自然人而言，其中无行为能力人不能签订合同，限制行为能力人需通过其监护人签订合同，处分其权利义务关系。只有完全行为能力人才可以通过签订合同来处分其权利义务关系。

1999年3月15日通过的《中华人民共和国合同法》规定了合同的定义：平等主体（自然人、法人或其他组织）之间设立、变更、终止民事权利义务关系的协议。

合同作为一种法律制度，是商品生产和商品交换发展到一定历史阶段的产物，是商品经济关系在法律上的表现。

经济合同是合同的一类，也是最重要、最常见的合同形式。根据我国《经济合同法》规定，经济合同是平等民事主体的法人、其他经济组织、个体工商户、农村承包经营户相互之间，为实现一定经济目的，明确相互权利义务关系而订立的合同。它除具有一般合同的基本法律特征外，还具有自身特点，比如它体现一定的经济目的，这是经济合同区别于其他合同的重要特征。

经济合同主要反映当事人之间追求的各自的经济利益。它除了满足人们日常生活和工作的需要外，更重要的是保证社会商品生产和流通的正常进行，实现一定的经济效益。这是由经济合同的性质所决定的。

另外，经济合同是双务有偿合同，经济合同法律关系具有平等互利、等价有偿的性质。当事人依照合同享有一定的权利，同时也必须履行相关的义务。各方都是权利人，同时又都是义务承担者。双方的权利、义务对等，互为补偿。

经济合同通常有口头形式和书面形式两种，除即时清结者外，都应当采用书面形式。书面形式的经济合同有条文式的、表格式的、条文与表格结合式的三种。

经济合同名目繁多，因角度不同、标准不同而有不同的划分方法：按照经济合同签订的依据分，有计划经济合同与非计划合同。按照参与订立经济合同的主体来分，有双边经济合同与多边经济合同。以经济合同的标的物分，有购销合同、劳动合同、运输合

同以及其他经济合同等。从时间上分,有长期经济合同、年度经济合同、短期经济合同等。按经济合同成立的方式分,可分为诺成合同与实践合同。按照合同签订的方式分,有指定签订合同、直接签订合同和会议签订合同。

与上述几种分法不同的是,我国《经济合同法》根据合同的内容和业务范围把经济生活中常用的合同分为10类:即购销合同,建筑工程承包合同,加工承揽合同,货物运输合同,供、用电合同,仓储保险合同,财产租赁合同,借款合同,财产保险合同以及其他经济合同。

(二)经济合同的结构、内容和写作要求

经济合同无论是条文式、表格式还是条文与表格结合式,都由首部、正文和尾部三个部分组成。

1. 首部

包括三个项目内容。

(1)标题。即合同的名称。一般有两种构成方式。一种是按经济合同的分类标明合同的性质,如"借款合同""财产租赁合同";另一种是在"合同"前面加上标的名称或经营业务范围,如"苹果购销合同""建筑安装工程承包合同"。

(2)当事人名称。合同当事人是法人的写明其单位全称、法定代表人姓名和代理人姓名;当事人是非法人的其他经济组织以及个体工商户、农村承包经营户的,写明名称全称及负责人、代理人姓名。

为了行文方便,合同中的当事人名称可以简称为"甲方""乙方""供方""需方""买方""卖方""发包方""承包方"等。

(3)订立合同的目的或依据。可以简明地写为:"为了×××(目的),经双方平等协商,签订本合同",或者写为:"根据国务院发布的《×××条例》的规定,经双方平等协商,特订立此合同"。这项内容属于交代情况的文字,行文力求简约。

2. 正文

这是经济合同的核心部分,也是合同的主要内容,应逐条写明:

(1)基本条款。是指定立合同双方当事人就权利义务经过协商达成协议的条文,我国《经济合同法》第十二条规定:经济合同的基本条款包括标的,数量和质量,价款或酬金,履行的期限、地点和方式,违约责任等项。

①标的。是指当事人权利和义务共同指向的对象,也是当事人所要达到的经济目的。例如借贷合同中一定金额的货币,科技合同中的科研成果,建筑工程承包合同中的工程项目,等等。经济合同没有标的,就失去了订立的意义;标的不明确、不具体,合同就无法履行。

②数量和质量。经济合同的数量和质量是标的具体化。数量是衡量经济合同标的多少的尺度,质量是检验经济合同标的内在素质和外观形态优劣的标志。数量和质量直接决定着当事人双方权利和义务的大小幅度,一定要写得明确、详细、具体。

③价款或酬金。这是取得产品或接受劳务的一方当事人以货币方式针对合同标的所

支付的代价。它是商品价值的货币形式,反映了商品等价交换的经济规律。

按照《经济合同法》规定,产品的价格,除国家规定必须执行国家的定价外,由当事人协商议定。执行国家定价的,在合同规定的交付期内,国家价格调整时,按交付时的价格计价。逾期交货的,遇价格上涨时,按原价格执行;价格下降时,按新价格执行。逾期提货或者逾期付款的,遇价格上涨时,按新价格执行;价格下降时,按原价格执行。执行浮动价、议价的,按合同规定的价格执行。

④履行的期限、地点和方式。合同的期限有履行期限、有效期限和无限期限之分。履行期限是指当事人履行义务的时间界限,它是检验当事人是履行还是拖延履行义务的标准。有效期限是指合同具有法律效力的时间。过期则是无效期限,合同自然成为无效合同。经济合同中的履行期限和有限期限必须规定得明确、具体,不可用模糊词语表述。

合同的履行地点是指当事人交付、提取标的物的地方。一般要根据标的性质和状况,由当事人双方约定。

履行方式是指当事人履行义务的方式。不同的经济合同有不同的经济目的,对履行的方式要求也不同。例如是一次履行还是分期履行,是送货还是提货,送货是代办托运还是自派车送,等等,都要规定得明确具体。

⑤违约责任。是指当事人任何一方不能履行或不能完全履行合同规定的义务所应承担的经济责任。这是一种经济制裁手段,也是处理经济合同纠纷、分清违约责任的依据。它对于维护经济合同当事人的合法权益,维护经济合同的法律效力具有重要意义。承担违约责任的形式有偿付违约金、赔偿金、无偿修理、酌减报酬等。

此外,根据法律规定的或按经济合同性质必须具备的条款,以及当事人一方要求必须规定的条款,也是经济合同的主要条款。

(2)合同的有效期限。

(3)合同正本、副本的份数及执存事项。

(4)合同附件。包括表格、图纸、资料、计划、实样等,应注明件数。这部分内容必须全面周密,明确具体,各条款之间切忌重复相互矛盾。

3.尾部

应写明以下项目。

(1)署名

①分别写明各当事人的名称、地址,由其法定代表人签名。如果合同是委托代理人签订的,由受委托代理人签名。

②写明业务联系人姓名和联系电话号码。

③加盖单位印章。如果是由主管部门审批或鉴证的经济合同,应由审批、鉴证机关签名盖章。

(2)写明签订合同的日期。

(3)注明各自的开户银行及账号。

（三）撰拟经济合同应注意的问题

经济合同写作中必须注意以下问题：

（1）合同的内容必须明确、具体、全面，尤其是基本条款，每个细节都必须写得明确无误，不得含糊笼统；

（2）合同的用语要准确，书写要规范，标点符号使用要正确；

（3）合同术语使用要合乎专业规范。特殊标的物如医药、化工原料、试剂等应写明用途，以免出现差错。譬如工业用碱与食用碱、工业用毛油与食用油就必须分清楚，不得混淆。

例文

药品购销合同（范本）

甲方（购方）：

乙方（供方）：

甲乙双方本着平等互利、共同发展的原则，按照《中华人民共和国合同法》及有关规定，为明确双方在药品采购过程中的权利与义务关系，经双方协商一致，签订本合同：

一、药品采购种类

药品名称	单位	产地	规格	数量	含税价	金额

二、供应商类别

□生产厂家□代理商□批发商□其他

三、采购方式

甲方根据销售情况进行药品采购，甲方以"采购订单"的形式向乙方订货，乙方应按甲乙双方确认的"采购订单"交货，如有不符，甲方有权拒收。"采购订单"是本合同的组成部分。

四、价格及包装约定

1.乙方提供的药品包装、说明书、标签、标志均应符合国家的有关规定（如：广告法、国家药品监督管理局的有关规定等），所供药品包装必须完好无损，符合货物运输部门的规定要求和甲方在"采购订单"中的具体要求。药品必须有注册商标。

2.在合作期间，如乙方药品价格或包装变更，应提前___天书面通知甲方。否则甲方有权拒绝接受该项价格或包装变更的请求。包装变更，必须提供新包装样品并负责原包装的更换。

五、质量要求和责任归属

1.乙方须提供以下相关有效文件的复印件，并加盖乙方公章（红章），保证其真实性：

□营业执照

☐税务登记证
☐药品生产/经营许可证☐进口注册证书和文件☐药品批准文件
☐卫生检验证书☐产品质量标准
☐产品合格检验报告
☐产品鉴定书
☐质量认证证书
☐报价表
☐法人授权委托书
☐组织机构代码证
☐相关印章
☐随货同行单（票）样式
☐质量保证协议
☐质量体系调查表（合格供货方档案）
☐其他

2. 所供药品应符合政府法定的质量标准和安全标准，标准号为：（☐中国药典☐NMPA 颁药品标准☐进口国药品标准）☐其他

3. 所供药品如果本身存在质量缺陷，或者在有效期内变质，在正常的运输、储存、交易、使用过程中，有危害身体健康者，或造成甲方损失，其责任由乙方承担。

4. 实行有效期规定的药品，要求其规定有效期不得少于__个月，药品距出厂（生产）日期不得大于__个月。尚未实行有效期规定的药品出厂（生产）日期不得大于__个月。

5. 每一批药品均应提供合格的检验报告。每个不同批号的进口药品必须提供合格的进口药检报告。

6. 药品如因质量问题或滞销等原因，甲方要求退/换的，乙方应积极配合，办理退/换手续。如果甲方发出的退/换通知在30日之内乙方仍未作出任何回应，甲方将视其为放弃权利，甲方有权自行处理该批药品，并有权扣除该部分药品的货款。

六、结算、支付款方式

1. 甲乙双方同意的结算方式
☐货到付款☐实销月结☐隔批结☐月结天付款☐货到天付款☐现金

2. 乙方凭甲方出具的电脑入库验收单和增值税发票，到甲方办理货款支付手续。

3. 甲方以☐支票☐电汇☐汇票☐现金形式支付给乙方货款。乙方单位名称应与收款单位完全一致，否则，甲方有权拒付款。

4. 如乙方要求支付现金，应由乙方单位开出证明，注明收款人的姓名、性别、身份证号码，以及申明由此造成的经济损失，甲方概不负责，并加盖公章财务章。

5. 乙方结款前必须缴清各项费用或办清退货手续。

七、费用

1. 业务推广费用：开户/促销费让利或回佣、其他。

2. 运输、装卸费用：药品进入甲方仓库之前的所有运输费用均由乙方承担，如因退换商品所产生的费用亦由乙方承担。

3. 检验费用：例行的政府抽检、按规定的例行药检费用及供检样品由乙方承担；或协商提供甲方每年的仓库损耗和检验费用。

八、订货、交货及验收

1. 乙方在收到甲方采购订单后___天内，或在甲乙双方约定的时间
□将商品送到甲方指定的地点；
□甲方到机场、火车站、汽车站等地自提，提货费用由乙方承担；
□甲方到乙方仓库自提；
□其他。

2. 甲方在收货后，对药品进行验收。如发现药品质量、数量、品种、价格等问题有异议，可在___天内通知乙方，乙方应积极配合解决。

3. 如果乙方不能如期足数供货，又不及时通知甲方，造成的甲方损失，全部由乙方承担。

九、促销及培训

1. 乙方若有统一促销活动计划应提前___天书面通知甲方。

2. 甲方策划的促销活动将提前___天书面通知乙方，乙方应积极响应并参与。

3. 应甲方要求，乙方有责任对甲方员工作产品销售知识的相关培训。

十、试销期

1. 本合同的有效期已包含试销期三个月，试销期以乙方首批送货到甲方仓库第十日开始计算。

2. 试销期结束，如该品种的销售情况符合甲方转入正常销售条件则自动成为甲方正常销售品种；反之，对销售情况不符合甲方正常销售条件的品种，甲方有权单方面采取为减少甲方损失的措施，如停止销售、停止出库、停止采购或者直至有权终止合同。

3. 对于试销期结束后甲方决定退库的品种，乙方予以办理退货手续。

十一、附则

1. 对于本合同所做的任何修改或补充说明只能以书面形式表达并经双方签字盖公章后才能生效。

2. 甲、乙双方对本合同的各项信息均应保密，不得以任何形式向第三方泄露。

3. 本合同签约地为：广西南宁市。如本合同在履行中发生纠纷，双方首先通过友好协商解决；协商不成，任何一方均应向合同签订地所在的人民法院诉讼。

4. 本合同一式两联，甲方保留一联，乙方保留一联，经双方签字盖章后，具有法律效力。

5. 本合同自__年__月__日起开始执行，至__年__月__日止，有效期为一年。合同到期后，如需继续合作，可续签合同。

购方（章）：
单位地址：

法人代表（授权代理人）： 委托代理人：
电话：
传真：
纳税人识别号：
开户行及账号：
日期：

供方（章）：
单位地址：
法人代表（授权代理人）： 委托代理人：
电话：
传真：
纳税人识别号：
开户行及账号：
日期：

 ## 二、医药招投标书

（一）医药招投标书的性质

医药招投标书是在医药工程建设、项目承包、合作经营、技术转让、科技服务、医药产品交易时，招标人公布一定的标准和条件，以招请他人参与竞争，而投标人按照招标要求提出报价或经营设想的竞标申请。

它包括招投标活动的两个方面：一方面是招标方为招揽承包者参与竞争而公布招标书；另一方面是竞标方为战胜竞争对手成为中标人而提交投标书。

招投标是国内外经济活动中广泛采用的一种竞争手段，是竞争机制进入商品交易活动的产物，特别是在重大项目的承包、经营、租赁和科技服务等方面被广泛运用，并取得了很好的效益。同时它也促进了经营企业或单位的改革和管理，增强了活力，提高了市场竞争力和自身的经济效益。

（二）医药招投标书的特点

1. 目的性

医药招投标活动的目的非常明确，招标方招标的目的就是以最少的投资来获得最大的效益，而投标方投标的目的就是为招标单位提供最佳的评标定标的依据，以战胜其他投标者而成为中标人。

2. 明确性

招标书是投标的基础和条件，投标书又是评标定标的依据，因此，医药招投标书的内容必须具体明确，如果内容不明确，也就无从投标和定标，招投标活动就无法进行，招投标的目的也就不能实现。

3. 严肃性

医药招投标是一项严肃的经济活动，国家为此颁布了一系列的政策和法规，重大的招投标必须经有关部门的严格审查和批准。而且它也受到国家的法律保护，具有一定的约束力。无论是招标方公布招标书，还是投标方提交投标书，都必须严格按照国家的政策法规，严肃进行招投标活动。

（三）医药招投标书的种类

医药招投标书按照不同的标准有不同的分类，一般情况下，按医药招投标项目来划分，主要有以下几种：

（1）医药建筑工程招投标书。
（2）医药产品交易招投标书。
（3）医药经营承包招投标书。
（4）医药技术项目招投标书。
（5）医药劳动服务招投标书。
（6）医药企业租赁招投标书。

（四）招投标书的格式和写法

医药招投标书的结构一般由标题、正文、落款三部分组成。

1. 标题

医药招投标书的标题一般由招投标单位名称、招投标项目或内容、文种等组成，如《××医药公司药品采购招标公告》《承建××药业有限公司GMP厂房投标书》；有的标题简要直接，如《招标公告》《投标书》等。

2. 正文

医药招投标书的正文一般包括前言、主体和结尾三部分。

（1）前言。简单的招投标书也可省去前言，前言主要写明医药招投标的目的、项目名称及招标的对象范围、投标的意愿承诺。前言部分应开宗明义、提纲挈领。

（2）主体。这是医药招投标书的核心内容。医药招投标书主体部分的内容主要有：招标内容、条件、要求及有关事项，包括招标范围、方式、时限、地点、投标与开标的时间等。

如医药工程项目招标应说明工程地址、工程概况、工程总量、承包方式、竣工期限；医药产品交易招标应写清产品名称、数量和质量、规格和品种；医药企业承包经营招标应明确招标范围和程序、企业基本情况、中标标准、承包期限、承包内容、完成指标、权责和收入等。医药投标书主要包括拟定确切的标的、阐明自己的设想、提出具体的措施、说明自身的实力等。如医药工程项目投标应说明工程总造价和各项费用标价、工程达到的质量、开工和竣工日期、施工技术措施、工程进度安排等；医药产品交易投标应写清医药产品品种名称、产品总报价和分项报价、组织生产产品的措施、产品规格、型号和质量，交货的时间、地点和方式等；医药企业承包经营投标应提出经营管理方案、达到的经济技术指标，实现的依据、步骤和措施，个人学历和简历、业务经验和能力、相关证明材料等。

（3）结尾。医药招投标书的结尾主要写明招投标单位名称、地址、电话号码、电报挂号、邮政编码、联系人等。有授权的，则应一并写明授权代表人姓名、单位和联系方式，最后写明招投标的日期。

因投标书涉及投标人的报价、产品品种、投标人的资质和证明材料，所以在投标书结尾还应有一个附件。

（五）医药招投标书写作的基本要求

1. 医药招投标书的写作要符合国家政策和一般程序

制作招投标书要严格遵守国家的有关政策法规，执行国家颁布的技术规范和质量标准，不能弄虚作假，欺骗对方；同时，要熟悉招投标的基本知识和程序，使招投标活动能够正常有序地进行。否则容易造成废标即无效标。

2. 医药招投标书的内容要明确具体

招标书是投标书的基础和条件，投标书是评标定标的依据。招投标书是中标后签订合同的基准，因此，招投标书内容陈述一定要明确、具体，特别是涉及指标、报价等数据要准确。语言要简练，语义要单一，不能产生分歧和误解。

3. 招投标之前要调查研究

在编制招投标书之前，必须进行深入的市场调研，掌握充分的信息资料，制定公正、合理的数据指标，编制出正确的招、投标方案，以保证自己目标的实现。

例文

毕业生纪念册制作招标启事

一、项目名称

山东药品食品职业学院毕业生纪念册制作；数量：约 2820 本。

二、纪念册基本要求

1. 设计新颖、美观，内容丰富，具有一定的收藏价值。

2. 16 开版面，仿皮质封面、封底；封面设计涵盖学校名称、校徽、毕业生纪念册字样。

3. 内含铜板彩印 4 张 8 面（学院简介、风光页、领导题词、签名页、空白通讯录等），记事本页插图使用学院图片，每本空白通讯录 56 个页码（要求增加页码的册数、价格另行计算）。

4. 价格范围：不多于 15 元 / 本。

5. 可参考我院往年毕业生纪念册样本设计，充分表现学院文化特点和风格。

三、参加竞标条件

1. 营业执照、税务登记证、质量技术监督局颁发的印刷品生产资质证明复印件，投标人身份证复印件，并加盖公章。

2. 提供毕业生纪念册封面、封底和内页用纸样品（有条件的可提供《毕业生纪念册》样品）。

3. 应有五年以上生产制作经验，投标人必须是专业生产企业的法人代表或经营代表。

四、招标程序

1. 报名：竞标单位请在201×年4月25日前到我院威海校区学生工作处报名；招标时间另行确定，届时将至少提前三天通知竞标单位。

2. 为确保招标有序进行，竞标者参与竞标时，须交纳投标信誉保证金人民币（现金）5000.00元（大写：伍仟元），未中标者所交保证金当即退还。中标者在毕业生纪念册验收合格后一并退还，中标不签合同或不完全履行合同者保证金不予退还。

3. 竞标时按抽签顺序对单位和产品情况做简要介绍。

4. 评标：学院组织纪检、审计、监督等部门及班主任、学生代表组成不少于10人的评标小组，按公正、公平、公开的原则进行评标，本着质优价廉的原则确定中标单位。

5. 未中标单位的样品及相关资料于开标结束后当即返还；中标单位的样品及相关资料留存。

6. 中标单位接到中标通知，双方签订《供货合同》。

五、其他

1. 竞标单位参加此次投标即同意本招标书规定的各项条款。

2. 交货时间：201×年6月下旬（具体时间见《供货合同》）。

3. 交货地点：威海、淄博两校区。

六、联系方式

报名地点：山东药品食品职业学院×××处

联系人：×××　电话：0631—571××××

山东药品食品职业学院
201×年×月××日

例文

卫生部部属医疗机构2004年第二次药品集中招标和网上竞价采购投标函
（HQZB-2004-04）

致：北京××医药开发有限公司

在审阅了所有集中招标采购文件后，我方决定按照《卫生部部属医疗机构2004年第二次药品集中招标和网上竞价采购招标文件》的规定参与投标、网上竞价，我方保证所提供的全部报价和其他证明文件的真实性、合法性，并愿赔偿招标代理机构因上述报价和其他证明文件的瑕疵所蒙受的全部经济损失。

如果我方品种中标、竞价成交，我方将按照招标人的要求按时配送或委托配送中标品种，确保购销合同的履行。

我方同意本投标函在招标公告规定的开标日期起90日内有效，并对我方具有约束力。我方投标在投标有效期期满前均有可能中标。

我方承诺，我方同本项目的招标代理机构没有产权关系，不会为达成此项目同招标人进行任何不正当联系，不会在竞争性投标过程中有任何违法违规行为。

在正式合同准备好和签字前，本投标函及贵方的中标通知书、网上竞价成交通知书将构成约束我们双方的合同。我方完全理解贵方不一定要接受最低报价的投标或收到的任何投标。

投标人（盖章）：_____

法定代表人（签字）：_____

出具日期：_____年_____月_____日

投标函附录（略）

第十章　法律事务文书的写作

法律文书又叫司法文书。

一、法律文书的定义

广义的法律文书是指一切涉及法律内容的文书，它包括两方面内容：一是具有普遍约束力的规范性法律文件，具体指各种法律、行政法规、地方性法规及规章等。

二是不具有普遍约束力的非规范性法律文件即狭义的法律文书，是指国家司法机关、律师及律师事务所、仲裁机关、公证机关和案件当事人依法制作的处理各类诉讼案件以及非诉讼案件的具有法律效力或法律意义的非规范性文件的总称。

国家司法机关包括公安机关（含国家安全机关）、人民检察院、人民法院和监狱管理机关。

非规范性法律文件只适用于特定的人和特定的事。

二、法律文书的用途

（1）具体实施法律的重要手段。法律文书是法律关系主体落实法律规定、履行法律义务或保障合法权利的依据。

（2）进行法制宣传的生动教材。法律文书具有惩恶扬善的宣传和警示作用。

（3）有关法律活动的忠实记录。法律文书是法律主体依据法律程序落实法律规定的凭证和记载。

三、法律文书的基本特点

（1）制作的合法性，包括制作主体法定、制作于法有据、正确适用实体法、符合法定程序。

（2）形式的程式性。包括结构固定、用语固定。

（3）内容的法定性。法律文书所涉及的内容必须严格遵循相关法律的规定。

（4）语言的精确性。法律文书涉及法律主体的切身利益，其语言不得模棱两可、含糊其词。

（5）使用的实效性。法律文书一旦生效，其所涉及的法律主体的权利和义务必须马上得到充分保障和全面履行。

四、法律文书的固定结构

分为三部分，各部分的具体内容为：

1. 首部

包括以下内容。

（1）制作机关、文种名称、编号。

（2）当事人基本情况。

（3）案由、审理经过等。

2. 正文

包括：

（1）案情事实。

（2）处理（请求）理由。

（3）处理（请求）意见。

3. 尾部

包括：

（1）交代有关事项。

（2）签署、日期、用印。

（3）附注说明。

五、法律文书的种类

（1）按制作主体的不同，可分为：侦查文书、检察文书、诉讼文书、公证文书、仲裁文书、律师实务文书；

（2）以写作和表达方法的不同，可分为文字叙述式文书、填空式文书、表格式文书和笔录式文书；

（3）按文种的不同，可分为司法报告类文书、司法通知类文书、判决类文书、裁定类文书、决定类文书等。

其中民事诉讼类文书包括：起诉状、反诉书、答辩状、代理词、刑事附带民事起诉书、上诉状、强制执行申请书、财产保全申请书、先予执行申请书、回避申请书、宣告失踪申请书、宣告死亡申请书、支付令申请书、再审申诉书。

婚姻家庭类司法文书包括：婚前财产协议书、离婚协议书、抚养子女协议书、遗赠协议书、遗赠抚养协议书、收养协议书。

公司经营类司法文书包括：各类公司合同、股权转让协议、法律意见书、律师工作报告、各类规章制度、公司章程、规章制度、人事管理办法、劳动管理办法、资产管理办法等。

刑事诉讼类司法文书包括：控告状、刑事自诉状、取保候审申请书、上诉书、再审申诉书。

行政类诉讼类司法文书包括：行政复议申请书、行政诉讼起诉书、行政诉讼答辩书、行政强制执行申请书、行政上诉书、行政再审申诉书。

六、法律文书的写作要求

1. 法律文书写作的原则要求

（1）遵循格式，写全事项。法律文书的标题、主体、结尾均有严格的格式要求；法律事务的当事人、事由及依据、请求事项及求偿时间等均要写全。

（2）主旨鲜明，阐述精当。法律文书所希望达到的目标要明确，相关法律请求要有理有据、表达清楚明白。

（3）叙事清楚，材料真实。法律依据的叙述要思路清晰，依据材料要真实可靠。

（4）依法说理，折服有力。相关当事人的法律诉求必须有明确法律依据，符合法律规定。

（5）说明情况，简洁明晰。事由不在多而在合理合法。

（6）综合表达，叙议为主。要运用多种阐述手法，既说明了情况，又表明了诉求的合法性。

（7）行文章法，因文而异。不同的法律文书有不同的格式要求和阐述重点。

（8）语言精确，朴实庄重。要与法律的严肃性相契合。

2. 法律文书写作的理由要求

（1）列举事实，证据确凿；

（2）分析受理，以法为据；

（3）据案引法，据法论理；

（4）前后照应，通领全文。

3. 法律文书写作的叙事要求

（1）要写清事实的基本要素；

（2）关键情节具体叙述；

（3）因果关系交代清楚；

（4）争执焦点抓准记清；

（5）财物数量记叙确切；

（6）叙述事实平实有序；

（7）材料选择真实典型。

4. 法律文书写作的引证要求

（1）引证法律要有针对性，针对案情引用外延较小，恰恰适合于本案的内容；

（2）引用法律凡有条款项的，应引到条下的款或项；

（3）在不影响文字表述的情况下，尽可能引出法律的条文，但应注意条文文意的完整，不能断章取义；

（4）在有关刑事的法律文书中，应先引用《中华人民共和国刑法》的有关规定，后引用我国人大常委会的有关决定。

5. 法律文书写作的语言要求

（1）表意精确，解释单一；
（2）文字精练，言简意赅；
（3）文风朴实，格调庄重；
（4）语言规范，语句规整；
（5）褒贬恰切，爱憎分明；
（6）语言诸忌，竭力避免。

法律文书忌用方言土语、忌用流氓黑话、忌用脏话。

七、民事诉状的写作

诉状是指各类案件的当事人为了维护自身的合法权益，依法行使诉讼权利，自书或委托他人代书的向司法机关提出指控、答辩或申诉等法律意见的书状。符合法定要求的诉状，有引起诉讼并促使诉讼活动深入发展和最后得以解决诉讼实体问题的重要作用。

1. 民事起诉状

是民事案件的原告为了维护自身的合法权益，向人民法院呈送的指控被告的书状。包括首部、正文和尾部三部分。

（1）首部，包括标题、当事人基本情况。
（2）正文，包括诉讼请求、事实与理由、证据和证据来源、证人姓名和住址。
（3）尾部。包括致送人民法院名称、原告签名、附页和起诉日期。

2. 民事上诉状

民事案件的原被告双方，不服一审的判决或裁定，在法定的上诉期内，向原审法院的上一级法院提出的要求改判的诉状。

3. 辩护词

是指在人民法院在审理刑事案件中，被告人委托的辩护人为维护被告人的合法权益，当庭发表的系统性法庭发言。其核心内容是辩护词的第二部分，即辩护理由、主张。

4. 代理词

民事、行政案件的当事人，刑事案件的被害人以及刑事附带民事案件的原告、被告所委托的诉讼代理人，在法庭审理阶段，为维护其所代表的一方的合法权益，发表的指控、答辩的演说词。它的核心内容是理由部分，因为这是能否充分阐明起诉理由或反驳对方起诉意见的关键内容。

例文

民事起诉状

原告：×××，男，19××年××月××日出生，现住象山县××××号，身份证号码：330225××××××××××

被告：×××，女，19××年××月××日出生，现住象山县××××号，身份证号码：330225××××××××××

诉讼请求：

1. 要求被告×××归还向原告×××三次所借的人民币壹拾贰万元整(120000.00元)。
2. 要求被告×××支付原告×××约定的借款利息。
3. 要求被告×××承担本次诉讼形成的所有诉讼费用。

事实与理由：

被告×××于20××年××月××日，以急需付购房款为由，向原告×××借款人民币伍万元整（50000.00元）。原告×××收到被告×××亲笔所写借条一份。

被告×××又于20××年××月××日，以急需周转资金配货为由，向原告×××借款人民币肆万元整（40000.00元），原告×××收到被告×××亲笔所写借条一份。

被告×××又于20××年××月××日，以急需周转资金付费为由，向原告×××借款人民币叁万元整（30000.00元），原告×××收到被告×××亲笔所写借条一份。

因被告×××的丈夫×××与原告×××既是老亲、又是多年的朋友，所以原告×××对于被告×××的借款行为和信誉深信不疑。三次累计借款给被告×××人民币壹拾贰万元整（120000.00元）。

原告×××与被告×××在借款时口头约定，当原告×××急需要钱的时候，提前十五天告知被告×××，被告×××将按时归还所借的钱款。

原告×××因经营资金紧张及归还他人借款的需要，于20××年××月××日向被告×××提出归还所借的人民币壹拾贰万元整（120000.00元），并支付相应的利息。原告×××与被告×××双方约定20××年××月××日归还。

到期后，原告×××多次要求被告×××按时归还借款。被告×××均以过几天就还甚至说没钱为由，不予归还。严重违背了诚实守信的为人原则。

原告×××为维护自己的合法权益，请求法院支持为盼！

证据和证据来源：

被告人×××亲笔所写的借条三张。

此致

××县人民法院

附：1. 本诉状副本一份
　　2. 还款告知书三份
　　3. 借条复印件三份

原告×××
20××年××月××日

民事起诉状

原告：

名称：_____ 地址：_____ 电话：_____

法定代表人：姓名：_____ 职务：_____

委托代理人：姓名：_____ 性别：_____ 年龄：_____

民族：_____ 职务：_____ 工作单位：_____

住址：_____ 电话：_____

被告：

名称：_____ 地址：_____ 电话：_____

法定代表人：姓名：_____ 职务：_____

诉讼请求：（略）

事实和理由：（略）

此致

××人民法院

原告人：_____（盖章）
法定代表人：_____（签章）
_____年_____月_____日

附：合同副本___份。

本诉状副本___份。

其他证明文件___份。

注：①事实和理由中应写清合同签订的经过、具体内容、纠纷产生的原因、诉讼请求及有关法律、政策依据。

②原告应向法院列举所有可供证明的证据。证人姓名和住所，书证、物证的来源及由谁保管，并向法院提供复印件，以便法院调查。

③本诉状适用于被告为法人或其他组织。

八、其他广义的法律文书的写作

（一）授权委托书

1. 授权委托书的性质

授权委托书是机关、团体、企事业单位和个人，就有关代理事宜由委托人明确告知受委托人，使受委托人有资格以委托人的名义在代理的权限和范围内，进行社会经济事务或法律事务活动的一种证明性文书。

授权委托书往往由于当事人因时间、地点、知识、能力、健康状况等条件限制，不能或不便亲自进行社会经济或法律活动，而委托他人进行代理时需要制作这样的文书。

2. 授权委托书的特点

（1）证明性。授权委托书是一种证明性文书，它是委托人授权给受委托人，使其代表委托人进行社会经济事务或法律事务活动的依据和凭证。

（2）法律性。授权委托书一经公证或交法院，就产生法律效力。受委托人在受委托的权限范围内的行为，具有法律效力。

其后果完全由委托人承担。如果受委托人的行为超出受委托的权限范围，产生的后果应由受委托人自负。

3. 授权委托书的分类

授权委托书一般分为经济事务委托书和法律诉讼委托书两种。

经济事务委托书，是由委托人授权他人代理自己处理一般的经济事务而制作的文书。如代签合同，代购原材料，代为转让专利，代为管理或出售物产等。经济委托书需到公证机关进行公证。

法律事务委托书，是由委托人授权他人代理自己进行经济活动过程中的法律诉讼活动而制作的文书。这种文书需交有关法院以证明代理权限和范围。

4. 授权委托书的格式和写法

（1）标题。可以直接标明"授权委托书"，也可具体标明事务类别，如"药品销售委托书""新药技术转让委托书"等。

法律诉讼授权委托书则有全国统一书写样式。"样式"上印有标题，就不必再写标题。

（2）首部。主要是委托人和受委托人的基本情况，应分别写出姓名、性别、年龄、民族、籍贯、职业、工作单位、住址。

（3）主体。这是授权委托书的核心，必须写明委托的原由，委托的事项及权限。

（4）尾部。在正文右下方委托人、受委托人分别签署姓名和时间。

（5）附项。即指附件材料。授权委托书如有附件材料应在最后写明，包括代管代销物产、代购原材料的一览表、代售房屋还需房屋平面图等。

5. 授权委托书的写作基本要求

（1）严肃认真地写明委托事项与代理权限。因为受委托人在受委托的权限范围内的行为具有法律效力，所产生的法律责任必须由委托人承担，所以，授权代理是一件极为严肃、审慎的事情。

委托人必须对自己所授权的事项、权限范围仔细斟酌，反复推敲，具体明确。这样不至于自己草率从事而招致损失,也不至于受委托人不能很好地开展工作,更避免双方产生纠纷。

(2)语言表达要准确、严密。授权委托书,涉及委托事项、代理权限和范围,这是最重要、最关键的核心内容,书写时必须清楚明白、准确无误。不能因语言表达的含糊不清而产生歧义。

例文

授权委托书

委托单位:××省××药业有限公司

地址:××市××路××号

法人代表:张××,总经理兼厂长

受委托单位:××省医药总公司

地址:××市××路××街××号

法人代表:李××,总经理

因我公司受主客观因素限制,不能在东北开发药品销售市场,故委托××省医药总公司代为销售我公司水飞蓟系列药品(详见附件)。委托代售的具体事宜,以双方的合同为准。

附:委托代销药品清单(略)。

委托单位(章)　　受委托人(章)
法人代表(章)　　法人代表(章)
××××年××月××日　　××××年××月××日

授权委托书

委托人:王××(单位委托需写明单位名称及法定代表人的姓名、职务)

受委托人:姜××,男,××政法学院,法学系教授。

地址:××市××路××号×楼×号　　　电话:526××××-×××× 电传:××××××

现委托姜××在我与郑××损害赔偿一案中,作为我参加诉讼的委托代理人。

委托权限:参加诉讼并提起反诉。

委托人　王××(盖章)
××××年××月××日

(二)法定代表人(或代表人)身份证明书

1. 定义

法定代表人或代表人身份证明书,是法人或其他组织在办理民事法律事务时,向有关单位、部门提供的本单位行政负责人身份证明的填写式文书。

法人单位的行政负责人如局长、社长、院长、所长、厂长、总经理、主任等，称法定代表人。正职空缺由组织决定副职主持工作的，该副职也即法定代表人。但有正职领导的，其副职不能称法定代表人，而只能是该正职即法定代表人的代理人。

非法人的其他组织的行政负责人不是"法定"的，只能称"代表人"而不能误称"法定代表人"。实践中这两种概念往往被混淆，使用时应注意加以区分。

例文

法定代表人身份证明书

×××（姓名），在我行任行长职务，是我行的法定代表人。

特此证明。

附：上述法定代表人

住址：××市××路××号

电话：（×××）×××××××

电传：（×××）×××××××

电报挂号：××××

邮政编码：××××××

中国银行××省分行（公章）

×年×月×日

2. 写作注意事项

尾部要写明法人或非法人组织的全称，在年、月、日上应加盖法人或组织的公章。涉外法律事务用的证明书，还应写明法定代表人的国籍，并经由公证机关公证。这种公务文书不用标注文号和主送单位。

第十一章 礼仪演讲文书的写作

礼仪文书包括人们在社会交往中为融洽或调适相互关系而使用的各类应用文体。

一、贺信（贺电）

（一）贺信（贺电）的性质

是机关、团体、企事业单位或个人向取得重大成绩、作出卓越贡献的有关单位或人员表示祝贺或庆贺的礼仪专用书信。表达祝贺的信函通过无线电传输就称贺电。

（二）贺信（贺电）的特点

1. 喜庆性

贺信（贺电）是表达庆贺、赞扬或祝祷的感情，因此，用语造句都充满着热情，字里行间洋溢着喜庆、热烈。

2. 鼓舞性

重要的贺信（贺电）对广大的受众具有鼓舞和教育性。

3. 多样性

贺信（贺电）可以根据祝贺对象的具体情况使用贴切的文章体裁，可以是应用文的规范式，也可以是诗歌或随笔。

（三）贺信（贺电）的种类

按作者类型分，贺信（贺电）可分为两类：单位贺信（贺电），个人贺信（贺电）。

（四）贺信（贺电）的格式和写法

1. 标题

标题常见的写法有三种：第一种只写"贺信"或"贺电"二字；第二种写由谁发出的贺信（贺电），如"××公司贺信（贺电）"；第三种写谁给谁的贺信（贺电），如"××协会给××公司的贺信（贺电）"。

2. 称谓

顶格书写受文单位名称或个人姓名，后缀职务、职称或"先生""女士"等，祝贺会议则写会议名称。

3. 主体

根据受文对象的不同，正文的内容与措辞有所区别。

（1）祝贺取得成绩的贺信（贺电）。主体要充分肯定和热情颂扬对方所取得的成绩，述评取得成绩的原因及意义，表示向对方学习，或提出希望。

（2）祝贺会议贺信（贺电）。主体侧重说明会议召开的意义和影响。

（3）祝贺领导履新贺信（贺电）。主体侧重祝愿对方在任期内取得新成就，并祝愿双方友谊加强。

4. 结尾

可再次写祝愿、鼓励和希望方面的话，也可不另写结尾。

5. 落款

最后在右下方写祝贺者的单位名称或个人姓名，及年、月、日。

（五）贺信（贺电）写作的基本要求

1. 写明祝贺事由

贺信（贺电）应写清向谁祝贺、祝贺什么、为什么祝贺等。有时还要向被祝贺者提出新的要求和希望，并写上表示祝贺的话。

2. 颂扬恰如其分

贺信（贺电）的内容要真实，评价成绩、颂扬意义要恰如其分；提出希望要求应顾及对方情况、切实可行；表达敬意、学习之心，要由衷恳切不可空喊口号。

3. 用语富有感情

贺信（贺电）的用语要有鲜明的感情色彩，要使人感到温暖和愉快，受到鼓励和教育。

例文

贺　电

××公司：

由贵公司承建的河北省承秦高速公路秦皇岛段程家沟隧道于2012年3月27日上午9时18分胜利贯通，在此，特向你们表示热烈的祝贺，并向所有付出辛勤劳动、努力工作的工程建设者致以崇高敬意和诚挚问候！

程家沟隧道于2010年6月1日开工建设，贵公司项目经理部的领导、工程技术人员以及广大施工人员科学组织，精心施工，战酷暑，斗严寒，不分昼夜，加班加点，克服了地形地质条件复杂、渗水严重等种种困难，历经660个日夜，程家沟隧道双线胜利贯通。

施工中，项目经理部强化安全生产管理，狠抓安全防护措施落实，大力开展"平安工地"建设活动，2011年5月，十一合同被交通运输部提名为首批部级"平安工地"示范项目，为承秦高速公路秦皇岛段工程建设树立了良好形象。

程家沟隧道是河北省承秦高速公路秦皇岛段的控制性工程，程家沟隧道的贯通，为实现2012年按期建成通车的目标奠定了坚实基础。

期望中铁五局一公司十一合同项目经理部全体建设者继续发扬攻坚克难、事争一流的优良作风和精神，进一步加强工程管理，坚持精细化施工，创先争优，奋力拼搏，再创佳绩，圆满完成全部工程建设任务。为把承秦高速公路秦皇岛段建成一条"工程优质，生态环保，景观优美"的和谐之路，为河北省的高速公路建设事业，为促进沿线经济社会发展做出应有的贡献。

××市人民政府
20××年3月28日

贺　信

尊敬的×××公司×××董事长并全体同仁：

欣闻×××药业公司成功改制为×××公司，这是×××发展历程中具有里程碑意义的大喜事。值此×××公司揭牌之际，×××公司董事长兼总经理×××携全体员工向×××公司×××董事长及全体同仁致以最热烈的祝贺！

×××公司诞生于革命战争年代，发展壮大于改革开放的新时代。具有××年革命光荣历史的×××公司秉承"×××，×××"的企业精神，解放思想，更新观念，抢抓机遇，求真务实，开拓进取，创造了一个又一个药业奇迹，为我国医药工业的发展和现代化建设做出了突出的贡献，成为国内医药界学习、尊敬和推崇的楷模。

×××药业有限公司改制为×××公司掀开了企业发展崭新的一页，也标志着×××公司向着现代化、国际化大公司又迈出了更加坚实的一步。我们坚信，在×××董事长及董事会的正确领导下，通过经营层和全体员工的不懈努力，贵公司必将迎来更加辉煌和灿烂的明天！

最后，借×××公司揭牌之际，衷心希望我们同心携手，进一步增进互相间的友谊，不断加强双方的合作，用智慧和双手创造我们更加美好的未来。

衷心祝愿×××公司蒸蒸日上，兴旺发达！衷心祝愿贵公司全体员工身体健康，生活更加美好！

×××公司
××××年××月××日

二、欢迎词、欢送词、答谢词

（一）欢迎词

欢迎词指在迎接宾客的茶会或酒宴上，主人对宾客表示欢迎之意的致词。

欢迎词一般由五部分组成：标题、称呼、正文、结尾、落款。

1. 标题

写在第一行的正中位置，可用"欢迎词"三字作标题，也可概括性地写"×××在欢迎×××会上的讲话（致辞）"。

2. 称呼

在第二行顶格写，一般应写全尊称，有的在名称前加上表示亲切程度的修饰语，如"尊敬的""敬爱的""亲爱的"等。

3. 正文

一般表达四层意思：一是介绍来宾访问的背景情况，对客人的来访表示欢迎、问候或致意；二是客观评价对方的业绩，阐明来访的意义、双方的友谊与合作；三是简单介绍本单位（或本地区、本国）的情况，如果是外宾，则以介绍我国的内外政策为主；四是热情地表示良好的祝愿或希望。

4. 结尾

欢迎词的结尾一般是再一次对来客表示欢迎与祝愿。如"再一次对你们的光临表示热烈欢迎""祝你们的来访取得圆满成功""祝你们访问期间过得愉快"等。

5. 落款

包含署名和日期。

（二）欢送词

在送别的会议或茶会、酒宴上，主人发表表示送别之情的致词称欢送词。欢送词的写法和欢迎词基本相同，只不过正文内容有所区别，对欢送的人或团队应给予肯定和评价，并在此基础上表达欢送、依依惜别之情。如果是友好访问团队，还要表示对再一次的来访的期待，并祝愿一路顺风。

（三）答谢词

答谢词是指在茶会或酒宴上，被欢迎者或被欢送者对别人的帮助或款待表示感谢的致词。首先对主人的热情款待表示感谢，然后表达了自己表达谢意的原因，态度谦恭、礼貌，语言简练，结构完整。

三、邀请函和请柬

邀请函和请柬，均属于对客人发出邀请时使用的专用礼仪信函。在当今社会组织的公共关系活动中，邀请函和请柬的应用非常广泛和频繁，是社会礼仪交际的重要媒介和平台，但二者有差异，写作时不可混淆使用。

1. 内涵性质差异

邀请函，也称邀请信，是各级行政机关、企事业单位、社会团体或个人邀请有关人士前往某地参加某项会议、工作或活动的一种专用书信形式，发出邀请函是为了表示正规和重视。

请柬，也称请帖，是各级行政机关、企事业单位、社会团体或个人在活动、节日和各种喜事中邀请宾客使用的一种简便邀请函件，一般用于社会组织友好交往活动、座谈会、联欢会、派对、联谊会、纪念仪式、婚宴、诞辰和重大庆典等，发送请柬是为了表示庄重、热烈和隆重。

邀请函和请柬在内涵性质上的差异在于：邀请函一般是为具有实质性工作、任务或事项发出的，如学术研讨会、科技成果鉴定会等；而请柬一般是为礼仪性、例行性、娱乐性活动发出的，如上述的"庆典""娱乐""晚会"等。

2. 邀请对象差异

邀请函一般由社会组织出面，邀请对象的范围往往不能确指，而是某个行业或较大的范围，被邀请的人员较多，使用称谓大多为泛指。当被邀请人员较多时，邀请函的称谓可以不确指某人，而是组织，如"各培训机构""各煤矿企业"；当被邀请人员较少时，可以确指"张三李四"，如"尊敬的××老师""××同志"等。

请柬可以由社会组织出面发出，也可由个人发出，邀请对象一般都是上级领导、专家、社会名流、兄弟单位代表、好友亲朋等。请柬的称谓一定要确指，如"尊敬的××教授""敬爱的××总经理"等。

邀请函和请柬在邀请对象上的差异在于：邀请函的邀请对象与主人是宾主关系，而非上下级关系或管理与被管理的关系；而请柬的邀请对象与主人有时存在着上下级关系或管理和被管理的关系。

3. 身份礼仪差异

邀请函和请柬的相同之处在于两者均属于礼仪文书，文首文尾处须使用敬语来表达礼仪，但由于二者在邀请对象身份上的差异，对于邀请对象的礼仪表达存在着相当大的不同。使用敬语有称谓和结束语两处。

邀请函为了表示对被邀请者的尊重，可以使用重要的敬语，也可以使用一般的敬语。在使用称谓敬语时，可以直呼其名，如"尊敬的××女士""××先生""××教授"等。有时，由于邀请函发送对象的不确指性，当向某个行业范围发送邀请时，使用的称谓还可以不用填写姓名，如"各专家组织""各培训机构"等。在结语处，邀请函使用一般敬语或问候语即可，如"此致""专此奉达，并颂秋祺""敬请光临"等。

请柬，既可以表示对被邀请者的尊重，又可以表示邀请者对此事的郑重态度，因此请柬一定要使用重要的敬语，如"尊敬的×××女士/先生""敬爱的×经理""亲爱的×小姐"等。

由于请柬发送对象的确指性，在使用称谓敬语时，一般不能直呼其名，往往采用"敬语＋职务（长辈）"的模式。在请（结）语处，请柬必须使用特殊的典雅敬语，如"致以敬礼""顺致崇高的敬意""恭候莅临""敬请出席""敬请光临指导"等，敬语是请柬的重要标志。

邀请函和请柬在身份礼仪上的差异在于：邀请函的邀请对象与邀请者无上下级关系或管理与被管理的关系，可使用一般性敬语；而请柬的邀请对象与邀请者或是存在着上下级关系或管理和被管理的关系，或是专家、社会名流、友好亲朋等，感情色彩较浓，要使用重要性敬语。

4. 结构要素差异

邀请函往往对事宜的内容、项目、程序、要求、作用、意义做出介绍和说明，结构复杂、篇幅较长。文尾还要附着邀请者的联络方式，且以回执的形式要求被邀请者回复是否接受邀请，文尾处邀请者需要加盖公章表示承担法律意义上的责任。

请柬内容单一、结构简单、篇幅短小，可用三两句话写清活动的内容要素。一般可使用统一购买制作的成品，有时也可自行制作随意化、人性化的精美作品，不要求被邀请者回复是否接受邀请，邀请者不必加盖印章。

邀请函和请柬在结构要素上的最大差异在于：邀请函可用信封通过邮局寄出，或通过电子邮件发送；请柬大多由"里瓤"和"封面"构成，属于折叠并有封面的形式，封面写上"请柬"或"请帖"两字，要求设计美观、装帧精良，可用美术体的文字和烫金，图案色彩装饰以鲜红色的居多，表示喜庆。

5. 语言特征差异

邀请函的文字容量大于请柬。从整体而言，对事宜的内容、项目、程序、要求、作用、意义做出详细的介绍和说明，务必使被邀请者明确其中的意思，达到正常交流交际的效果，最终做到表意周全、敬语有度、语气得体。

请柬的文字容量有限，要十分讲究对文字的推敲。语言务必简洁、庄重、文雅，但切忌堆砌辞藻；语气尽量达到热情和口语化，但切忌俚俗的口语；请语以文言词语为佳，但切忌晦涩难懂。最终做到话语简练、达雅兼备、谦敬得体。

邀请函和请柬在语言特征上的差异在于：由于二者在邀请对象和身份礼仪上的差异，因此，邀请函的语言要准确、明白和平实；而请柬的语言务必简洁、庄重和文雅。

鉴于邀请函和请柬具有上述五种重要的差异，在应用两种礼仪文书时，就应酌情慎重行文，以求"文""意"相匹配，实现社会组织准确无误地传达有关信息，确保社会交际礼仪作用的充分发挥，以最大限度地激发有关组织或个人的兴趣，从而展示自身良好形象和达到预期的理想交际效果。

例文

欢迎参加《××杂志》科研协作理事会（201× ~ 201×）
邀请函

《××杂志》创刊于1985年7月，由国务院办公厅主管、中国行政管理学会主办，是反映我国政府行政管理理论与实践的综合性学术月刊，也是全国中文核心期刊、首批优秀国家社科基金资助学术期刊。被中国人民大学、南京大学、中央财经大学等一批重点院校评为政治类和公共管理类学科权威期刊。杂志发行量大，覆盖面广，杂志机构用户总计5200多个，分布在27个国家和地区，个人读者分布在31个国家和地区。

为更好地办好杂志，发挥杂志资源优势，推动行政管理科学发展，××杂志社吸收借鉴以前六届理事会经验，决定成立科研协作理事会。理事会宗旨是服务理事单位学科建设、学术交流、成果转化，展示传播理事单位形象、扩大理事单位影响力，实现学术界和实务界有效沟通交流，共促学术科研与行政管理改革发展。

在第六届理事会即将结束之际，向关心、支持我刊的理事单位表示衷心的感谢和诚挚的问候。新一届理事会工作将以《××杂志》为载体，积极搭建"咨询参谋服务、学术研究交流、国际经验借鉴"三个平台，以崭新的起点、更高的品质、更强的纽带、更实的服务，为理事单位的专家学者提供更多的学术交流机会，为理事单位与政府实践部门搭建更多合作平台，为理事单位之间的科研合作牵线搭桥，为理事单位的学科建设、科研工作和品牌宣传提供更强有力的支持。

我们诚挚邀请贵单位加入《××杂志》科研协作理事会，以建设政府一流智库为方向，为党和政府科学决策和政府管理创新提供参谋咨询服务；以构建中国特色的行政管理科学体系为目标，不断推出有较高价值的学术研究成果，为提升行政管理科学化、现代化建设水平提供支撑。

××杂志社

《××杂志》第七届理事会秘书处

××××年××月××日

四、主持词

主持词是主持人用于说明活动主旨，引导、推动活动展开，串联和衔接前后内容，总结和概括活动情况的文稿。

1. 撰写主持词的一般要求

（1）认真准备、周密策划。如何说开场白、如何前后串联、如何形成高潮、如何结束，都是主持词的重要内容，要潜心研究，精心创作。要撰写会议或活动主持词，必须提前准备，尽早介入。要了解会议或活动的整体情况，掌握全部内容。如会议或活动的主题、目的、到会领导、参加人员、发言顺序等。

（2）勇于创新，不拘一格。主持词的写作没有固定格式，它的最大特点就是富有个性。不同内容的活动，不同内容的节目，主持词所采用的形式和风格也不相同。庄重、严肃的活动，如会议、新闻、法制等方面的内容，要选择平稳、厚重的主持词；庆典活动、文艺活动、少儿节目要选择欢快、亲切、生动、活泼的主持词；大型联欢活动的主持词要选择亲切感人、激越明快、富有鼓动性的主持词。除会议的主持需要一定的程式，其他活动和节目的主持词应力求新颖的形式，鲜活的语言，反映新的生活内容，表现新的时代主题。写作者要把自己当作观众的朋友，用心去体会、交流，用谈心、聊天的语气，让听众或观众感到亲切自然，产生感情共鸣。

2. 主持词的撰写技巧

（1）开场精彩，制造场景效应。良好的开场白对于确定主题基调、表明宗旨、营造气氛、沟通情感是十分重要的。开场白的方法很多，常见的有：开门见山，直接入题；情景交融，以情入题；委婉曲折，含蓄入题；幽默风趣，以笑入题。

（2）灵活推进，前后衔接，融为一体。

（3）要巧于结尾，留下余韵。

（4）灵活机智，巧于应变。

3. 节目主持的类别

节目主持形式多样，如果按场合分有社会活动、文艺活动和广播电视等几大类。

（1）社会活动包括比赛、演讲、辩论、会议、典礼等。写作主持词要了解活动的宗旨，熟悉活动议程，把握好时间及每个环节的进程，随时注意控制会场气氛。主持词的写作要严肃认真，语言要简洁明快、干净利落，主持人的语言一般使用第三人称语言。

（2）文艺活动包括文艺性演出、各种舞会、晚会、联欢会、产品促销活动等。这种活动比较轻松活泼，主持词的撰写比较灵活。既要有事先拟定的主持词，又要随机应变，幽默风趣，也可以让观众参与，双方互动，创设一种轻松欢快的和谐气氛。

（3）广播电视包括各种综合性、专题性、专业性的板块节目。撰写此类主持词，事先要尽可能多地了解一些专业知识，抓住重点，反映热点、焦点问题，要把握时机，引导人们思考或参与，吸引听众或观众的注意力。主持人往往采用第一人称，语言亲切，娓娓道来，要晓之以理，动之以情。

（4）婚礼主持词。婚礼主持词比较特殊，婚庆典礼活动是以家庭为组织形式的活动，规模大小、风格也不尽相同。这要由婚庆主人的身份、地位、工作、社会交往情况而定。因此，婚礼主持词写作起来也就比较灵活，一般来讲，要热情有趣、活泼生动、幽默诙谐，自始至终都要热情洋溢，要烘托出浓浓的喜庆气氛。

例文

××公司年会主持词

（男）尊敬的各位领导

（女）亲爱的各位来宾

（男）各位朋友

（合）大家晚上好！

（男）在这辞旧岁、迎新春的美好时刻，我们迎来了××公司20××年联欢晚会。

（女）愿新年的炮声带给我们吉祥如意！

（男）我是主持人××。

（女）我是主持人×××。

（女）接下来有请公司领导×总和各部门领导上台为我们祝酒，有请各位领导。

（准备酒杯等开始祝酒，主持人致祝酒词，台下一起举杯）

（男）这杯酒有三个祝愿：一是祝××公司事业兴旺发达，财源广进；

（女）第二个愿望是祝我们远方的父母和亲人身体健康，万事如意；

（男）第三个愿望是祝我们每一位朋友新年行好运，心想事成，步步高升。朋友们，一起干杯。

（干杯完后，领导回到席上）

（男）今晚的晚会分两部分进行，第一部分是吃团年饭；第二部分是文娱表演和抽奖活动，文娱表演和抽奖会在12楼的卡拉ok音乐大厅进行。同时，提醒各位同事，在进入歌舞晚会现场时，记得将您手中的奖券副券投入抽奖箱，这样您才有机会中大奖，祝各位同事们好运。

（女）接下来的时间请各位尽情享用美酒佳肴。谢谢。
（男）谢谢大家。

五、演讲词

演讲稿是演讲者在演讲时所依据的文稿。通常情况下，演讲者演讲都是有准备、有文稿可以遵循参照的。

（一）演讲和写好演讲稿的意义

演讲是为达到某种目的而集中系统的语言表达，是展现一个人口才的最好形式，"是一个人面对群众的谈话"。它的特点是声形合一，感召力强，情景交融。张志公说："演讲是科学、演讲是艺术、演讲是武器。"一个没有口才和演讲能力的人很难适应工作和生活需要。

演讲具有强大的鼓动性，强烈的政治性和社会效应，演讲也是一个人思想水平和各种才华技艺的集中亮相。

（二）演讲稿的结构

演讲稿的基本结构一般由称谓、开头、正文和结尾四个部分构成。

1. 称谓

演讲的对象不同、场合不同称谓也就不同。常见的有"各位领导""各位来宾""女士们、先生们""同志们""朋友们"等，通常在称谓前加上"尊敬的""敬爱的"等词，以示尊重和友好。

2. 开头

这部分是演讲稿的导入部分。写作时要简短、精彩，很快与听众沟通，引人入胜，调动听众的情绪，为后边内容的展开打下基础。

3. 正文

这部分是演讲稿的中心部分。要根据演讲对象、内容的特点加以选择材料，要选取有生命力的例子，要条理分明，层次清晰。语言的运用要把握好节奏，时时抓住听众的情绪，做到张弛有道。

4. 结尾

演讲稿的结尾要力求做到简洁明快。要善于运用感情色彩浓郁的词语或修辞手法，要富于鼓动性，给人留下深刻的印象。

（三）演讲稿的写作要求

演讲稿的写作，既要遵循写作的一般规律，又要掌握自身的写作特点和技巧。

1. 心中装着听众，倾注真情实感

写作演讲稿时要多作换位思考。假如自己是听众，自己最想听的是什么，最不想听的是什么。只有站在听众的角度上，与听众平等相待，了解听众的心理，才有可能写出好的演讲稿。对演讲者来说，听众是上帝，听众的反映是演讲成功与否的试金石。"己所不欲，勿施于人"。不要写假话、空话、套话、大话，弄虚作假，听众不买账，演讲也就成了空对空。

2. 精心安排结构，开头精巧，结尾有力

元代乔梦符说："作乐府亦有法，曰凤头、猪肚、豹尾是也。"演讲稿的写作也是如此。"凤头"比喻新颖精巧，出语不凡，引出正题。"猪肚"比喻正文内容充实，材料丰富，血肉丰满。"豹尾"比喻简短有力，深化主题，引人深思。因此，要做到：

（1）开头精彩，抓住听众。演讲词的开场在形式上要力求新颖、别致、有趣味性；在内容上要有新意，出奇制胜，使人耳目一新；在容量上要意境深远，内涵丰富；在气势上要排山倒海，声高自远。

（2）构思精巧，巧妙切入。

（3）内容丰富，跌宕起伏。

（4）结尾精彩，留有余香。常见的结尾方式有：总结全文式、展示前景式、借用名言式、哲理升华式、风趣幽默式、激励号召式、余味无穷式。

结束语五忌：一忌草草收场，敷衍了事；二忌拖泥带水，画蛇添足；三忌精疲力竭，底气已尽；四忌翻来覆去，冷饭回锅；五忌故作谦虚，言不由衷。

（5）标新立异，见解独到。如果一个演讲者在写作演讲稿时力求创新，那就可以标新立异，别具风采。

3. 理、事、情、景并举，深刻表现主题

"感人心者莫先乎情"，"惟有真情能动人"。富有真情的演讲才具有强烈的鼓动性、感染性。真挚而炽热的感情最容易打动人心，引起共鸣，并促使人行动。要凭借自己的观察力和思考力，从身边发现无处不在的理、事、情、景。一篇演讲稿水平的高低，既取决于作者对主题深刻的理解和把握、语言表达功力，又取决于对写作技巧的掌握和娴熟的运用。虽然对每一篇演讲稿来说在理、事、情、景方面各有侧重，但优秀的演讲稿无一不是理、事、情、景的有机交融。思想的穿透力，事实的震撼力，情性的感染力，物景烘衬力横贯其中，演讲主题才能得到深刻的表现。

4. 短小精悍，妙语连珠

演讲稿最忌讳穿靴戴帽、庞杂冗长、繁文缛节、千篇一律，陈腐之言无异于自欺欺人，绝对不受欢迎。契诃夫说："简洁是才能的姊妹。"短小精悍、内容新颖的演讲总是受人欢迎、印象深刻的。林语堂曾幽默地说："演讲稿如同美女的裙子，越短越好。"短而精，是才情的标尺、成功的要素。写作演讲稿，既要求主题集中、思想凝练，又要求构思用语奇妙、言简意赅。

5. 语言幽默，风趣智慧

幽默是演讲者常用的一种艺术手法。演讲的幽默法，是用诙谐的语言、逗人发笑的"材料"或饶有兴趣的方式来表达演讲内容，抒发演讲者感情的一种艺术手法。莎士比亚曾说过："幽默和风趣是智慧的闪现。"林语堂说："幽默是人类心灵舒展的花朵，它是心灵的放纵或者放纵的心灵。"幽默是一种很高的人生境界,金钱买不来,权势弄不到。幽默在演讲中有相当重要的作用,它所产生的谐趣对听众具有巨大的吸引力和感染力。演讲中运用幽默的方法可以愉悦听众,启迪听众,委婉地表达演讲内容。它多用于即兴、开场、应变、讽刺或批评。

演讲中运用幽默法应注意的事项:

(1)幽默的运用必须服从于演讲的主题,突出演讲的中心。否则就是为幽默而幽默,成了喧宾夺主的单纯笑料。

(2)演讲者如果没有丰富的生活体验和广博的知识,就硬要运用幽默法演讲,其幽默就可能沦为低级趣味的滑稽。

(3)幽默法的运用,还需看场合和演讲的具体情境而定。在庄重悲哀的场合不宜多用幽默的语言,而在喜庆的宴会上发表演讲,则可通篇妙趣横生、诙谐幽默。

例文

植树节,我们期待绿水青山

老师们、同学们:

大家早上好!

我今天演讲的题目是:植树节,我们期待绿水青山。

马上要到3月12日了,那是一个营造绿色环境,期待绿水青山,呼唤人们爱护环境的特别日子——植树节。

我要赞美绿色,因为有了藻类到参天大树,才使荒芜的地球生机勃勃,才有了动物,才有了人类。我要赞美绿色,绿色大自然是人类财富的宝藏,也是人类美感与艺术的源泉。我期待有一天,清澈的河流漫游着鱼群,在清澈的小河里欢快游淌,鸟儿在枝头放声鸣唱,寂静的春天不再寂静。期待有一天,狂暴的洪水不再咆哮,灼人的热浪不再肆虐。期待有一天,每一个山谷都盛开希望之花,每一条小溪都跳着欢乐之舞,所有的荒原都变成绿洲,所有的生命都得到上苍的关爱和人类的善待。

同学们,我国是一个绿化面积很低的国家,不到世界平均水平的一半。但是,我国的木材的砍伐量却是世界第一,森林面积不断减少。所以我们更应该珍惜绿色生命,爱护绿化,从自己做起,从身边做起,我们不仅要节约纸张,少用一次性筷子之外,更要多多植树,绿化祖国。作为一名学生我们还应该做些什么呢?我们能不能为校园栽上一棵小树,给花圃增添一朵鲜花,为草皮浇上一盆清水呢?我们应该为保护校园美丽的环境出一份力气,尽一点责任。在校园中,我们要保护草坪,爱护植被,不要去踩踏它们,我们要热爱周围的一切花草树木,让它们像我们一样生机勃勃地成长,不断改善着地球环境。

我希望同学们能从我做起,从小事做起,从身边做起,从现在做起。做绿化、美化环境的有心人,我坚信,我们的校园将更加美丽,我们的城市也将更加美丽!我们祖国的明天也必将更加美丽!

第十二章 求职竞聘类文书的写作

一、求职书信

（一）求职书信的性质

是求职人为谋求某一职业而向用人单位着重陈述自己的学识、才能和经历，进行自我推销的专用书信。写作求职信的目的是为了打动、说服用人单位，促使用人单位最终录用求职者。

（二）求职书信的特点

1. 针对性

求职书信的针对性体现在三个方面：一是针对用人单位的实际情况；二是针对读信人的心理；三是针对自己的实际情况。

2. 自荐性

毛遂自荐，恰当介绍自己。使用人单位认识自己、了解自己，最终正式录用自己。

3. 竞争性

择人与择业的双向选择机制决定了求职者的行为本身就是一种竞争。自求职者投递求职书信的时刻起，竞争就展开了。

（三）求职书信的种类

按其使用的具体情况，求职书信大致可分为两种。

1. 有明确单位的求职信

有明确单位的求职信是指求职者有确定的求职单位，求职信只是写给该单位，意欲在此单位谋职。

这类求职信，可以根据该单位的用人情况，目的明确地介绍自己的情况，达到用人单位的使用要求。这类求职书信一般叫应聘信。

2. 广泛性的求职信

广泛性的求职信是指求职者无确定的求职单位，求职信是写给所有同类性质的单位。这种求职信只能根据自己的专长和技能，凭借用人单位通常的用人标准来进行写作。这类求职书信一般叫自荐信。

（四）求职书信的格式和写法

1. 标题

一般可命名为：求职信，或应聘信，或自荐信。

2. 称谓

对国有企事业单位的称谓：单位名称或单位的人事处（组织人事部）。

对民营、私营或合资、独资企业的称谓：公司人事部经理或负责人。

也可以笼统地称呼为"尊敬的领导""尊敬的负责人"。

如果知道负责招聘的人员的身份职务、姓氏，可以以职务相称，这时的称呼就是"姓氏＋职务"；也可以以学历相称，如"杨博士""黄硕士"等。

得体的称谓能使招聘主管者无形中对求职者产生一种亲切感，容易拉近招聘主管与求职者的心理距离，使求职者更容易被招聘人员接受。

3. 正文

（1）导言。求职、应聘的缘由，也有的求职信不写导言。

（2）主体。首先简明扼要地介绍自己与应聘职位有关的学历水平、经历、成绩等，令对方从阅读之始就对你产生兴趣。

其次，应说明能胜任职位的各种能力，这是求职信的核心部分。要根据所求职位要求的知识、能力、特长、兴趣爱好等去介绍自己的相关情况。

（3）结尾。结尾一般应表达两个意思：一是希望对方给予答复，并盼望能够得到参加面试的机会；二是表示敬意、祝福，如"顺祝愉快安康""深表谢意""祝贵公司财源广进"等，也可以用"此致"之类的通用词。

例文

求职信

尊敬的领导：

您好！感谢您在百忙之中拨冗阅读我的求职信。

我是××学院20××届××专业应届本科毕业生。今年我即将毕业，十分想到贵单位供职，与贵单位的同事们携手并肩，共扬希望之帆，共创事业辉煌。

在校期间，我学习努力刻苦，不论是基础课，还是专业课，都取得了较好的成绩。大学期间获得20××年度院单项奖学金，英语达到国家六级水平，计算机通过国家一级，并通过了全国普通话测试二级甲等考试。在课余，我还注意不断扩大知识面，辅修了教师职业技能（中学数学教育），熟练掌握了从师的基本技能。自学了计算机基本操作，熟练掌握office 20××办公软件，能熟练运用软件authorware、powerpoint等制作课件，进行多媒体教学。

我还重视自己的能力培养。为提高自己的授课能力，积累教育经验，从大二开始，我在学好各门专业课的同时，还利用课余时间积极参加家教实践活动，为多名初中和小学学生进行数学补习，使他们的数学成绩都有较大程度的提高，得到了学生家长的肯定和好评。

为进一步积累系统的数学教育经验，我到××一中进行了长达两个月的初中数学教育实习工作,在两个月的实习实践。通过自己不断的努力和教学实践,我已具备一名优秀教师的素质,过硬的工作作风,扎实的教学基本功,较强的自学和适应能力,良好的沟通和协调能力,使我对未来的教育工作充满了信心和期望。

十多年的寒窗苦读,现在的我已豪情满怀、信心十足。事业上的成功需要知识、毅力、汗水、机会的完美结合。同样,一个单位的荣誉需要承载她的载体——人的无私奉献。我恳请贵单位给我一个机会,让我有幸成为你们中的一员,我将以百倍的热情和勤奋踏实的工作来回报您的知遇之恩。

我的联系方式:……
期盼能得到您的回音!

××××年×月×日

 二、辞职信

辞职信是辞职者向工作单位辞去职务时写的书信,也叫辞职书或辞呈。辞职信是辞职者在辞去职务时的一个必要法律程序,通常由标题、称谓、正文主体、结语、署名与日期五部分构成。

(一)辞职信的基本格式

1. 标题

在辞职信第一行正中写上辞职信的名称。标题要醒目,字体稍大。

2. 称呼

在标题下一行顶格处写出接受辞职信的单位组织或领导人的名称或姓名称呼,并在称呼后加冒号。

3. 正文主体

正文主体是辞职信的主要部分,正文内容一般包括三部分:首先要写出书信辞职的内容,开门见山让人一看便知。其次叙述递交书信辞职的具体理由。该项内容要求将自己有关辞职的详细情况一一列举出来,但要注意内容的单一性和完整性。最后要写出自己递交辞职信的决心和个人的具体要求,希望领导解决的问题等。

4. 结尾

结尾要写上表示敬意的话"此致敬礼"。"此致敬礼"的两种写法:

第一种:在正文之下另起一行空两格写"此致","敬礼"写在"此致"的下一行,顶格书写。要注意的是,"此致"后边不加任何标点,因为这句话未完。"敬礼"后加惊叹号,以表示祝颂的诚意和强度。

第二种:正文后紧接着写"此致"(其后不加标点),另起行顶格写"敬礼!"

此处"敬礼"的顶格,呼应于起首对收信人的称呼,是古代书信"抬头"传统的延续。古人书信为竖写,行文涉及收信人姓名或称呼,都要把对方的姓名或称呼提到下一行的顶头书写,以示尊重。它的基本做法,为现代书信所吸收。

5. 落款

辞职信的落款要求写上辞职人的姓名及递交辞职信的具体日期。

（二）辞职信的禁忌及要求

（1）不要说上司坏话。如果你认为有必要向管理层反映一下上司的问题，要尽量以委婉的言辞口头提出。

（2）不要满纸抱怨、抨击公司制度。

（3）不要指责同事，尤其忌讳把同事的"罪行"白纸黑字写在辞职信上。

（4）记得写明明确的离职时间，千万不要写"申请"或者"请××批准"。如果写了"申请"、"请批准"之类的话如果领导拖着不批会耗费个人时间。

（5）态度要恳切、措辞要委婉。

（6）讲究含蓄性、简洁性。

（三）辞职信的写作方法

（1）要表达出辞职的心理要求（不一定实话实说），可以写一些客套的句子。如：经过多方面的考虑，我打算辞掉所从事的职位……；或者是：因家中变故，我打算申请辞去我的工作。

（2）说明自己考虑的辞职的时间。如：我考虑在此辞呈递交之后的2～4周内离开公司，这样您将有时间去寻找适合的人选，来填补因我离职而造成的空缺，同时我也能够协助您对新人进行入职培训，使他尽快熟悉工作。

（3）说明您在这个公司里的经验积累，尽可能地去赞扬公司对您的栽培（不论您有多么大的委屈和气愤，都不应该在辞职信里表露）。如：我非常重视我在公司的这段经历，也很荣幸自己成为过公司的一员，我确信我在公司的这段经历和经验，将为我今后的职业发展带来非常大的帮助。

（4）务必亲笔签名，并写好日期。

例文

辞职信

尊敬的××领导：

您好！我怀着复杂的心情写这封辞职信。由于您对我的能力的信任，使我得以加入公司，并且在短短的两年间获得了许多的机遇和挑战。经过这两年在公司从事的××开发和××管理工作，我学到了很多知识、积累了一定的经验。对此我深怀感激！

由于薪金的原因，我不得不向公司提出申请，并希望能于（具体日期）正式离职。

对于由此为公司造成的不便，我深感抱歉。但同时也希望公司能体恤我的个人实际，对我的申请予以考虑并批准为盼。

此致

敬礼!

申请人：××

××××年××月××日

（四）写作辞职信的注意事项

员工提出辞职，一般情况下，是需要向单位递交正式的辞职信的。辞职信作为员工的一种结束与单位之间劳动关系的意思表示具有法律效力，会对劳动关系结束的性质、双方责任的划分产生最有决定性的影响。员工在写辞职信时，需要慎重思考，绝对有必要三思而后行。

1. 要了解辞职权利的性质

员工辞职的权利，共计有三种：其一是与单位协商，这是不需要员工单独拟写辞职信的；其二是员工提前三十日提出辞职，这种辞职的权利是一种预告解除劳动合同的权利，在现实中还是受到一些限制的，而且有可能会承担向单位支付违约金的责任，因此，在行使这种权利时，作为员工，应当深思；其三是即时辞职权利，这种辞职权利，员工是不需要向单位承担任何赔偿或者违约责任的，但是这种辞职需要法定的理由。

2. 要寻找合适的辞职理由

协商解除，只需要双方同意即可，不需要特别的理由；预告解除，只需要提前三十日通知即可，也不需要特别的理由；即时辞职，需要特别的理由，其理由形式主要为单位不依法缴纳社保或者拖欠工资或者不付加班费等诸种情形。

3. 措辞要温和，不可激化矛盾

在具体行文时，不可语气过于生硬，不可因辞职信本身而与单位激化矛盾。但是更不可过于委曲求全，不敢宣告理由而使自己被动。

4. 顺利取得相应的证据

员工对于自己辞职的行为本身、辞职的理由负有举证责任。因此员工在辞职前、辞职时就应当有意识地保留相应的证据。比如领导签过字的辞职申请，自己写的辞职信，单位发的工资条等各种证据。需要切记的是，证据需要是原件。

5. 作好仲裁或者诉讼的心理准备

如果你与单位之间的劳动合同中约定了违约金的话，就要做好单位可能会向你索要违约金的心理准备；如果你的档案存于单位的话，就要做好单位可能会扣留档案的心理准备；如果你的社保关系在单位的话，也要做好单位不给你办转的心理准备。

三、个人简历

（一）个人简历的概念和特点

个人简历是对某个人的生活经历有重点地加以概述的一种应用文书。

个人简历是对一个人生活经历的精要总结，在一定程度上是一个人的整体形象的缩影，因而是现代社会人事档案的一个重要组成部分，也是考察干部、选拔任用人才等必须具备的一份重要资料。

个人简历和求职信同等重要，不能马虎了事。正因为这样，个人简历在写作上讲求真实性、正面性和精炼性。

1. 真实性

是指写简历时一定要客观理性地总结自己的经历，做到真实、准确、不夸大、不缩小、不编造，这样才能取信于人，具有保存的价值。

2. 正面性

是指内容应当是正面性的材料。负面的内容要远离简历。

3. 精炼性

是指个人简历要越短越好，在大多数情况下，一两页就足够了。

（二）个人简历的基本类型

个人简历可以采用第一人称，自己写自己；也可以采用第三人称，为他人而写。个人简历有三种典型的形式：

1. 年代顺序排列型个人简历

用这种形式写简历时，对个人经历、学习或社会实践活动中取得的成就，应按照时间先后顺序排列，重点应强调近几年的情况。它的优点是使最近的简历看上去一目了然，容易看懂，这是普遍采用的形式。

2. 实用型个人简历

这种简历是把个人取得的成就分别列在不同的实践活动名称下，将具体日期写上，把它们作为辅助资料。也就是说，把你认为是最重要的成就排列在前面。这种简历可以掩饰你就业经历不足的劣势，可以针对你最感兴趣的职位目标组织个人经历背景。

3. 目标型个人简历

大多数个人简历着重于过去，目标型简历则着重于未来。在写明具体求职目标（意向）之后，第一项内容的标题应是"能力"，其中列举五至八种你所能做好的事情；也可以列举你认为可以胜任的、与你的求职目标相关的岗位，即使是你过去从未实际做过的也可以。第二项内容的标题应是"成绩与才能"，应该从你过去非职业性的成就中选出具体事例，而且事例最好与"能力"一项遥相呼应。这种简历的优点是可以让你的未来上司去想象，你可能在哪个职位上会取得好成绩，而这些工作你并未做过。

年代顺序排列型和实用型简历也都需说明求职目标，留存的余地较大。目标型简历针对性强。采用何种简历，应视个人的需要和目标，看哪种形式最能表现你的优点和长处。

（三）个人简历的基本内容

以即将毕业的学生为例，一般来讲，个人简历的内容应该包括：本人基本情况、个人履历、学习和工作经历、求职意向、联系方式等基本要素。

（1）本人基本情况部分，包括姓名、年龄（出生年月）、性别、籍贯、民族、学历、学位、政治面貌、学校、专业、身高、毕业时间，等等。一般来说，本人基本情况的介绍越详细越好，但也没有必要画蛇添足，一个内容要素用一两个关键词简明扼要地概括说明一下就够了。

（2）个人履历部分，主要是个人从高中阶段至就业前所获最高学历阶段之间的经历，应该前后年月相接。

（3）本人的学习经历部分，主要列出大学阶段的主修、辅修与选修课科目及成绩，尤其是要体现与你所谋求的职位有关的教育科目、专业知识。不必面面俱到（如果用人单位对你的大学成绩感兴趣，可以提供给他全面的成绩单，而用不着在求职简历中过多描述这些东西），要突出重点，有针对性。使你的学历、知识结构让用人单位感到与其招聘条件相吻合。

（4）本人的工作经历及特长部分，包括做过哪些社会实践工作，有什么建树或经验教训。作为应届毕业生，则是主要突出大学阶段所担任的社会工作、职务，在各种实习机会当中担当的工作。对于参加过工作的研究生，突出自己在原先岗位上的业绩也是非常重要的。

（5）求职意向（也称求职目标）部分，主要表明本人对哪些岗位、行业感兴趣及相关要求。要表明自己应征的职位，说明自己具备哪些资格和技能，想找什么样的工作。

（6）联系方式部分，同封面所要突出的内容一样，一定要清楚地表明怎样才能找到你，区号、电话号码、手机号、e-mail 地址等。

（7）列举证明材料部分，简历的最后一部分一般是列举有关附加性参考材料，附加性材料包括学历证明、获奖证书、专业技术职务证书、专家教授推荐信和所发表的论文著作等。

（四）个人简历写作具体注意事项

1. 标题

可以直接写"简历"二字，也可以在简历之前冠以姓名和称谓。

2. 工作经历

这是最重要的部分。初出校门的大学生，工作经历可以改为社会实践和实习经历，包括在学校/班级所担任的职务、勤工助学、课外活动、义务工作、参加各种团体组织、实习经历和实习单位的评价等。非初出校门的大学生，主要写参加工作之后各阶段的情况，要注意突出主要才能、贡献、成果以及学习、工作、生活中有典型意义的事迹等。这部分内容要写得详细些，通过这些，用人单位可以考察求职者的团队精神、组织协调能力等。

3. 所获得的各种奖励和荣誉

所获得的各种奖励和荣誉这部分包括上学期间、军队服役期间在出版物上发表的论文、发表演讲、社团成员资格、奖励和获得承认的计算机技能、专利权、语言技能、许可证书和资格证书，个人兴趣爱好也可以列上两三项，让用人单位了解求职者的工作、生活情况。

个人简历的写法没有必要千篇一律，要因人而异，要突出个性、富有创意，向用人单位展示自己、达到成功推销自己的目的。

四、竞聘词

随着国家干部人事制度以及机构改革的发展，愈来愈多的人将通过竞选的方式实现自己的人生理想。同时，随着社会竞争的日趋激烈，大中专毕业生的求职和下岗职工的再就业，也都面临着竞职、竞聘的考验。竞聘演讲为广大人才提供了一个充分展示自我、表现自我的舞台，为了获得竞争的胜利，有必要在竞聘词的写作上多花些工夫。

（一）竞聘词的写作格式

与演讲词大致相同，但在写法上要求必须突出自身特点：应聘的条件。这里说的应聘条件，包括个人的主观条件和竞聘者提出的未来的任期目标、施政构想、措施方略等。因此，竞聘词在结构上可以分为以下三个部分：

1. 标题

一是文种标题法，即只标"竞聘词"；二是公文标题法，由竞聘人和文种构成或竞聘职务和文种构成，如"关于竞聘××公司经理的演讲"；三是文章标题法，可以采用单行标题拟制，也可采用正副标题形式，如《明明白白做人 实实在在做事——竞聘学校办公室主任的演讲词》。

2. 称呼

即对评委或听众的称呼。一般用"各位评委"即可。

3. 正文

这是全文的重点和核心，应围绕以下几个方面展开：

开头要开门见山地叙述自己竞聘的职务和竞聘的缘由。应自然真切，干净利落。

主体要先介绍个人简历。简洁地介绍自己的情况：年龄、政治面貌、学历、现任职务等。再摆出自己优于他人的竞聘条件，如政治素质、业务水平、工作能力等。最后提出自己任职后的施政目标、施政构想、施政措施。

结尾要用最简洁的话语表明自己竞聘的决心、信心和请求。

竞聘词中介绍个人简历时要讲求真实性、简要性，突出特殊性；展示工作能力时要突出工作成绩、优化工作思路；提出的施政措施要目标明确、实在；语言上要做到情真意切。

（二）竞聘词的写作注意事项

竞聘词的写作质量不仅取决于竞聘者的文字水平，也是其政治素养、理论水平、业务能力等诸多方面水平的综合反映。因此，除了观点鲜明、内容充实、语言通顺外，还要注意如下问题：

（1）实事求是，明确具体。竞聘者介绍的经历、业绩都必须客观实在。给国家做出什么贡献，给单位创造什么效益，给职工提供什么福利，一定要清楚，不能吞吞吐吐、模棱两可。

　　（2）调查研究，有的放矢。竞聘词是针对某岗位而展开的，因此，写作前必须了解岗位的情况，力争找到解决问题的最佳途径，以便战胜对手。

　　（3）谦虚诚恳，平和礼貌。评审人员及与会者是不会接受狂妄傲慢、目中无人的竞聘者并委以重任的，所以，竞聘词写作上十分讲究语言的分寸，表述既要生动，有风采，打动人心，同时又要谦逊可信，情感真挚。

（三）竞聘词的具体写作技巧

1. 开头要开门夺气

　　《孙子兵法·军事篇》曰："故三军可夺气，将军可夺心，是故朝气锐，昼气惰，暮气归。故善兵者，避其锐气，击其惰归，此治气者也。"

　　竞聘词的一个重要特点，就是要有竞争性，而竞争的实质就是争取听众的支持，鼓舞、壮大己方支持者的队伍，瓦解、分化对方支持者的营垒。做到这点的有效手段之一，就是在演说之初的几分钟内，在气势上争取主动，战胜对方。

2. 主体要突出要项及优势

　　获取竞职演讲成功的关键部分就在主体部分。因此，在这部分的写作上，要突出要项，充分展示竞职者的竞争优势。具体地说，可以从以下几方面努力：

　　一是任期目标。竞聘者提出的任期目标要明确且具体实在，才能使人信服。比如竞聘厂长，对未来的生产规模、产品质量、经济效益、技术水平、职工福利等项目，任务、指标要明确，能量化的要尽量量化，不能量化的要具体化。如果为了争取听众而说大话，开空头支票，哄骗听众，听众是不会买账的。并且，竞聘者所定目标要具有竞争力，还必须注重目标的先进性。

　　二是施政构想。竞聘者写作时可以联系客观实际、体现岗位特点、注重难点问题、适应发展形势来谈施政构想，对未来的岗位工作做统筹安排。重点办哪几件实事，解决哪几个主要问题，特别是职工关注的焦点、难点问题，能在多大程度上解决、能解决多少，竞聘者都应该胸有成竹地提出来。

　　三是措施方略。竞聘者围绕实现未来的任期目标所提的方法、措施，必须切实可行。让人感到踏踏实实，可以操作。同时，思路要新颖独到，使人感到你有创新，有发展，高人一筹。这样，才会有吸引力、号召力。

　　四是个人优势。其内容广泛，包括个人的各种素质、能力、水平。其中常提到的有政治、思想、文化、义务、心理、身体等方面的素质；有管理、公关、组织、协调、表达等方面的能力；有政策、理论水平；有个人资历、工作经验、专业技术，等等。这方面的内容，要根据设置岗位的实际需要，有选择、有针对性地介绍，或在经历上突出优势，或在素质上突出优势，或在构想上突出优势，或在语言技巧上突出优势，等等，宜简不宜繁，内容要充实。

3. 结尾要恳切有力

竞聘词的结尾，犹如乐曲结束时的强音，可以动人心魄，因此，也要认真对待，给听众留下更深更好的印象。它可以卒章显志表真诚，也可以发出号召表真心，可以巧借东风表决心，还可以借景抒情显水平，等等。当然，也可以随要项的说完而结束，不另安一个尾巴。

4. 讲究竞聘技巧

有竞争就有比较，有比较就有等级差距。每个竞聘者都希望自己成为优胜者，打铁需要自身硬，那固然是对的，但是在每个人各有短长的情况下，怎么取胜呢？切记不可贬低别人来抬高自己。具体说来，一是要根据岗位工作的需要，善于扬己之长，用事实表明自己比对手更有特长；二是根据群众的美好愿望，善于体察民心，用事实表明自己比对手更能满足民众的急切需要；三是根据单位现有的条件，善于物尽其用，人尽其才，用比对手略胜一筹的任期目标，提出对手未曾想到的点子，说明自己比对手更有办法。

总之，竞聘者准备竞聘词，要善于扬己之长，用事实说话。切忌吹牛、海夸、华而不实。

例文

财务科科长竞聘词

尊敬的各位领导、评委、同志们：

你们好！

首先感谢局党委给我提供了这次竞争上岗的机会。我叫××，现年32岁，大学本科学历。今天我竞争的岗位是局财务科科长。

本人自1995年参加××工作以来，先后在通讯员、专职教师、主管会计、企业会计、公司会计、五处财务科长、局财务科副科长等岗位上工作，连年被评为先进工作者，特别是从事会计工作以来，能认真学习专业知识、法律知识、财经法规，能积极与局领导、财务科长密切配合，通过系统内外无数次审计，均无出现违法、违纪现象，保证了集体利益。

这次全局各科室副职竞争上岗，是新形势的需要，是选拔任用中层干部的一条途径，能充分调动各方面的积极性，激发干部职工干事创业的事业心、责任感，为治黄事业发展必将注入新的活力，这次我竞争局财务科副科长，如果有幸成功的话，我将努力做好以下工作：

一、制定切实可行的规章制度和管理办法，规范财务行为，防止资产流失。财务管理办法和规章制度是约束财务行为的有效措施，是每一个财务人员执行的准绳。制定切实可行的规章制度和管理办法，对加强经济核算，提高核算水平，促进单位增收节支和治黄事业的发展有重要作用。

二、加强自身建设，不断提高财务人员自身素质，配足会计人员，明确岗位职责，严格按《会计法》办事，不断加强会计人培训，不断提高自身素质和财务管理能力，确保单位利益不受损失。

三、把单位有限的资金管好、用好，在资金紧张的情况下，一切围绕生产，保证一线生产需要，保证本局资金的正常运行。把有限的资金用好、用活，发挥更大效益。

四、充分发挥模范带头作用，榜样的力量是无穷的。作为科室的一名领导，就要以高度的热情感染人，以精湛的业务带动人，以高尚的情操教育人，以博大的胸怀团结人，时时先行一步，处处争当排头兵。

五、严于律己，克己奉公，严格要求自己，俯下身子干工作，与同志同甘苦，自觉抵制不正之风，做一名廉洁奉公、乐于奉献的好干部。

六、在抓好正常工作的同时，积极协调好各方面的关系，尤其是与税务部门的关系，创造宽松的工作环境，促进治黄事业的健康发展。

如果我有幸成为财务科副科长，我定会履行我的诺言，让局党组放心，让职工满意，我真诚地接受局党委的挑选，希望各位领导、评委、同志们支持我！

谢谢大家！

第十三章 其他常用应用文书

一、海报

(一)海报的概念和特点

海报是在一定范围内向公众报道或介绍有关戏剧、电影、比赛、报告会、展销等消息的一种招贴式应用文。

海报的名称最早出现于上海。那时,人们习惯把职业性的戏剧表演界叫作"海",而把那些从事职业戏剧表演的人称为"下海",那些作为演出剧目信息的招贴就被叫作"海报"。

海报具有张贴性、宣传性和灵活性的特点。

海报在某些方面与广告有相似之处,又像是电影、戏剧等的宣传画,今天海报越来越注重美观艺术。海报的特点重在告知和宣传;广告除了宣传外,目的重在营销。虽然两者都很注重创意和设计,但海报较广告更随意。海报可以是设计精美的艺术宣传招贴,还可以写在大小不等的纸上张贴,既可以用质量不错的展板设计制作,也可以用黑板写清楚告知的内容。重要的海报需要通过报刊、电台、电视台等媒体进行宣传。

(二)海报的形式和分类

随着科学技术的发展,很多现代化的手段被应用到海报创作中来。越来越多的海报制作突出了美术创意,形式上也由过去单一的文字招贴走向艺术招贴。

根据内容的不同,海报大致可以分为以下几类:

1. 文艺类海报

这类海报主要是指告知电影、戏剧、文艺演出和大型公众综艺活动的信息海报。

2. 体育类海报

这类海报主要是指介绍体育赛事和活动的海报。

3. 报告类海报

这类海报主要是指告知举办各种讲座,学术报告、英模报告,政治形势、国际形势报告等内容的海报。

4. 展销类海报

告知各种展览活动的海报。比如商品展销、科普展览等。

(三)海报的写作与创意

海报的告知性和宣传性,以及海报文体的特殊形式,决定了海报的整体创意必须在一瞬间留给人们强烈的印象,能在最短时间内了解海报的全部内容,这要求海报既重宣传又重美感。

海报写作的内容和结构基本包括:标题、正文、结尾三部分,以及整体创意和美术设计。海报的美术设计,要形式灵活多样,讲究新颖独特。

(1)标题。海报的标题相当关键,这是海报的主题和内容的焦点。有两种形式:一种形式是直接采用"海报"作标题。另一种形式是根据活动内容拟定标题,适当使用修辞手法可以突出海报的效果,比如"奇异的世界——海洋生物展览"。

标题必须醒目、简洁、新颖。设计时要在字体的大小、颜色和形式上下功夫。

(2)正文。正文部分因海报的种类不同而异。可以有这样两项内容:

①必备内容:明确活动名称种类(电影、报告、比赛等)。简要交代活动具体情况。比如,比赛的是什么球队;演出的是什么剧种;报告会的内容和报告人;展览的主题和内容,等等。

②辅助内容:交代举行活动的时间、地点、票价等。时间、地点要写得明白具体,准确清楚,切忌写出大概范围。比如,报告会只写×日而不写具体时间;地点只写大概位置而不写准确地点,必要时还要标出乘车路线。票价也要明确标出。有的海报还有一些说明性文字。

正文部分的文字可根据版面的大小设计格式和字体及文字位置,以清晰、美观为标准。

(3)结尾。海报可以有结语,在正文之后另起一行,书写"欢迎参加""机不可失"等,也可没有。结语之后另起一行靠右下角写落款部分:举办单位名称;在名称下面一行,右下角书写海报的张贴日期。

(4)海报的整体创意与美术设计。整体创意和美术设计在海报这种招贴式的应用文中越来越受到重视。比如电影海报,它就像影片的"名片",它以影片最精彩的镜头,配以最美的广告语言加以推介,同时具有艺术性和文化特征。电影海报作为电影的一种衍生品,必将带给人们更多的经典回味。欣赏海报就是欣赏艺术品,海报浓缩了电影的精华。电影是流动艺术,而电影海报是凝固艺术,一幅海报往往浓缩了一部电影的精华。两者互相补充,带给观众完整的艺术体验。

例文

体育海报

足球友谊赛

大学生足球队——解放军足球队

对抗激烈　　扣人心弦

时间:9月15日15时

地点:八一体育馆

门票:五元

×××市体育局

××××年9月10日

讲座海报

阅读与欣赏

题目：校园阅读的重要性

主讲人：文学院××教授

时间：5月18日14时30分

地点：文学院小礼堂

××大学阅读鉴赏学会
××××年5月16日

二、启事

（一）启事的性质

"启"即告知、陈述的意思；"事"即事情。启事就是公开地陈述事情，单位或个人，需要向大众公开说明或请求援助、支持或协助办理、参与的有关事宜，用简洁的文字公之于众的一种应用文。

（二）启事的特点

1. 公开性

通过传媒向社会发布，也可张贴在公共场所，无保密性。

2. 单一性

一则启事只说一件事，不掺杂其他的内容，便于公众迅速了解和记忆。

3. 期望性

启事不是行政公文，对公众没有行政约束力，只能期望得到人们的了解、支持和协助，不能强制读者承担相应责任和义务。

（三）启事的种类

启事的种类有很多，根据内容划分，启事的种类大致可以分为12类：找寻启事、招领启事、征集启事、招聘启事、开业启事、迁址启事、庆典启事、遗失及作废启事、征婚启事、征订启事、致歉启事、更正启事。

（四）启事的格式和写法

启事的基本格式由标题、正文和落款组成。

1. 标题

通常在标题中写出事由，如"开业启事""招领启事"。有的"启事"前冠单位名称，如"××公司招聘技术员启事"。若事项重要或紧急，可加"重要"或"紧急"字样，如"××公司紧急启事"等。

2. 正文

用明晰、简练的语言说清楚启事的目的、原因、具体事项、要求、联系方式或联系人等。内容较多时，可分条列项写。

启事的写作目的不同，正文内容也有所不同。

（1）找寻启事的写法。应写明找寻对象的特征、遗失的时间、地点、原因以及如何酬谢等。

寻物启事

本人不慎于2017年3月5日上午8时左右在朝阳公园遗失棕色公文包一只，内有身份证、驾驶证、工作证等证件以及带有瑞士小军刀的钥匙一串。拾到者请拨手机1369334×××与本人联系。面谢。

×××公司　××
2017年3月5日

（2）开业启事的写法。一般写明企业性质、宗旨、经营范围及地址、电话、电报挂号等。有的还写上负责人的姓名，也有的另列祝贺单位名称。

××大厦开业启事

××大厦装饰工程已顺利完工，定于×月××日正式开业，欢迎各界人士光临光顾。

××大厦
20××年×月××日

（3）搬迁启事的写法。一般要写明搬迁原因、迁移日期、新址、电话以及方便联系的有关事项。

四川×××汽车有限公司搬迁启事

四川×××汽车有限公司于10月15日由原四川省博物馆×楼迁往新落成的×××大厦及××汽车城。

新迁地址：成都市一环路南×段××号（××××学院大门西侧）

联系电话：5555×××；5555×××；5555×××

欢迎各界朋友光临。

四川×××汽车有限公司
××××年×月××日

（4）招聘启事的写法。写明招聘人员的职别和工种、应具备的条件、报名事项、考场及录用办法，有的还需说明待遇。

××有限公司招聘启事

××有限公司成立于××××年××月××日，属于民营企业，目前为×××行业领军企业，年营业额×××万元，公司员工……企业文化……

因业务需要，现面向社会招聘××岗位员工××名，具体要求：

年　　龄：……

性　　别：……

学历要求：……

能力要求：……

岗位职责：……

工作经验：……

其他要求：……

工作待遇：……

请有意者持个人简历和××证件，于××时到××地点参加面试。

联系地址：××××省×××市×××

联系人：××

电话：×××××

公司网址：×××××

××有限公司人事部
××××年×月××日

（5）征集启事的写法。一般要说明征集目的、有关背景、征集要求、奖励办法及截稿日期、联系人及联系方式，以及其他有关事项。

四川电视台卫星节目栏目片头美术设计征稿启事

四川电视台卫星节目正处于前期试运行，近期将正式播出。正式播出的四川电视台卫星节目是一套崭新的综合性节目体系，每天滚动播出18个小时。为了构成一流的节目形象，特面向社会征集下列栏目的片头美术设计：

1.《四川新闻》，要求在运动中体现出气势、新颖、庄重、大方，有四川特色。

2.《TV少年宫》，要求朝气蓬勃，天真活泼，生动明快，适合少儿心理和情趣。

3.《经济广角》，要求新颖活泼，充分体现当代经济生活的丰富多样性。

4.《综艺大看台》，要求具有文化、艺术、体育综合栏目的大视角，多姿多彩，富于变化和动感。

5.《看四川》，要求具有时政、教育、社会生活、服务类综合栏目的特点及四川的地方特色，体现现代生活的广阔性、丰富性和节奏感，明快而庄重。

6.《星空剧场》《银河剧院》，要求典雅华丽，充分体现影视剧栏目和卫星传输大剧场的特点。

以上每个栏目片头时间长度约10秒，设计稿应包括文字创意、图案设计和图案运动变化说明。可提供全部或单片头设计。对投稿单位或个人将赠予纪念品，中选稿件除在节目正式播出的一段时间内注明作者外，还将给予酬谢。来稿请寄四川电视台××收，邮编610015。

××××年×月××日

3. 落款

写明启事单位名称或个人姓名及日期。如果标题或正文中已写明单位名称，此处可略。

以单位名义张贴的启事，一般应盖公章。根据需要可写明联系人、联系方式、电子邮箱等。

（五）启事写作的基本要求

1. 标题揭示事由

在标题中显示事由，便于公众一目了然。

2. 内容要真实

启事内容不能弄虚作假，以免造成信任危机，扭曲在公众中的形象。

3. 文字应简明

启事的文字应该让人一看就懂，利于读者着手办理。

4. 措辞讲究礼貌

注意适当运用一些表示欢迎、希冀、感谢之类的措辞。

三、证明信、介绍信

1. 证明信

证明信是国家机关、社会团体、企事业单位为证明有关人员的身份、经历及其与某事件关系而出具的函件。有的是主动发往对方的，有的是对对方来函询问的答复，有的是用于差旅事项的证明，有的是用于证明事实材料真实性的证明。

用于差旅事项的证明，以单位名义出具，内容比较简单，无非是向所经之地有关单位证明持信人的身份、工作任务（不宜详写），希望对方给予哪方面的协助等。

用于证明事实材料真实性的证明，一般是作为凭据材料使用的，写作时应严肃对待，做到客观、真实、明确，不得弄虚作假。

证明信由文种名称、受信单位名称、正文、落款、盖印等项目内容组成，与介绍信相比，不需要写有效期间，但应当填写存根备查。

例文

证明信

××（单位）：

  李××，男，×市×县人，×年×月出生，系我院×级×班×专业学生。特此证明。

山东药品食品职业学院
×年×月×日

2. 介绍信

介绍信是国家机关、社会团体、企事业单位派员到其他单位联系工作、了解情况或参加有关活动时，由派出人员随身携带的专用函件。

有两种类型：一种是按印制好的格式填写的；另一种是用单位公用信笺撰写的。两类介绍信都包括文种名称、信函编号、受信单位名称、正文、发信单位名称、填写日期并加盖公章、有效期限等项目内容。

介绍信的正文部分应写明以下内容：

（1）被介绍人的姓名、身份、人数，如果要联系、商洽的是有关组织人事或涉密事项，还须写明其政治面貌、职务等。

（2）简要说明接洽联系的事项和要求。

例文

介绍信

××（单位）：

  兹介绍××赴贵局取机要文件，请与接洽为盼。

山东药品食品职业学院
××××年×月×日

介绍信的有效期限写在正文左下方，用汉字注明。

四、请假条、便条、借条

（一）请假条

请假条是请求领导或老师等准假不参加某项工作、学习、活动等的文书。请假条因请假的原因不同，一般分为请病假和请事假两种。

请假条的主要结构及写法：

（1）居中写标题"请假条"。

（2）请假对象的称呼，注意要用尊称。

（3）请假原由，要实事求是。

（4）请假起止时间，必须重点提出并非常明确。

（5）祝颂语，表示对对方的尊敬。

（6）请假人签名，只需要签字即可。

（7）提出请假的时间，即写请假条的时间。

例文

请假条

张老师：

  我今天因感冒发烧不能到校上课，想请假一天，请予批准！

请假人：李×
2018年6月11日

请假条

尊敬的××经理：

  我和××女友商定于×月×日举办婚礼，需要从×月×日起请假×天，于×月×日正常恢复上班。目前手头的工作已经基本完毕，其他工作已经交付完毕。请予批准。

  此致

敬礼！

请假人××
×年×月×日

（二）便条

  便条，是指日常生活中，如果我们有什么事情要告诉另一方，或委托他人办什么事，在不面谈的情况下书写的一种条据，是一种简单的书信，内容简单大多是临时性的询问、留言、通知、要求、请示等，往往只用一两句话。便条都不邮寄，一般不用信封，多系托人转交或临时放置在特定的位置，有的时候甚至写在公共场所的留言板或留言簿上。

  便条具有一般书信的特征，要求简明扼要地交代清楚写给谁、什么事、谁写的、何时写的。一般采用第一人称写法：

  （1）先写看条人的姓名（顶格写）加上冒号。

  （2）换一行开头空两格写什么事情或要写的内容。

  （3）在右下角写上写条人的姓名及日期。

例文

便　条

爸爸：

  我今天有事要去姑姑家，晚上才回家。

小刚
2018年5月20日

（三）借条及借款协议

1. 借条的定义

  借条是表明债权债务关系的书面凭证，一般由债务人书写并签章，表明债务人已经欠下债权人借条注明金额的债务。

  借个人或公家的现金或物品时写给对方的条子就是借条。钱物归还后，打条人收回借条即作废或撕毁。借条是一种凭证性文书。

  借条的基本内容包括：债权人姓名、借款金额（本外币）、利息计算、还款时间、违约（延迟偿还）罚金、纠纷处理方式，以及债务人姓名、借款日期等要件。只要具备债权人姓名、借款金额、债务人姓名及借款日期（尽管是后来添上的），符合借条的主要要件，就具有法律效力。一旦产生争议，可以作为证据向人民法院主张债权，人民法院也会采信。

2.起草借条的注意事项

（1）借条的书写载体要规范。应找一张质量比较好比较厚、便于保管的纸特别是完整的纸来书写。现实中有这样的案例，原先持一半张纸写的借条起诉，而被告称已还了多少钱，原告在纸的下半部分注明了，结果发生纠纷。

（2）借条应写清楚：出借款人、币种、借款金额（金额应写大小写，且要一致，以防产生纠纷）、用途（不能用于非法活动，如明知对方借钱用于非法活动还借其钱，则这种债权不受法律保护）、利率（和利息不一样，×%利率为年息，×‰利率为月息，约定的利率在银行同期贷款利率的4倍以内受法律保护，超过部分法律不保护）、还款时间（影响诉讼时效的起算时间）、借款人（出借款人和借款人的姓名要和本人居民身份证上的姓名一样）、借款时间（农历还是阳历）。如有证明人或担保人，要让他们签上名，但要写明是证明人还是担保人，以免发生纠纷。

（3）借条写好后最好复印一份，原件和复印件分开保管。

（4）还钱的过程也要小心，最好要有其他人在场。出借人在把借条给借款人时要确保能取回借款，以防借款人骗取借条后把借条撕毁后却不还钱。借款人还了款要把借条原件取回，不能只取回复印件。借条要烧掉，以防借款人还钱后因没取回借条原件，出借人持借条原件起诉，或持撕烂后又粘贴好的借条起诉。

借款金额较大时则最好签订一份借款协议，把双方的权利义务约定清楚。这时已不再是借条。

（5）注意借条和欠条的区别，广义上欠条包括借条，借条是单纯的借款，而欠条可以是买卖、赔偿、不当得利等原因而产生，两者诉讼时效的计算也不一样。

例文

借　条

甲方于×年×月×日借乙方现金×元，借款期限××，约定于×年×月×日归还，利息×，如甲方不能按时归还，付违约金×。

甲方签字：
×年×月×日

借　条

甲方×××（身份证号：×）今收到乙方×××（身份证号：×）人民币××万元（大写）。

借款期限为：××年，从××年××月××日到××年××月××日。

借款利息为：××。

借款人签名：
×年×月×日

第十四章 药品说明书的写作

一、药品说明书的概念与内容

药品说明书是载明药品的重要信息的法定文件，是选用药品的法定指南。新药审批后的说明书，不得自行修改。

药品说明书的内容应包括药品的品名、规格、生产企业、药品批准文号、产品批号、有效期、主要成分、适应证或功能主治、用法、用量、禁忌、不良反应和注意事项，中药制剂说明书还应包括主要药味（成分）性状、药理作用、贮藏等。药品说明书能提供用药信息，是医务人员、患者了解药品的重要途径。说明书的规范程度与医疗质量密切相关。

二、药品说明书的基本作用

（1）根据《中华人民共和国药品管理法》第五十四条的规定，药品必须附有说明书。根据《药品说明书和标签管理规定》第九条规定，药品说明书的基本作用是指导安全、合理使用药品。

（2）考察我国药品管理相关法律，可以发现药品说明书有着更加广泛而重要的法律意义，药品说明书可以作为药品管理领域一系列法律事实的认定依据，包括判定假药劣药、缺陷药品、虚假药品广告和药品召回对象的认定依据。

1997年，某药厂擅自删减了卡马西平说明书中不良反应的部分内容，结果患者服药后出现严重皮肤皮疹，经抢救脱离危险。患者状告厂家擅自删减药品说明书中的重要内容，造成患者服药后身体严重损害，厂家赔偿患者5.5万元。这是我国首例患者状告药厂的案例。

（3）药品说明书是药品情况说明的重要来源之一，也是医师、药师、护士和病人治疗用药时的科学依据，还是药品生产、供应部门向医药卫生人员和人民群众宣传介绍药品特性，指导合理、安全用药和普及医药知识的主要媒介。

医师、护士等应根据说明书内容综合考虑患者病情给予服药指导。同时不鼓励患者自行治疗，当患者自行服药治疗时，应选择对应病症的药物，并严格遵照说明书的用法及用量服药，以不超过最大用量为原则。

三、药品说明书的具体格式和内容

1. 药品名称

我国规定药品名称应当采用国家统一颁布或规范的专用词汇。药品有"通用名""商品名""化学名""英文名""汉语拼音"等。"通用名""化学名""英文名"是世界通用的药名,国家药监局规定不用"商品名",最好用"通用名"。

2. 批准文号

因为批准文号是药品生产合法的标志。如国药准字 H×××××× 号,"H"代表化学药品,"Z"代表中药,"B"代表保健品,"S"代表生物制品,"J"代表进口药品等,没有批准文号的是伪劣药品,千万别买。

3. 主要成分

说明药品是由什么原材料构成的,以及原材料的化学名称和化学式是什么,以及注意事项。

4. 禁忌慎用

"禁忌"是绝对不能用的,如对青霉素过敏的病人,是绝对不能用青霉素的,否则会危及生命。"慎用"是可以用,但必须慎重考虑,权衡其利弊,在利大于弊的情况下方可使用,并须密切观察是否有不良反应,以便及时采取措施,最好是在医师指导下用药。

5. 缓释、控释

这两种通称为"长效制剂",但两者是有区别的。"缓释"是通过适当的方法,使药物在体内缓慢的释放、吸收、分布和排泄,以达到延缓药物在体内作用时间的目的。如治疗高血压的尼福达、得高宁等,即一天两次,最好是每 12 小时给药一次。"控释"的特点是通过控释衣膜,并以"等速""定时""定量"地"释放"使药物在血液中维持较恒定的浓度,如拜心同等,是一天一次用药。但应注意的是长效药一定不能掰开服用。

6. 生产日期

是指某种药品,完成所有生产工艺的日期。用数字来表示,前四位代表生产年份,中间两位代表月,后两位代表日,如 20170305 即是 2017 年 3 月 5 日生产的。生产日期与有效期是挂钩的,如以上药品的有效期是三年,即该药品只能用到 2020 年 3 月 4 日,过期则失效,失效的药品,一定不能再用。

7. 药品批号

即生产单位在药品生产过程中,将同一次投料、同一次生产工艺所生产的药品,用同一个批号来表示。批号表示生产日期和批次,如 201803052 即是 2018 年 3 月 5 日第二批生产的,这样也便于药检部门的抽验。

8. 药品分类

药品分类管理是根据药品安全有效、使用方便的原则,依其品种、规格、适应证及给药途径不同,对药品分别按处方药和非处方药(OTC)进行管理。这种分类有着严格的法规、管理制度并实施监督管理。

国家药品监督管理部门将药理作用大、治疗较重病症、容易产生不良反应的各类药品规定为处方药,患者在医生的指导下方可使用。处方药是医生为帮助病患者的病症在临床上用药的主体。所以开此类药的医生必须有医师的职业资质,而病患者须在医生的监护指导下购买、使用。

非处方药则是方便消费者自我保健,用于快速、有效地缓解轻微病症的药品,不需要请医生来开处方,可以自行判断、选择购买和使用。非处方药主要包括感冒药、止咳药、镇痛药、助消化药、抗胃酸药、维生素类、驱虫药、滋补药、通便药、外用药、避孕药、护肤药等。被列入非处方药的药物,一般都经过较长时间的全面考察,具有如下诸多优点:疗效确切,毒副作用小,使用方便,便于贮存等。

9. 药物慎用

指应用药品时要谨慎,但不是绝对不能应用,小儿、老人、孕妇及心、肝、肾功能不全者,往往被列入"慎用"范围,所以在用药时要注意观察有无不良反应,一旦发现问题,必须立即停药。

10. 药物禁用

即禁止使用。凡属禁用的药品,一定要严格执行药品说明的规定,禁止特定人群使用。如吗啡能抑制呼吸中枢,支气管哮喘和肺心病患者应禁用,否则会对人体构成严重危害,甚至危及生命。

11. 药物忌用

即避免使用。有些药物会给病人带来不良后果,如氨基糖苷类对神经系统和肾脏有一定毒性作用,故患耳鸣疾病及肾功能障碍者应忌用。属于忌用范围的,一般应尽量避免使用。

12. 或遵医嘱

药品说明书在"用法与用量"后,常用"或遵医嘱"字样。一是因为说明书上的剂量是常用剂量,但由于患者病情、体质及对药物的敏感程度不同,用量也就不同,医生可根据具体情况具体处理;二是因为药物作用的性质与剂量有关,剂量不同,作用也就不同,如阿司匹林是常用的退热药,退热剂量一般为 0.3~0.6 克,一日三次;但用于预防缺血性脑卒中时,就须减少用量,一般 25 毫克,临睡前服一次即可发挥作用。

13. 有效日期

每个药品都会标注有效期,一般是 12 个月、24 个月等,但也要看具体药品而言。

例文

尼群地平片说明书

【药品名称】尼群地平片

【英文名称】Nitrendipine Tablets

【药品别名】商品名:舒麦特。

本品主要成分及其化学名称为:2,6-二甲基-4-(3-硝基苯基)-1,4-二氢-3,5 吡啶二甲酸甲乙酯。

【性状】本品为淡黄色片。

【药理毒理】

药理作用

1. 本品为二氢吡啶类钙通道阻滞剂。

2. 本品抑制血管平滑肌和心肌的跨膜钙离子内流,但以血管作用为主,故其血管选择性较强。

3. 本品引起冠状动脉、肾小动脉等全身血管的扩张,产生降压作用。

致癌、致突变和生殖毒性:大鼠口服同类药物硝苯地平两年未见有致癌作用。体内致突变研究结果阴性。给大鼠30倍于人类最大药量可以致畸;交配后的大鼠给予30倍于人类最大药量,可引起生殖率下降;给大鼠3~10倍于人类最大药量,可引起大鼠、小鼠和兔子流产(胎儿的药物吸收率增加、胎儿死亡率增加、新生儿存活率下降);孕猴服用2倍于人类最大药量,可导致小胎盘和绒毛发育不全。

药代动力学

本品口服吸收良好,但存在明显的首过效应。蛋白结合率98%。早期研究报道$t_{1/2}$为2小时,近期研究由于使用了更敏感的测定设备,报道$t_{1/2}$在10~22小时。本品口服后约1.5小时血药浓度达峰值。口服后30分钟收缩压开始下降,60分钟后舒张压开始下降,降压作用在服用后1~2小时最大,持续6~8小时。本品在肝内广泛代谢,其代谢产物70%经肾排泄,8%随粪便排出。肝病患者血药浓度和消除半衰期增加。

适应症状

高血压。

用法用量

成人常用量:开始一次口服10毫克,每日1次,以后可根据情况调整为20毫克,每日2次。

不良反应

较少见的有头痛、面部潮红。少见的有头晕、恶心、低血压、足踝部水肿、心绞痛发作,一过性低血压。本品过敏者可出现过敏性肝炎、皮疹,甚至剥脱性皮炎等。

本品禁忌

对本品过敏及严重主动脉瓣狭窄的患者禁用。

注意事项

1. 少数病例可能出现血碱性磷酸酶增高。

2. 肝功能不全时血药浓度可增高,肾功能不全时对药代动力学影响小,以上情况慎用本品。

3. 绝大多数患者服用此药后仅有可以耐受的轻度低血压反应,但个别患者可出现严重的体循环低血压症状。这种反应常发生在初期调整药量期间或者增加药物用量的时候,特别是合用β-受体阻滞剂时。故服用本品期间须定期测量血压。

4. 已经证明极少数的患者,特别是那些有严重冠状动脉狭窄的患者,在服用此药或者增加剂量期间,心绞痛或心肌梗死的发生率增加。其机制尚不明了。故服用本品期间须定期作心电图。

5. 少数接受 β-受体阻滞剂的患者在开始服用此药后可发生心力衰竭，有主动脉狭窄的患者这种危险性更大。

孕妇及哺乳期妇女用药

本品在孕妇中应用的研究尚不充分，已有的临床应用尚未发生问题，注意不良反应。

老年患者用药

老年人应用血药浓度较高，但半衰期未延长，故宜适当减少剂量；正在服用 β-受体阻滞剂者应慎重加用本品。合用宜从小剂量开始，以防诱发或加重体循环低血压，增加心绞痛、心力衰竭，甚至心肌梗死的发生。推荐老年患者初始剂量为每日 10 毫克。

药物相互作用

1. β-受体阻滞剂　绝大多数患者合用此药可加强降压作用，并可减轻本品降压后发生的心动过速；然而，个别患者有可能诱发和加重体循环低血压、心力衰竭和心绞痛。

2. 血管紧张素转换酶抑制剂　合用耐受性较好，降压作用加强。

3. 长效硝酸盐类　合用有较好的耐受性，但尚缺乏评价这种合用控制心绞痛的有效性文献。

4. 洋地黄　部分研究提示服用此药，能够增加合用的地高辛血药浓度，平均增加45%。部分研究认为不增加地高辛血药浓度和毒性。提示我们在初次使用、调整剂量或停用尼群地平时应监测地高辛的血药浓度，以防地高辛过量或不足。

5. 双香豆类抗凝药　尚无报告表明合用尼群地平能够增加香豆类抗凝药物的凝血酶原时间。目前，还不能肯定它们之间的相互作用。

6. 西咪替丁　由于西咪替丁可介导抑制肝脏细胞色素P450酶，使尼群地平的首过效应发生改变，建议对正在服用西咪替丁治疗的患者合用尼群地平时，注意药物剂量的调整。

药物过量

现有的文献表明，增加剂量能够导致过度的外周血管扩张，继发或延长体循环低血压状态。由药物过量导致临床上出现显著的低血压反应的患者，应及时在心肺监测的同时，给予积极的心血管支持治疗。肝功能不全的患者药物清除率会下降。

【规格】10 毫克

六味地黄丸说明书

【通用名称】六味地黄丸

【商品名称】六味地黄丸（修正）

【拼音全码】LiuWei DiHuang Wan（XiuZheng）

【主要成分】熟地黄、山茱萸、牡丹皮、山药、茯苓、泽泻。

【性状】为棕褐色或亮黑的浓缩丸。味微甜、酸，略苦。

【适应证与功能主治】滋阴补肾。用于肾阴亏虚所致的头晕耳鸣，腰膝酸软，骨蒸潮热，盗汗。

【规格型号】200丸/盒。

【用法用量】口服。1次8丸，1日3次。

【不良反应】尚不明确。

【禁忌】感冒发热患者禁服。

【注意事项】

1. 忌辛辣、生冷、油腻食物。

2. 六味地黄丸（修正）宜饭前服用。

3. 有高血压、心脏病、肝病、糖尿病、肾病等慢性病严重者应在医师指导下服用。

4. 服药2周症状无缓解，应去医院就诊。

5. 儿童、孕妇应在医师指导下服用。

6. 对六味地黄丸（修正）过敏者禁用，过敏体质者慎用。

7. 六味地黄丸（修正）性状发生改变时禁止使用。

8. 儿童必须在成人监护下使用。

9. 请将六味地黄丸（修正）放在儿童不能接触的地方。

10. 如正在使用其他药品，使用六味地黄丸（修正）前请咨询医师或药师。

【药物相互作用】如与其他药物同时使用可能会发生药物相互作用，详情请咨询医师或药师。

【贮藏】密封。

【包装】口服固体药用塑料瓶，200丸每瓶。

【有效期】24个月

【批准文号】国药准字 Z22023388

【生产企业】通药制药集团股份有限公司

附录 1

中共中央办公厅 国务院办公厅关于印发《党政机关公文处理工作条例》的通知

中办发〔2012〕14 号

各省、自治区、直辖市党委和人民政府,中央和国家机关各部委,解放军各总部、各大单位,各人民团体:

《党政机关公文处理工作条例》已经党中央、国务院同意,现印发给你们,请遵照执行。

中共中央办公厅

国务院办公厅

2012 年 4 月 16 日

党政机关公文处理工作条例

第一章　总则

第一条　为了适应中国共产党机关和国家行政机关（以下简称党政机关）工作需要，推进党政机关公文处理工作科学化、制度化、规范化，制定本条例。

第二条　本条例适用于各级党政机关公文处理工作。

第三条　党政机关公文是党政机关实施领导、履行职能、处理公务的具有特定效力和规范体式的文书，是传达贯彻党和国家方针政策，公布法规和规章，指导、布置和商洽工作，请示和答复问题，报告、通报和交流情况等的重要工具。

第四条　公文处理工作是指公文拟制、办理、管理等一系列相互关联、衔接有序的工作。

第五条　公文处理工作应当坚持实事求是、准确规范、精简高效、安全保密的原则。

第六条　各级党政机关应当高度重视公文处理工作，加强组织领导，强化队伍建设，设立文秘部门或者由专人负责公文处理工作。

第七条　各级党政机关办公厅（室）主管本机关的公文处理工作，并对下级机关的公文处理工作进行业务指导和督促检查。

第二章　公文种类

第八条　公文种类主要有：

（一）决议。适用于会议讨论通过的重大决策事项。

（二）决定。适用于对重要事项作出决策和部署、奖惩有关单位和人员、变更或者撤销下级机关不适当的决定事项。

（三）命令（令）。适用于公布行政法规和规章、宣布施行重大强制性措施、批准授予和晋升衔级、嘉奖有关单位和人员。

（四）公报。适用于公布重要决定或者重大事项。

（五）公告。适用于向国内外宣布重要事项或者法定事项。

（六）通告。适用于在一定范围内公布应当遵守或者周知的事项。

（七）意见。适用于对重要问题提出见解和处理办法。

（八）通知。适用于发布、传达要求下级机关执行和有关单位周知或者执行的事项，批转、转发公文。

（九）通报。适用于表彰先进、批评错误、传达重要精神和告知重要情况。

（十）报告。适用于向上级机关汇报工作、反映情况，回复上级机关的询问。

（十一）请示。适用于向上级机关请求指示、批准。

（十二）批复。适用于答复下级机关请示事项。

（十三）议案。适用于各级人民政府按照法律程序向同级人民代表大会或者人民代表大会常务委员会提请审议事项。

（十四）函。适用于不相隶属机关之间商洽工作、询问和答复问题、请求批准和答复审批事项。

（十五）纪要。适用于记载会议主要情况和议定事项。

第三章　公文格式

第九条　公文一般由份号、密级和保密期限、紧急程度、发文机关标志、发文字号、签发人、标题、主送机关、正文、附件说明、发文机关署名、成文日期、印章、附注、附件、抄送机关、印发机关和印发日期、页码等组成。

（一）份号。公文印制份数的顺序号。涉密公文应当标注份号。

（二）密级和保密期限。公文的秘密等级和保密的期限。涉密公文应当根据涉密程度分别标注"绝密""机密""秘密"和保密期限。

（三）紧急程度。公文送达和办理的时限要求。根据紧急程度，紧急公文应当分别标注"特急""加急"，电报应当分别标注"特提""特急""加急""平急"。

（四）发文机关标志。由发文机关全称或者规范化简称加"文件"二字组成，也可以使用发文机关全称或者规范化简称。联合行文时，发文机关标志可以并用联合发文机关名称，也可以单独用主办机关名称。

（五）发文字号。由发文机关代字、年份、发文顺序号组成。联合行文时，使用主办机关的发文字号。

（六）签发人。上行文应当标注签发人姓名。

（七）标题。由发文机关名称、事由和文种组成。

（八）主送机关。公文的主要受理机关，应当使用机关全称、规范化简称或者同类型机关统称。

（九）正文。公文的主体，用来表述公文的内容。

（十）附件说明。公文附件的顺序号和名称。

（十一）发文机关署名。署发文机关全称或者规范化简称。

（十二）成文日期。署会议通过或者发文机关负责人签发的日期。联合行文时，署最后签发机关负责人签发的日期。

（十三）印章。公文中有发文机关署名的，应当加盖发文机关印章，并与署名机关相符。有特定发文机关标志的普发性公文和电报可以不加盖印章。

（十四）附注。公文印发传达范围等需要说明的事项。

（十五）附件。公文正文的说明、补充或者参考资料。

（十六）抄送机关。除主送机关外需要执行或者知晓公文内容的其他机关，应当使用机关全称、规范化简称或者同类型机关统称。

（十七）印发机关和印发日期。公文的送印机关和送印日期。

第十条 公文的版式按照《党政机关公文格式》国家标准执行。

第十一条 公文使用的汉字、数字、外文字符、计量单位和标点符号等，按照有关国家标准和规定执行。民族自治地方的公文，可以并用汉字和当地通用的少数民族文字。

第十二条 公文用纸幅面采用国际标准 A4 型。特殊形式的公文用纸幅面，根据实际需要确定。

第四章　行文规则

第十三条 行文应当确有必要，讲求实效，注重针对性和可操作性。

第十四条 行文关系根据隶属关系和职权范围确定。一般不得越级行文，特殊情况需要越级行文的，应当同时抄送被越过的机关。

第十五条 向上级机关行文，应当遵循以下规则：

（一）原则上主送一个上级机关，根据需要同时抄送相关上级机关和同级机关，不抄送下级机关。

（二）党委、政府的部门向上级主管部门请示、报告重大事项，应当经本级党委、政府同意或者授权；属于部门职权范围内的事项应当直接报送上级主管部门。

（三）下级机关的请示事项，如需以本机关名义向上级机关请示，应当提出倾向性意见后上报，不得原文转报上级机关。

（四）请示应当一文一事。不得在报告等非请示性公文中夹带请示事项。

（五）除上级机关负责人直接交办事项外，不得以本机关名义向上级机关负责人报送公文，不得以本机关负责人名义向上级机关报送公文。

（六）受双重领导的机关向一个上级机关行文，必要时抄送另一个上级机关。

第十六条 向下级机关行文，应当遵循以下规则：

（一）主送受理机关，根据需要抄送相关机关。重要行文应当同时抄送发文机关的直接上级机关。

（二）党委、政府的办公厅（室）根据本级党委、政府授权，可以向下级党委、政府行文，其他部门和单位不得向下级党委、政府发布指令性公文或者在公文中向下级党委、政府提出指令性要求。需经政府审批的具体事项，经政府同意后可以由政府职能部门行文，文中须注明已经政府同意。

（三）党委、政府的部门在各自职权范围内可以向下级党委、政府的相关部门行文。

（四）涉及多个部门职权范围内的事务，部门之间未协商一致的，不得向下行文；擅自行文的，上级机关应当责令其纠正或者撤销。

（五）上级机关向受双重领导的下级机关行文，必要时抄送该下级机关的另一个上级机关。

第十七条　同级党政机关、党政机关与其他同级机关必要时可以联合行文。属于党委、政府各自职权范围内的工作，不得联合行文。党委、政府的部门依据职权可以相互行文。部门内设机构除办公厅（室）外不得对外正式行文。

第五章　公文拟制

第十八条　公文拟制包括公文的起草、审核、签发等程序。

第十九条　公文起草应当做到：

（一）符合国家法律法规和党的路线方针政策，完整准确体现发文机关意图，并同现行有关公文相衔接。

（二）一切从实际出发，分析问题实事求是，所提政策措施和办法切实可行。

（三）内容简洁，主题突出，观点鲜明，结构严谨，表述准确，文字精练。

（四）文种正确，格式规范。

（五）深入调查研究，充分进行论证，广泛听取意见。

（六）公文涉及其他地区或者部门职权范围内的事项，起草单位必须征求相关地区或者部门意见，力求达成一致。

（七）机关负责人应当主持、指导重要公文起草工作。

第二十条　公文文稿签发前，应当由发文机关办公厅（室）进行审核。审核的重点是：

（一）行文理由是否充分，行文依据是否准确。

（二）内容是否符合国家法律法规和党的路线方针政策；是否完整准确体现发文机关意图；是否同现行有关公文相衔接；所提政策措施和办法是否切实可行。

（三）涉及有关地区或者部门职权范围内的事项是否经过充分协商并达成一致意见。

（四）文种是否正确，格式是否规范；人名、地名、时间、数字、段落顺序、引文等是否准确；文字、数字、计量单位和标点符号等用法是否规范。

（五）其他内容是否符合公文起草的有关要求。

需要发文机关审议的重要公文文稿，审议前由发文机关办公厅（室）进行初核。

第二十一条　经审核不宜发文的公文文稿，应当退回起草单位并说明理由；符合发文条件但内容需作进一步研究和修改的，由起草单位修改后重新报送。

第二十二条　公文应当经本机关负责人审批签发。重要公文和上行文由机关主要负责人签发。党委、政府的办公厅（室）根据党委、政府授权制发的公文，由受权机关主要负责人签发或者按照有关规定签发。签发人签发公文，应当签署意见、姓名和完整日期；

圈阅或者签名的，视为同意。联合发文由所有联署机关的负责人会签。

第六章　公文办理

第二十三条　公文办理包括收文办理、发文办理和整理归档。

第二十四条　收文办理主要程序是：

（一）签收。对收到的公文应当逐件清点，核对无误后签字或者盖章，并注明签收时间。

（二）登记。对公文的主要信息和办理情况应当详细记载。

（三）初审。对收到的公文应当进行初审。初审的重点是：是否应当由本机关办理，是否符合行文规则，文种、格式是否符合要求，涉及其他地区或者部门职权范围内的事项是否已经协商、会签，是否符合公文起草的其他要求。经初审不符合规定的公文，应当及时退回来文单位并说明理由。

（四）承办。阅知性公文应当根据公文内容、要求和工作需要确定范围后分送。批办性公文应当提出拟办意见报本机关负责人批示或者转有关部门办理；需要两个以上部门办理的，应当明确主办部门。紧急公文应当明确办理时限。承办部门对交办的公文应当及时办理，有明确办理时限要求的应当在规定时限内办理完毕。

（五）传阅。根据领导批示和工作需要将公文及时送传阅对象阅知或者批示。办理公文传阅应当随时掌握公文去向，不得漏传、误传、延误。

（六）催办。及时了解掌握公文的办理进展情况，督促承办部门按期办结。紧急公文或者重要公文应当由专人负责催办。

（七）答复。公文的办理结果应当及时答复来文单位，并根据需要告知相关单位。

第二十五条　发文办理主要程序是：

（一）复核。已经发文机关负责人签批的公文，印发前应当对公文的审批手续、内容、文种、格式等进行复核；需作实质性修改的，应当报原签批人复审。

（二）登记。对复核后的公文，应当确定发文字号、分送范围和印制份数并详细记载。

（三）印制。公文印制必须确保质量和时效。涉密公文应当在符合保密要求的场所印制。

（四）核发。公文印制完毕，应当对公文的文字、格式和印刷质量进行检查后分发。

第二十六条　涉密公文应当通过机要交通、邮政机要通信、城市机要文件交换站或者收发件机关机要收发人员进行传递，通过密码电报或者符合国家保密规定的计算机信息系统进行传输。

第二十七条　需要归档的公文及有关材料，应当根据有关档案法律法规以及机关档案管理规定，及时收集齐全、整理归档。两个以上机关联合办理的公文，原件由主办机关归档，相关机关保存复制件。机关负责人兼任其他机关职务的，在履行所兼职务过程中形成的公文，由其兼职机关归档。

第二十八条　各级党政机关应当建立健全本机关公文管理制度，确保管理严格规范，充分发挥公文效用。

第二十九条 党政机关公文由文秘部门或者专人统一管理。设立党委（党组）的县级以上单位应当建立机要保密室和机要阅文室，并按照有关保密规定配备工作人员和必要的安全保密设施设备。

第三十条 公文确定密级前，应当按照拟定的密级先行采取保密措施。确定密级后，应当按照所定密级严格管理。绝密级公文应当由专人管理。公文的密级需要变更或者解除的，由原确定密级的机关或者其上级机关决定。

第三十一条 公文的印发传达范围应当按照发文机关的要求执行；需要变更的，应当经发文机关批准。涉密公文公开发布前应当履行解密程序。公开发布的时间、形式和渠道，由发文机关确定。经批准公开发布的公文，同发文机关正式印发的公文具有同等效力。

第三十二条 复制、汇编机密级、秘密级公文，应当符合有关规定并经本机关负责人批准。绝密级公文一般不得复制、汇编，确有工作需要的，应当经发文机关或者其上级机关批准。复制、汇编的公文视同原件管理。复制件应当加盖复制机关戳记。翻印件应当注明翻印的机关名称、日期。汇编本的密级按照编入公文的最高密级标注。汇编，确有工作需要的，应当经发文机关或者其上级机关批准。复制、汇编的公文视同原件管理。

复制件应当加盖复制机关戳记。翻印件应当注明翻印的机关名称、日期。汇编本的密级按照编入公文的最高密级标注。

第三十三条 公文的撤销和废止，由发文机关、上级机关或者权力机关根据职权范围和有关法律法规决定。公文被撤销的，视为自始无效；公文被废止的，视为自废止之日起失效。

第三十四条 涉密公文应当按照发文机关的要求和有关规定进行清退或者销毁。

第三十五条 不具备归档和保存价值的公文，经批准后可以销毁。销毁涉密公文必须严格按照有关规定履行审批登记手续，确保不丢失、不漏销。个人不得私自销毁、留存涉密公文。

第三十六条 机关合并时，全部公文应当随之合并管理；机关撤销时，需要归档的公文经整理后按照有关规定移交档案管理部门。

工作人员离岗离职时，所在机关应当督促其将暂存、借用的公文按照有关规定移交、清退。

第三十七条 新设立的机关应当向本级党委、政府的办公厅（室）提出发文立户申请。经审查符合条件的，列为发文单位，机关合并或者撤销时，相应进行调整。

第七章　附则

第三十八条 党政机关公文含电子公文。电子公文处理工作的具体办法另行制定。

第三十九条 法规、规章方面的公文，依照有关规定处理。外事方面的公文，依照外事主管部门的有关规定处理。

第四十条 其他机关和单位的公文处理工作，可以参照本条例执行。

第四十一条 本条例由中共中央办公厅、国务院办公厅负责解释。

第四十二条 本条例自 2012 年 7 月 1 日起施行。1996 年 5 月 3 日中共中央办公厅发布的《中国共产党机关公文处理条例》和 2000 年 8 月 24 日国务院发布的《国家行政机关公文处理办法》停止执行。

附录 2

ICS 35.240.20
A 13

GB

中 华 人 民 共 和 国 国 家 标 准

GB/T 9704—2012
代替 GB/T 9704—1999

党政机关公文格式

Layout key for official document of Party and government organs

2012-06-29 发布   2012-07-01 实施

中华人民共和国国家质量监督检验检疫总局
中国国家标准化管理委员会 发布

GB/T 9704—2012

目　次

前　言

1 范围

2 规范性引用文件

3 术语和定义

4 公文用纸主要技术指标

5 公文用纸幅面尺寸及版面要求

  5.1 幅面尺寸

  5.2 版面

    5.2.1 页边与版心尺寸

    5.2.2 字体和字号

    5.2.3 行数和字数

    5.2.4 文字的颜色

6 印制装订要求

  6.1 制版要求

  6.2 印刷要求

  6.3 装订要求

7 公文格式各要素编排规则

  7.1 公文格式各要素的划分

  7.2 版头

    7.2.1 份号

    7.2.2 密级和保密期限

    7.2.3 紧急程度

    7.2.4 发文机关标志

    7.2.5 发文字号

    7.2.6 签发人

    7.2.7 版头中的分隔线

  7.3 主体

    7.3.1 标题

7.3.2 主送机关
7.3.3 正文
7.3.4 附件说明
7.3.5 发文机关署名、成文日期和印章
　　7.3.5.1 加盖印章的公文
　　7.3.5.2 不加盖印章的公文
　　7.3.5.3 加盖签发人签名章的公文
　　7.3.5.4 成文日期中的数字
　　7.3.5.5 特殊情况说明
7.3.6 附注
7.3.7 附件
7.4 版记
　　7.4.1 版记中的分隔线
　　7.4.2 抄送机关
　　7.4.3 印发机关和印发日期
7.5 页码
8 公文中的横排表格
9 公文中计量单位、标点符号和数字的用法
10 公文的特定格式
　10.1 信函格式
　10.2 命令（令）格式
　10.3 纪要格式
11 式样

前　言

本标准按照 GB/T 1.1—2009 给出的规则起草。

本标准根据中共中央办公厅、国务院办公厅印发的《党政机关公文处理工作条例》的有关规定对 GB/T 9704—1999《国家行政机关公文格式》进行修订。本标准相对 GB/T 9704—1999 主要作如下修订：

a) 标准名称改为《党政机关公文格式》，标准英文名称也作相应修改；
b) 适用范围扩展到各级党政机关制发的公文；
c) 对标准结构进行适当调整；
d) 对公文装订要求进行适当调整；
e) 增加发文机关署名和页码两个公文格式要素，删除主题词格式要素，并对公文格式各要素的编排进行较大调整；
f) 进一步细化特定格式公文的编排要求；
g) 新增联合行文公文首页版式、信函格式首页、命令（令）格式首页版式等式样。

本标准中公文用语与《党政机关公文处理工作条例》中的用语一致。

本标准为第二次修订。

本标准由中共中央办公厅和国务院办公厅提出。

本标准由中国标准化研究院归口。

本标准起草单位：中国标准化研究院、中共中央办公厅秘书局、国务院办公厅秘书局、中国标准出版社。

本标准主要起草人：房庆、杨雯、郭道锋、孙维、马慧、张书杰、徐成华、范一乔、李玲。

本标准代替了 GB/T 9704—1999。

GB/T 9704—1999 的历次版本发布情况为：

——GB/T 9704—1988。

党政机关公文格式

1 范围

本标准规定了党政机关公文通用的纸张要求、排版和印制装订要求、公文格式各要素的编排规则,并给出了公文的式样。

本标准适用于各级党政机关制发的公文。其他机关和单位的公文可以参照执行。

使用少数民族文字印制的公文,其用纸、幅面尺寸及版面、印制等要求按照本标准执行,其余可以参照本标准并按照有关规定执行。

2 规范性引用文件

下列文件对于本标准的应用是必不可少的。凡是注日期的引用文件,仅所注日期的版本适用于本标准。凡是不注日期的引用文件,其最新版本(包括所有的修改单)适用于本标准。

GB/T 148 印刷、书写和绘图纸幅面尺寸

GB 3100 国际单位制及其应用

GB 3101 有关量、单位和符号的一般原则

GB 3102(所有部分)量和单位

GB/T 15834 标点符号用法

GB/T 15835 出版物上数字用法

3 术语和定义

下列术语和定义适用于本标准。

3.1

字 word

标示公文中横向距离的长度单位。在本标准中,一字指一个汉字宽度的距离。

3.2

行 line

标示公文中纵向距离的长度单位。在本标准中,一行指一个汉字的高度加 3 号汉字高度的 7/8 的距离。

4 公文用纸主要技术指标

公文用纸一般使用纸张定量为 $60g/m^2$~$80 g/m^2$ 的胶版印刷纸或复印纸。纸张白度 80%~90%,横向耐折度 ≥ 15 次,不透明度 ≥ 85%,pH 值为 7.5~9.5。

5 公文用纸幅面尺寸及版面要求

5.1 幅面尺寸

公文用纸采用 GB/T 148 中规定的 A4 型纸,其成品幅面尺寸为:210 mm×297 mm。

5.2 版面

5.2.1 页边与版心尺寸

公文用纸天头（上白边）为 37mm±1mm，公文用纸订口（左白边）为 28mm±1mm，版心尺寸为 156mm×225mm。

5.2.2 字体和字号

如无特殊说明，公文格式各要素一般用 3 号仿宋体字。特定情况可以作适当调整。

5.2.3 行数和字数

一般每面排 22 行，每行排 28 个字，并撑满版心。特定情况可以作适当调整。

5.2.4 文字的颜色

如无特殊说明，公文中文字的颜色均为黑色。

6 印制装订要求

6.1 制版要求

版面干净无底灰，字迹清楚无断划，尺寸标准，版心不斜，误差不超过 1mm。

6.2 印刷要求

双面印刷；页码套正，两面误差不超过 2mm。黑色油墨应当达到色谱所标 BL100%，红色油墨应当达到色谱所标 Y80%、M80%。印品着墨实、均匀；字面不花、不白、无断划。

6.3 装订要求

公文应当左侧装订，不掉页，两页页码之间误差不超过 4mm，裁切后的成品尺寸允许误差 ±2mm，四角成 90°，无毛茬或缺损。

骑马订或平订的公文应当：

a）订位为两钉外订眼距版面上下边缘各 70mm 处，允许误差 ±4mm；

b）无坏钉、漏钉、重钉，钉脚平伏牢固；

c）骑马订钉锯均订在折缝线上，平订钉锯与书脊间的距离为 3mm~5mm。

包本装订公文的封皮（封面、书脊、封底）与书芯应吻合、包紧、包平、不脱落。

7 公文格式各要素编排规则

7.1 公文格式各要素的划分

本标准将版心内的公文格式各要素划分为版头、主体、版记三部分。公文首页红色分隔线以上的部分称为版头；公文首页红色分隔线（不含）以下、公文末页首条分隔线（不含）以上的部分称为主体；公文末页首条分隔线以下、末条分隔线以上的部分称为版记。

页码位于版心外。

7.2 版头

7.2.1 份号

如需标注份号，一般用 6 位 3 号阿拉伯数字，顶格编排在版心左上角第一行。

7.2.2 密级和保密期限

如需标注密级和保密期限，一般用 3 号黑体字，顶格编排在版心左上角第二行；保密期限中的数字用阿拉伯数字标注。

7.2.3 紧急程度

如需标注紧急程度，一般用 3 号黑体字，顶格编排在版心左上角；如需同时标注份号、密级和保密期限、紧急程度，按照份号、密级和保密期限、紧急程度的顺序自上而下分行排列。

7.2.4 发文机关标志

由发文机关全称或者规范化简称加"文件"二字组成，也可以使用发文机关全称或者规范化简称。

发文机关标志居中排布，上边缘至版心上边缘为 35mm，推荐使用小标宋体字，颜色为红色，以醒目、美观、庄重为原则。

联合行文时，如需同时标注联署发文机关名称，一般应当将主办机关名称排列在前；如有"文件"二字，应当置于发文机关名称右侧，以联署发文机关名称为准上下居中排布。

7.2.5 发文字号

编排在发文机关标志下空二行位置，居中排布。年份、发文顺序号用阿拉伯数字标注；年份应标全称，用六角括号"〔〕"括入；发文顺序号不加"第"字，不编虚位（即 1 不编为 01），在阿拉伯数字后加"号"字。

上行文的发文字号居左空一字编排，与最后一个签发人姓名处在同一行。

7.2.6 签发人

由"签发人"三字加全角冒号和签发人姓名组成，居右空一字，编排在发文机关标志下空二行位置。"签发人"三字用 3 号仿宋体字，签发人姓名用 3 号楷体字。

如有多个签发人，签发人姓名按照发文机关的排列顺序从左到右、自上而下依次均匀编排，一般每行排两个姓名，回行时与上一行第一个签发人姓名对齐。

7.2.7 版头中的分隔线

发文字号之下 4mm 处居中印一条与版心等宽的红色分隔线。

7.3 主体

7.3.1 标题

一般用 2 号小标宋体字，编排于红色分隔线下空二行位置，分一行或多行居中排布；回行时，要做到词意完整，排列对称，长短适宜，间距恰当，标题排列应当使用梯形或菱形。

7.3.2 主送机关

编排于标题下空一行位置，居左顶格，回行时仍顶格，最后一个机关名称后标全角冒号。如主送机关名称过多导致公文首页不能显示正文时，应当将主送机关名称移至版记，标注方法见 7.4.2。

7.3.3 正文

公文首页必须显示正文。一般用 3 号仿宋体字，编排于主送机关名称下一行，每个自然段左空二字，回行顶格。文中结构层次序数依次可以用"一、""（一）""1.""（1）"标注；一般第一层用黑体字、第二层用楷体字、第三层和第四层用仿宋体字标注。

7.3.4 附件说明

如有附件，在正文下空一行左空二字编排"附件"二字，后标全角冒号和附件名称。如有多个附件，使用阿拉伯数字标注附件顺序号（如"附件：1.××××××"）；附件名称后不加标点符号。附件名称较长需回行时，应当与上一行附件名称的首字对齐。

7.3.5 发文机关署名、成文日期和印章

7.3.5.1 加盖印章的公文

成文日期一般右空四字编排，印章用红色，不得出现空白印章。

单一机关行文时，一般在成文日期之上、以成文日期为准居中编排发文机关署名，印章端正、居中下压发文机关署名和成文日期，使发文机关署名和成文日期居印章中心偏下位置，印章顶端应当上距正文（或附件说明）一行之内。

联合行文时，一般将各发文机关署名按照发文机关顺序整齐排列在相应位置，并将印章一一对应、端正、居中下压发文机关署名，最后一个印章端正、居中下压发文机关署名和成文日期，印章之间排列整齐、互不相交或相切，每排印章两端不得超出版心，首排印章顶端应当上距正文（或附件说明）一行之内。

7.3.5.2 不加盖印章的公文

单一机关行文时，在正文（或附件说明）下空一行右空二字编排发文机关署名，在发文机关署名下一行编排成文日期，首字比发文机关署名首字右移二字，如成文日期长于发文机关署名，应当使成文日期右空二字编排，并相应增加发文机关署名右空字数。

联合行文时，应当先编排主办机关署名，其余发文机关署名依次向下编排。

7.3.5.3 加盖签发人签名章的公文

单一机关制发的公文加盖签发人签名章时，在正文（或附件说明）下空二行右空四字加盖签发人签名章，签名章左空二字标注签发人职务，以签名章为准上下居中排布。在签发人签名章下空一行右空四字编排成文日期。

联合行文时，应当先编排主办机关签发人职务、签名章，其余机关签发人职务、签名章依次向下编排，与主办机关签发人职务、签名章上下对齐；每行只编排一个机关的签发人职务、签名章；签发人职务应当标注全称。

签名章一般用红色。

7.3.5.4 成文日期中的数字

用阿拉伯数字将年、月、日标全，年份应标全称，月、日不编虚位（即 1 不编为 01）。

7.3.5.5 特殊情况说明

当公文排版后所剩空白处不能容下印章或签发人签名章、成文日期时，可以采取调整行距、字距的措施解决。

7.3.6 附注
如有附注，居左空二字加圆括号编排在成文日期下一行。

7.3.7 附件
附件应当另面编排，并在版记之前，与公文正文一起装订。"附件"二字及附件顺序号用 3 号黑体字顶格编排在版心左上角第一行。附件标题居中编排在版心第三行。附件顺序号和附件标题应当与附件说明的表述一致。附件格式要求同正文。

如附件与正文不能一起装订，应当在附件左上角第一行顶格编排公文的发文字号并在其后标注"附件"二字及附件顺序号。

7.4 版记

7.4.1 版记中的分隔线
版记中的分隔线与版心等宽，首条分隔线和末条分隔线用粗线（推荐高度为 0.35mm），中间的分隔线用细线（推荐高度为 0.25mm）。首条分隔线位于版记中第一个要素之上，末条分隔线与公文最后一面的版心下边缘重合。

7.4.2 抄送机关
如有抄送机关，一般用 4 号仿宋体字，在印发机关和印发日期之上一行、左右各空一字编排。"抄送"二字后加全角冒号和抄送机关名称，回行时与冒号后的首字对齐，最后一个抄送机关名称后标句号。

如需把主送机关移至版记，除将"抄送"二字改为"主送"外，编排方法同抄送机关。既有主送机关又有抄送机关时，应当将主送机关置于抄送机关之上一行，之间不加分隔线。

7.4.3 印发机关和印发日期
印发机关和印发日期一般用 4 号仿宋体字，编排在末条分隔线之上，印发机关左空一字，印发日期右空一字，用阿拉伯数字将年、月、日标全，年份应标全称，月、日不编虚位（即 1 不编为 01），后加"印发"二字。

版记中如有其他要素，应当将其与印发机关和印发日期用一条细分隔线隔开。

7.5 页码
一般用 4 号半角宋体阿拉伯数字，编排在公文版心下边缘之下，数字左右各放一条一字线；一字线上距版心下边缘 7mm。单页码居右空一字，双页码居左空一字。公文的版记页前有空白页的，空白页和版记页均不编排页码。公文的附件与正文一起装订时，页码应当连续编排。

8 公文中的横排表格
A4 纸型的表格横排时，页码位置与公文其他页码保持一致，单页码表头在订口一边，双页码表头在切口一边。

9 公文中计量单位、标点符号和数字的用法
公文中计量单位的用法应当符合 GB 3100、GB 3101 和 GB 3102（所有部分），标

点符号的用法应当符合 GB/T 15834，数字用法应当符合 GB/T 15835。

10 公文的特定格式

10.1 信函格式

发文机关标志使用发文机关全称或者规范化简称，居中排布，上边缘至上页边为 30mm，推荐使用红色小标宋体字。联合行文时，使用主办机关标志。

发文机关标志下 4mm 处印一条红色双线（上粗下细），距下页边 20mm 处印一条红色双线（上细下粗），线长均为 170mm，居中排布。

如需标注份号、密级和保密期限、紧急程度，应当顶格居版心左边缘编排在第一条红色双线下，按照份号、密级和保密期限、紧急程度的顺序自上而下分行排列，第一个要素与该线的距离为 3 号汉字高度的 7/8。

发文字号顶格居版心右边缘编排在第一条红色双线下，与该线的距离为 3 号汉字高度的 7/8。

标题居中编排，与其上最后一个要素相距二行。

第二条红色双线上一行如有文字，与该线的距离为 3 号汉字高度的 7/8。

首页不显示页码。

版记不加印发机关和印发日期、分隔线，位于公文最后一面版心内最下方。

10.2 命令（令）格式

发文机关标志由发文机关全称加"命令"或"令"字组成，居中排布，上边缘至版心上边缘为 20 mm，推荐使用红色小标宋体字。

发文机关标志下空二行居中编排令号，令号下空二行编排正文。

签发人职务、签名章和成文日期的编排见 7.3.5.3。

10.3 纪要格式

纪要标志由"×××××纪要"组成，居中排布，上边缘至版心上边缘为 35mm，推荐使用红色小标宋体字。

标注出席人员名单，一般用 3 号黑体字，在正文或附件说明下空一行左空二字编排"出席"二字，后标全角冒号，冒号后用 3 号仿宋体字标注出席人单位、姓名，回行时与冒号后的首字对齐。

标注请假和列席人员名单，除依次另起一行并将"出席"二字改为"请假"或"列席"外，编排方法同出席人员名单。

纪要格式可以根据实际制定。

11 式样

A4 型公文用纸页边及版心尺寸见图 1；公文首页版式见图 2；联合行文公文首页版式 1 见图 3；联合行文公文首页版式 2 见图 4；公文末页版式 1 见图 5；公文末页版式 2 见图 6；联合行文公文末页版式 1 见图 7；联合行文公文末页版式 2 见图 8；附件说明页版式见图 9；带附件公文末页版式见图 10；信函格式首页版式见图 11；命令（令）格式首页版式见图 12。

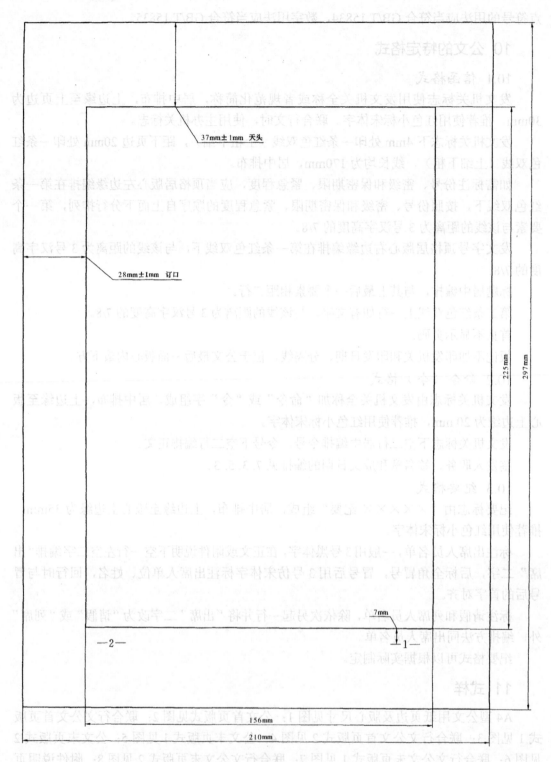

图 1　A4 型公文用纸页边及版心尺寸

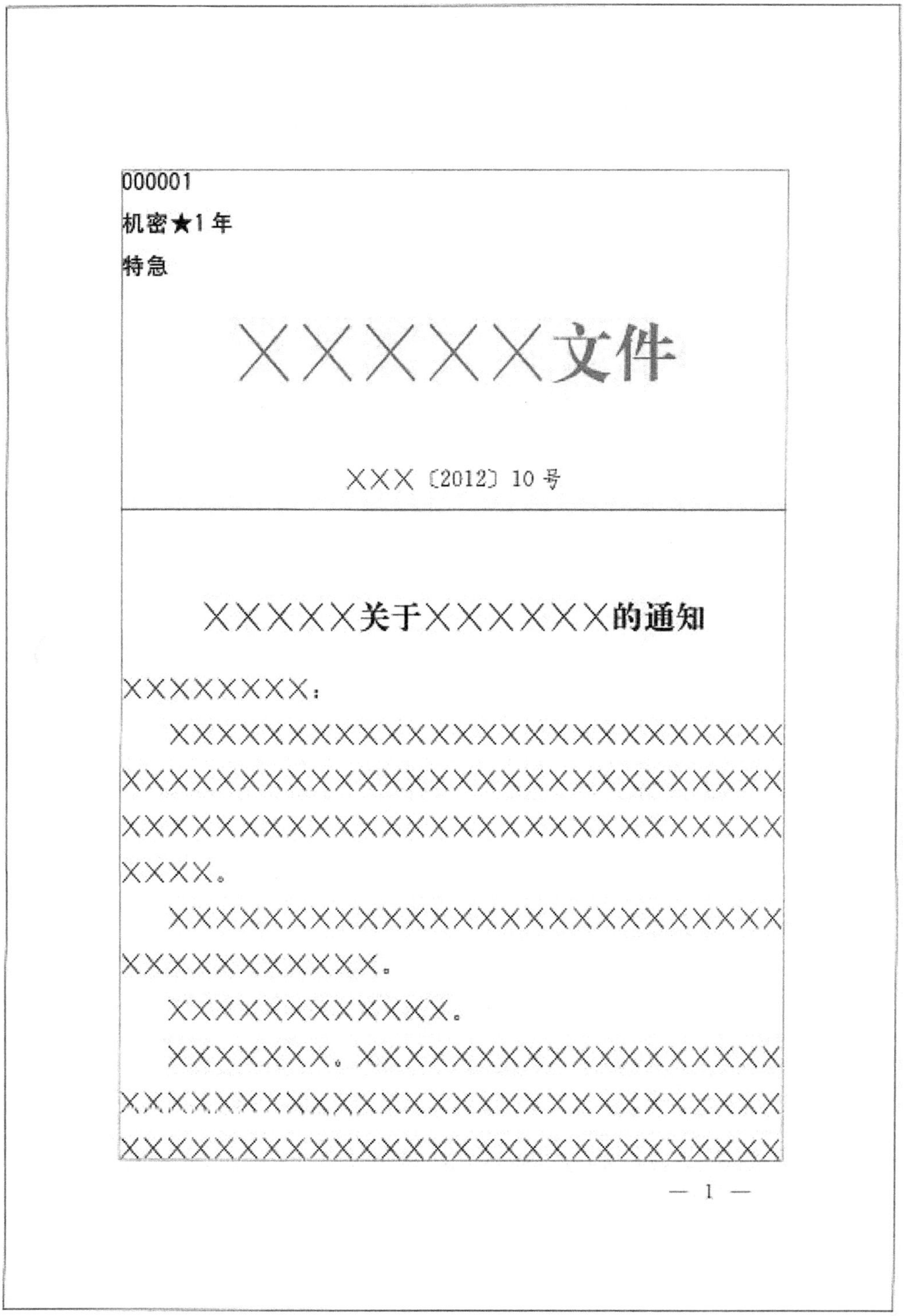

图2 公文首页版式

注：版心实线框仅为示意，在印制公文时并不印出。

```
000001
机密★1年
特急

         ×××××
         ×   ×   ×  文件
         ×××××

              ×××〔2012〕10 号
```

××××××关于×××××××的通知

×××××××：
　　××××××××××××××××××××××。
　　×××××××××××××××××××××
×××××××××××××××××××××××
×××××××××××××××××××××××
××××。
××××××××××××××××××××××××

— 1 —

图 3　联合行文公文首页版式 1

注：版心实线框仅为示意，在印制公文时并不印出。

```
000001
机　密
特　急

            ××××××

            ×   ×   ×

            ××××××

                          签发人：×××　×××
×××〔2012〕10号              ×××
```

××××××关于×××××××的请示

×××××××××：
　　××××××××××××××××××××××××
××××××××××××××××××××××××××××
××××××××××××××××××××××××××××
××××。
　　××××××××××××××××××××××××

— 1 —

图4　联合行文公文首页版式2

注：版心实线框仅为示意，在印制公文时并不印出。

××××××××××××××。
　　××。

　　(×××××)

抄送：×××××××，××××××，×××××，×××××，×××××。

×××××××× 　　　　　　　　2012年7月1日印发

— 2 —

图5　公文末页版式1

注：版心实线框仅为示意，在印制公文时并不印出。

$$
\begin{aligned}
&\text{XXXXXXXXXXXXX。}\\
&\quad\text{XXXXXXXXXXXXXXXXXXXXXXX}\\
&\text{XXXXXXXXXXXXXXXXXXXXXXXX}\\
&\text{XXXXXXXX。}
\end{aligned}
$$

　　　　　　　　　　　　XXXXXXXXXX
　　　　　　　　　　　　2012年7月1日

（XXXXX）

抄送：XXXXXXX，XXXXXX，XXXXX，XXXXX，
　　　XXXXX。

XXXXXXXXX　　　　　　　　　2012年7月1日印发

— 2 —

图 6　公文末页版式 2

注：版心实线框仅为示意，在印制公文时并不印出。

×××××××××××××。
　×××××××××××××××××××
×××××××××××××××××××××
××××××。

2012 年 7 月 1 日

（×××××）

抄送：×××××××，××××××，×××××，×××××，
　　　×××××。

×××××××　　　　　　　　　　　2012 年 7 月 1 日印发

— 2 —

图 7　联合行文公文末页版式 1

注：版心实线框仅为示意，在印制公文时并不印出。

图 8　联合行文公文末页版式 2

×××××××××××××××。
×××。

附件：1. ××××××××××××××××××××
　　　　×××××
　　 2. ×××××××××××

　　　　　　　　　　　×××××××
　　　　　　　　　　　× × × ×
　　　　　　　　　　　2012 年 7 月 1 日

（×××××）

— 2 —

图 9　附件说明页版式

注：版心实线框仅为示意，在印制公文时并不印出。

附件2

　　×××××××××××

　　××。

　　×××。

抄送：××××××××，××××××，×××××，×××××，×××××。
××××××××　　　　　　　　2012年7月1日印发

— 4 —

图 10　带附件公文末页版式

注：版心实线框仅为示意，在印制公文时并不印出。

中华人民共和国×××××部

000001　　　　　　　　　　　×××〔2012〕10号
机　密
特　急

×××××关于×××××××的通知

×××××××：

　　××。

　　××。

　　××。

图11　信函格式首页版式

注：版心实线框仅为示意，在印制公文时并不印出。

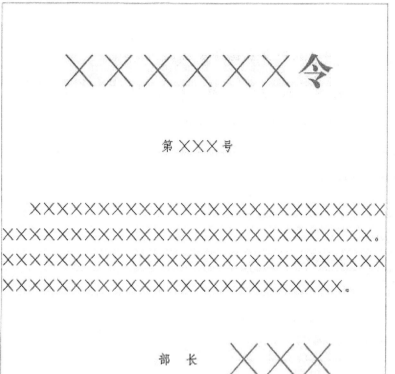

图 12 命令(令)格式首页版式

注：版心实线框仅为示意，在印制公文时并不印出。

附录 3

中华人民共和国国家标准

校 对 符 号 及 其 用 法

GB/T 14706—93

Proofreader's marks and their application

1 主题内容与适用范围

本标准规定了校对各种排版校样的专用符号及其用法。

本标准适用于中文（包括少数民族文字）各类校样的校对工作。

2 引用标准

GB 9851 印刷技术术语

3 术语

3.1 校对符号 proofreader's mark

以特定图形为主要特征的、表达校对要求的符号。

4 校对符号及用法示例

编号	符号形态	符号作用	符号在文中和页边用法示例	说　明
一、字符的改动				
1		改　正	增高出版物质量。 改革开放	改正的字符较多，圈起来有困难时，可用线在页边画清改正的范围 必须更换的损、坏、污字也用改正符号画出
2		删　除	提高出版物物质量。	
3		增　补	要搞好校工作。	增补的字符较多，圈起来有困难时，可用线在页边画清增补的范围
4		改正上下角	$16 = 42$ H_2SO_4 尼古拉 费欣 $0.25 + 0.25 = 0.5$ 举例 $2 \times 3 = 6$ $X : Y = 1 : 2$	

国家技术监督局 1993-11-16 批准　　　　　　　　　　　　　　　　1994-07-01 实施

GB/T 14706—93

续表

编号	符号形态	符号作用	符号在文中和页边用法示例	说　明
二、字符方向位置的移动					
5		转　正	字符颠逐要转正。	
6		对　调	认真经验总结。 认真验结经总。	用于相邻的字词 用于隔开的字词
7		接　排	要重视校对工作, 提高出版物质量。	
8		另起段	完成了任务。明年……	
9		转　移	校对工作,提高出 版物质量要重视。 "以上引文均见中文新版《 列宁全集》。 编者　年　月 …… 各位编委:	用于行间附近的转移 用于相邻行首末衔接字符的推移 用于相邻页首末衔接行段的推移
10	或	上下移	序号　名　称　数量 01　显微镜　2	字符上移到缺口左右水平线处 字符下移到箭头所指的短线处
11	或	左右移	⊢—要重视校对工 作,提高出版物质量。 3 4　5 6　5 欢 呼　歌　唱	字符左移到箭头所指的短线处 字符左移到缺口上下垂直线处 符号画得太小时,要在页边重标

GB/T 14706—93

续表

编号	符号形态	符号作用	符号在文中和页边用法示例	说　明
12	‖	排　齐	校对工作非常重要。 必须提高印刷质量，缩短印制周期。 国家标准	
13	⌐_⌐	排阶梯形	RH$_2$	
14	↑	正　图		符号横线表示水平位置，竖线表示垂直位置，箭头表示上方

三、字符间空距的改动

15	Y >	加大空距	一、校对程序 ＞校对胶印读物、影印书刊的注意事项：	表示在一定范围内适当加大空距 横式文字画在字头和行头之间
16	∧ <	减小空距	二、校对程序 校对胶印读物、影印书刊的注意事项：	表示不空或在一定范围内适当减小空距 横式文字画在字头和行头之间
17	# ≠ ≢ ≣	空 1 字距 空 1/2 字距 空 1/3 字距 空 1/4 字距	第一章校对职责和方法 1. 责任校对	多个空距相同的，可用引线连出，只标示一个符号
18	Y	分　开	Goodmorning!	用于外文

续表

编号	符号形态	符号作用	符号在文中和页边用法示例	说明
			四、其 他	
19	△	保留	认真搞好校对工作。	除在原删除的字符下画△外，并在原删除符号上画两竖线
20	○=	代替	兰色的程度不同，从淡兰色到深兰色具有多种层次，如天兰色、湖兰色、海兰色、宝兰色…… ○=蓝	同页内有两个或多个相同的字符需要改正的，可用符号代替，并在页边注明
21	○○○	说明	改黑体 第一章 校对的职责	说明或指令性文字不要圈起来，在其字下画圈，表示不作为改正的文字。如说明文字较多时，可在首末各三字下画圈

5 使用要求

5.1 校对校样，必须用色笔（墨水笔、圆珠笔等）书写校对符号和示意改正的字符，但是不能用灰色铅笔书写。

5.2 校样上改正的字符要书写清楚。校改外文，要用印刷体。

5.3 校样中的校对引线要从行间画出。墨色相同的校对引线不可交叉。

GB/T 14706—93

附 录 A
校对符号应用实例
(参考件)

〔例〕今用伏安法测一线圈的电感。当接入 36 V 直流电源时,的过流电流为 6 A;当插入 220 V、50 Hz 的交流电源时流过的电流为 22 A。算计线圈的电感。

〔解〕在直流电路中电感不起作用，即 $XU=2\pi f=0$（直流电也可看成是频率 $f=0$ 的交流电）。由此可算出线圈的电阻为

$$R = \frac{U}{I} = \frac{36}{6} = 6\,\Omega$$

接在交流电源上,线圈的阻抗为

$$Z = \frac{U}{I} = \frac{220}{22} = 10\,\Omega$$

线圈的感抗为 $X_L = \sqrt{Z^2 - R^2} = \sqrt{10^2 - 6^2} = 8\,\Omega$

故线圈的电感为

$$L = \frac{X_L}{2\pi f} = \frac{8}{2\pi \times 50} = 0.025\,\text{H} = 25\,\text{mH}$$

第七节 电 容 电 路

电容器接在直流电源上,如图 3-13 甲所示。电路呈断路状态。若把它接在交流电源上,情况就不一样。电容器板上的电荷与其两端电压的关系为 $q = c_{u_c}$。当电压 u_c 升高时,极板上

附加说明:

本标准由中华人民共和国新闻出版署提出。

本标准由全国印刷标准化技术委员会归口。

本标准由人民出版社负责起草。

参考文献

[1] 徐中玉.应用文写作.北京：高等教育出版社，2001.
[2] 阮田保.医药工作应用文.北京：科学出版社，2009.
[3] 蓝慧敏.医药应用文读写.北京：中国医药科技出版社，2011.
[4] 李振辉.应用文写作实训教程.北京：机械工业出版社，2001.
[5] 夏晓鸣.应用文写作.北京：首都经济贸易大学出版社，2018.
[6] 刘金同.应用文写作教程.北京：清华大学出版社，2018.

参考文献

[1] 徐中玉. 应用文写作. 北京：高等教育出版社，2001.
[2] 代田东. 医药工作应用文. 北京：科学出版社，2009.
[3] 赵惠敏. 医药应用文写作. 北京：中国医药科技出版社，2011.
[4] 李秋萍. 应用文写作实例教程. 北京：化学工业出版社，2001.
[5] 夏晓鸣. 应用文写作. 北京：首都经济贸易大学出版社，2018.
[6] 叶金河. 应用写作教程. 北京：清华大学出版社，2018.